LA GRANDE BOHÊME

PAR

HENRI ROCHEFORT

(DEUXIÈME SÉRIE DES FRANÇAIS DE LA DÉCADENCE)

PARIS
LIBRAIRIE CENTRALE
24, BOULEVARD DES ITALIENS

1867

LA
GRANDE BOHÊME

PARIS — BERNARD-LABORDE, RUE VAVIN, 42. (TYP. BONNEL.)

HENRI ROCHEFORT

LA
GRANDE BOHÊME

(DEUXIÈME SÉRIE DES FRANÇAIS DE LA DÉCADENCE)

PARIS
LIBRAIRIE CENTRALE
24, BOULEVART DES ITALIENS
1867

PRÉFACE

J'ai longtemps creusé le plan d'une comédie en cinq actes que j'aurais intitulée *La grande Bohême*. Ah! ce n'eût pas été une œuvre ordinaire! Quoique les personnages de la pièce affichassent des collections de titres et de particules, en réalité tous étaient de parents inconnus quoique soupçonnés. Il eût été impossible de trouver dans la maison un père légitime, et si Hugues Capet eût adressé à un de mes héros la question célèbre :

— Qui t'a fait comte?

Celui-ci eût été obligé d'avouer qu'il ne savait même pas qui l'avait fait homme.

Le public pouvait croire qu'en vertu de la loi sur les usurpations de titres ces Gusman d'Alfarache qui signaient des actes publics de titres qui ne leur appartenaient pas, allaient passer en police correctionnelle. Pas du tout, et c'est là précisément qu'était l'imprévu : quand on les retrouvait au troisième acte, les faux comtes étaient devenus de vrais ducs, absolument comme le Jean Valjean de Victor Hugo qui commençait par prendre des couverts et à qui on donnait des chandeliers.

L'amour jouait un rôle très-restreint dans ma pièce, quoique les femmes eussent une grande importance pécuniaire dans la vie de ces gentilshommes sous-marins. Après les avoir admirés dans leurs mansardes où, comme le mauvais exemple, le jour venait d'en haut, on les retrouvait à la tête des affaires dans des palais bâtis non sur leurs économies, mais sur celles des autres, et ils formaient l'état-major d'un de ces gouvernements fantasmagoriques imaginés par les poëtes, qui ont des conseils privés et qui devraient n'avoir que des conseils judiciaires.

J'aurais pu tirer de mon idée une excellente féerie sans autres décorations que celles dont étaient couverts mes personnages, qui finissaient par monter des galeries de tableaux, et fondaient du même coup des dynasties et des entreprises industrielles. Personne ne savait combien duraient les dynasties, mais les entreprises industrielles faisaient faillite d'un entr'acte à l'autre. Cet état de choses donnait même lieu à une situation que je crois assez nouvelle au théâtre : Un riche étranger chargé d'acheter un de ces messieurs qui devraient attacher un bouchon de paille à leur conscience pour indiquer qu'elle est toujours à vendre, lui demande un engagement écrit en échange de cinq cent mille francs, ce qui, à la Bourse des consciences, est déjà une jolie cote.

Le monsieur signe avec empressement et tend la main pour saisir le magot, mais le riche étranger serrant tout à coup dans sa poche l'argent et le papier, lui dit ces paroles mémorables :

—Vous n'avez pas oublié votre dernière société pour l'exploitation du sucre de bâtons de chaises. Comme vous avez eu l'extrême gracieuseté de vouloir bien me mettre dedans pour un million, je garde comme actionnaire les cinq cent mille francs que je vous offrais comme acheteur de consciences.

Il faut toutefois leur rendre cette justice : ils déployaient un flair exquis dans la découverte des malhonnêtes gens. Dès qu'un homme s'était signalé par quelque infamie, acte de banditisme quelconque, assassinat de chefs arabes ou même simple enlèvement de grenouille, mes grands bohémiens le couvaient, l'attiraient à eux avec toutes sortes de tendresses et finissaient toujours par l'installer au milieu de leur estimable famille.

J'avais mis en scène devant le public des interrogatoires comme ceux-ci :

— Avez-vous été condamné ?

— Trois fois : la première pour vente illégale d'effets militaires; la seconde pour avoir retourné trop obstinément le roi dans les cercles; la troisième pour faux en écritures tant privées que publiques.

— Très-bien. Veuillez nous dire maintenant quelle est votre opinion sur cette classe de la société qu'on appelle les honnêtes gens?

— Je les considère comme les ennemis les plus dangereux de tout ordre social, en ce qu'ils provoquent chez la foule ignorante des comparaisons fâcheuses pour nous.

— Parfait. Un dernier mot : êtes-vous un homme capable?

— Je suis un homme capable de tout.

— Dans mes bras! nous t'enrégimentons. L'avenir est à toi.

Les lettrés de la bande étaient chargés d'adresser aux peuples environnants des proclamations annexionnistes.

— Venez avec nous, disaient-ils, vous n'aurez pas de liberté; vous serez écrasés d'impôts. La banqueroute sera éternellement suspendue sur vos portemonnaie et vous serez probablement enveloppés dans la culbute finale; mais venez avec nous tout de même... Non, vous ne voulez pas venir, et vous aimez mieux rester ce que vous êtes... Diable! vous êtes bien difficile... qu'est-ce qu'il vous faut donc?

Et ils déblatéraient dans leurs journaux contre les nations assez aveugles pour ne pas préférer au bonheur dont elles jouissaient la plus désastreuse des servitudes.

Ma comédie, qui présentait cette avantageuse particularité qu'on pouvait y ajouter de nouveaux tableaux à chaque représentation, offrait en outre une singularité toute spéciale : elle n'avait pas de dénoûment. Un régisseur vêtu de l'habit noir et de la cravate blanche qui constituent à la fois le costume de noce et d'enterrement serait venu tous les soirs faire cette annonce au public :

— Messieurs, personne ne pouvant dire comment tout cela finira, nous prenons le parti de baisser le rideau, quitte à le relever, s'il y a lieu.

Après une série de réflexions contraires, je craignis que la censure ne fît quelques difficultés pour laisser représenter ce fruit de mes veilles, et je me décide à donner à ce livre le titre que je n'aurais jamais pu laisser à ma comédie. J'aurais souhaité qu'il fût plus justifié, mais ceux des lecteurs qui ont bien voulu suivre mes chroniques dans le *Soleil* savent que si mes meubles n'ont pas encore été saisis par les huissiers, mes articles le sont souvent par les sergents de ville, et que même quand mes expressions sont vagues, mes intentions ne le sont pas. D'ailleurs, est-ce qu'entre bons Parisiens, on ne s'entend pas à demi mot ?

Henri Rochefort.

Paris 25 janvier 1867.

LA
GRANDE BOHÊME

I

6 mars 1866

Les *Apôtres* de M. Renan vont paraître. C'est vous dire que les gens qui aiment la tranquillité font leurs malles pour Versailles. On n'a pas oublié le tumulte produit par sa *Vie de Jésus*. Pendant trois mois il a neigé des réfutations : on en a compté jusqu'à douze cent quatre-vingt-seize. Je dis compté, car je ne crois pas qu'on en ait lu une seule. L'évêque de Marseille avait décidé qu'en expiation de ce volume, qui s'est d'ailleurs admirablement vendu, tous les vendredis les cloches de la cathédrale sonneraient le tocsin de une heure à trois. Malheureusement cette mesure anti-contagieuse n'a pu s'exécuter longtemps, parce que les habitants illettrés croyaient constamment qu'il s'agissait d'un incendie, et qu'au lieu de prier pour le réprouvé ils se mettaient à courir dans les rues munis de seaux pleins d'eau et en criant ; au feu ! ce qui jetait dans les affaires publiques une perturbation facile à concevoir.

Chaque fois que l'auteur de la *Vie de Jésus* attrapait un enrouement pour être resté entre deux airs, ou se brûlait la langue en buvant son thé trop chaud, vingt-cinq journaux mentionnaient l'événement en ajoutant que c'était un effet de la colère céleste. Jamais le doigt de la providence n'avait eu autant d'occupation.

J'ai, quant à moi, la plus grande admiration pour M. Renan, que je considère comme un esprit de premier ordre. — On sait que les esprits de premier et même second ordre deviennent introuvables — aussi ne puis-je voir sans des craintes sérieuses s'approcher le moment de la publication des *Apôtres*. Je ne crois pas qu'il y ait pour un auteur une position plus singulière que celle-ci : écrire un livre avec toute son âme et toute sa conscience, et être parfaitement sûr que le lendemain du jour où il paraîtra, après vous avoir appelé athée, mahométan, rénégat et parpaillot, deux cent cinquante mille bouches vous déclareront responsable de tous les crimes qui se commettent tant en France qu'à l'étranger, et laisseront entendre à mots couverts que tout fait supposer qu'en 1858 c'est vous qui avez mis le feu au magasin du *Grand-Condé*.

La Vie de Jésus était une première tentative, et on a sonné le tocsin à Marseille; aujourd'hui qu'il y a récidive, je me demande ce qu'on sonnera. Il n'y aura probablement pas dans les Bouches-du-Rhône, de cloche assez volumineuse pour exprimer l'indignation ultramontaine. On ne peut cependant pas s'amuser à fondre des cloches spéciales après chaque volume de M. Renan. Tous les bronzes de Barbedienne finiraient par y passer.

Quant à l'auteur lui-même, lorsqu'il sortira pour faire ses provisions, je lui conseille de mettre une fausse barbe, pour ne pas être déchiré comme Orphée, et d'ouvrir son parapluie pour éviter de périr misérablement sous la grêle des réponses qu'on lui prépare. Je connais pour ma part trois ou quatre répondeurs qui s'huilent pour le combat. L'un d'eux m'a même confié que sa brochure intitulée : *A toi, Renan!* était déjà fort avancée.

Je lui ai demandé avec un feint intérêt s'il avait eu communication du livre des *Apôtres*.

— Pas encore, m'a-t-il dit, mais j'y réponds tout de même.

Je ne le jurerais pas, cependant je crois bien qu'il a ajouté :
— Du reste, je vais faire tout mon possible pour que mon ouvrage paraisse avant le sien.

S'il était homme à répliquer par des procès à tous ceux qui lui reprochent formellement d'avoir donné la maladie aux pommes de terre et d'avoir provoqué la plaie des hannetons dont les campagnes souffrent depuis quelques années, M. Renan arriverait à se constituer un revenu avec les dommages-intérêts qu'il obtiendrait de ses diffamateurs.

Car on ne sait pas assez que la profession de diffamé peut devenir aussi productive que celle d'ébéniste ou de marchand de porcelaine. Le procédé est d'une simplicité admirable. Un monsieur se fait condamner pour une faute quelconque. Seulement, au lieu de s'en repentir, il s'amuse à l'exploiter. Je suppose qu'il vous offre sa collaboration ; naturellement vous l'envoyez collaborer ailleurs ; il insiste pour connaître les vrais motifs de votre refus, vous lui avouez alors que c'est parce qu'il a passé récemment en police correctionnelle pour des faits fâcheux.

— Pardon, dit alors le jeune homme, vous n'avez pas le droit de déclarer en public que j'ai été condamné. C'est de la diffamation. Je vous attaque devant les tribunaux, et je vous demande pour le dommage causé une somme ronde de vingt-cinq mille francs.

Il vous attaque en effet et vous êtes condamné à votre tour ; attendu qu'en fait de diffamation la preuve n'est pas admise. Je n'ai même jamais pu me rendre compte de l'avantage que présentait cette disposition de la loi française. Si un monsieur m'accuse tout haut d'avoir participé au vol des actions du chemin de fer du Nord et que je le cite en police correctionnelle, je commence bien entendu par essayer d'établir que jamais je n'ai pris part au moindre vol d'actions.

— Vous n'avez pas besoin de vous défendre, interrompt le président avec bienveillance. En fait de diffamation la preuve n'est pas admise. Vous auriez volé les actions en question, que personne n'aurait droit de souffler mot.

Le diffamateur est condamné, mais tout le monde peut me dire après le jugement :

— Puisque la preuve n'est pas admise, rien ne prouve que vous n'étiez pas dans l'affaire.

Cette question de diffamation est pleine de broussailles. Je lisais dernièrement dans le *Moniteur* le discours d'un sénateur qui attribuait à Danton la première idée des massacres de septembre. Je suppose que demain un fils du célèbre révolutionnaire attaque l'orateur en diffamation envers la mémoire de son père; c'est vainement que le sénateur s'écrierait :

— Mais, rien ne m'est facile comme de démontrer qu'il les a ordonnés.

— Un instant, ferait le tribunal, vous savez qu'en fait de diffamation la preuve n'est pas admise.

Et le sénateur, n'osant plus toucher à qui que ce soit de peur de manger son traitement en dommages-intérêts, serait obligé de se rabattre sur les inhumations précipitées dont on s'est fort occupé cette semaine. Seulement, je ne vois pas que cette question soit beaucoup plus déblayée que celle de la diffamation. En effet, on a cité des individus qui, tombés en catalepsie tout à coup, s'étaient réveillés au bout de trois mois et avaient demandé à déjeuner. A ce compte, quand on aurait un mort dans sa maison, il faudrait donc le garder trois mois avant d'aller faire la déclaration à la mairie. Cette précaution serait excellente pour ceux qui seraient simplement en état de catalepsie, mais je n'ai pas besoin d'insister sur les désagréments qu'elle occasionnerait quand les morts seraient véritablement décédés. En temps d'épidémie surtout on arriverait à avoir jusqu'à cinq ou six défunts dans sa chambre à coucher, ce qui ne laisserait pas que de gêner la circulation, et de rendre aux vivants l'existence bien désagréable.

Nombre de mes concitoyens, je le sais, ont toujours de côté un bâton de cire rouge ou bleue (la couleur n'a aucune importance) destiné à leur flamber la plante des pieds pour le cas improbable où un quart d'heure après leur mort, ils seraient encore en vie. Je leur passe cette faiblesse qui ne fait de mal à personne, si ce n'est à la plante de leurs pieds; mais je crois que les seules inhumations précipitées dont on doive se garer sérieusement, sont celles qui ont lieu dans l'ordre intellectuel ou moral.

Je pourrris citer par centaines les ouvrages de toute sorte, partitions, comédies, livres et opéras, inhumés précipitamment à leur entrée dans le monde, quoiqu'ils fussent nés non-seulement viables, mais centenaires.

Le public, dont l'intelligence ne saurait être suspectée, puisqu'il n'en a aucune, a enterré vivants le jour de la première représentation, les *Saltimbanques*, qui en ont rappelé depuis et n'ont guère été joués plus de cinq cents fois;

Guillaume Tell, dont je ne vous chanterai pas le trio, attendu que je suis tout seul, et que d'ailleurs vous le savez probablement par cœur;

La Traviata, à laquelle tout le monde aujourd'hui va pleurer après avoir commencé par y rire;

Les *Burgraves*, *Lucrèce Borgia*, et tant d'autres chefs-d'œuvre d'Hugo qu'on a conduits si injustement au cimetière au moment de leur apparition, et qui aujourd'hui feraient crouler sous les bravos les salles où on les représenterait.

Voilà les vraies inhumations précipitées qu'il serait urgent de prévenir. Croyez-vous que ce serait une mauvaise loi celle qui interdirait à tout journaliste d'écrire un article sur une pièce avant de pouvoir justifier qu'il est allé la voir au moins six fois. Il est vrai que les journaux finiraient par manquer terriblement d'actualité, et comme ils n'en ont déjà pas trop, ils arriveraient à ne plus en avoir du tout.

Puisque nous traitons des enterrements et des bâtons de

cire qui s'y rattachent, je crois remplir un devoir en mentionnant la mort de l'un des deux rois de Siam. Deux rois, c'est beaucoup, quand on songe que certains pays trouvent que c'est déjà trop d'un.

L'histoire, imparfaitement connue d'ailleurs, du royaume de Siam, ne dit pas s'ils règnent tous les deux ensemble, ce qui amènerait de graves complications, attendu que si un condamné à mort est grâcié par l'un et qu'il ne le soit pas par l'autre, il faut donc que l'infortuné se résigne, à être exécuté à moitié. Peut-être aussi ont-ils chacun leur semaine, ou le second roi est-il là simplement comme monarque de rechange pour les jours où le premier va dîner en ville. Dans tous les cas, le métier de courtisan doit être, dans ces contrées asiatiques, hérissé de difficultés et de déceptions. En courbant le front devant le roi numéro 1, on s'expose à montrer le dos au roi numéro 2. Il ne suffit pas, comme chante, aux Variétés, Grenier dans *Barbe-Bleue*, qu'un bon courtisan

> Courbe son échine
> Autant qu'il la peut courber.

Encore faut-il qu'il la courbe dans le sens voulu.

II

16 mars 1866.

En appelant à elle M. Prévost-Paradol qui est jeune, qui est indépendant et qui a beaucoup de talent, l'Académie française a expié bien des élections coupables. Aussi croyons-nous devoir la remercier en l'avertissant qu'elle va se trouver, d'ici à très-peu de jours, dans le plus cruel des embarras. C'est, assure-t-on, M. Henri Martin qui doit hériter du fauteuil de l'aîné des trois Dupin. Car Dieu fit trois Dupin et se reposa. Certes la nomination de M. Henri Martin ajoutera un lustre réel à la gloire des Quarante, qui sont rarement plus de trente-neuf, mais ont-ils suffisamment réfléchi à la position désagréable qu'ils créent quelquefois à leurs élus en les forçant à faire l'éloge de leurs prédécesseurs?

Cette obligation de vanter après leur mort des gens qui, de leur vivant, vous ont été peut-être antipathiques, doit empoisonner la bienvenue d'un grand nombre de récipiendaires. M. Henri Martin, qui a écrit des livres et signé des articles où il exprime des idées diamétralement opposées à celles qu'a soutenues M. Dupin, va se trouver dans cette alternative souverainement fâcheuse ou de désavouer les croyances de toute sa vie ou de manquer à toutes les convenances académiques en déblatérant contre celui auquel il succède.

S'il risque la moindre concession aux idées politiques de feu l'aîné des Dupin, cent mille voix lui crieront en même temps :

— Prends garde ! tu désertes ton drapeau.

Si, au contraire, en retraçant la vie de cet homme qui a laissé, comme président de la chambre des députés, de si honteux souvenirs, M. Henri Martin se croit autorisé à quelques réticences, l'Académie l'interrompra par ces mots :

— Pardon, monsieur Henri Martin, vous êtes ici pour faire l'éloge de M. Dupin et non pour le traîner sur la claie.

Si encore, comme M. Ampère, M. Dupin avait jeté dans la circulation quelques tragédies en vers de six pieds, le récipiendaire aurait la ressource de se rattraper sur les alexandrins ; malheureusement, en dehors de la politique, il ne reste guère à vanter chez M. Dupin que la grosseur de ses souliers. Je n'hésite pas à déclarer que ce sujet est indigne de M. Henri Martin.

Reste, il est vrai, l'aptitude singulière qui portait M. Dupin vers le calembour ; mais je me représente difficilement un homme sérieux, venant devant un aréopage vêtu d'habits à collets verts, raconter que M. Dupin a le premier trouvé la différence qui existe entre un tigre et une pomme cuite, et que M. de Salvandy lui ayant un jour demandé quels étaient les départements où le beurre était le moins employé, l'ancien défenseur du maréchal Ney répondit immédiatement :

— Aisne, Aube, Eure.

Il y a donc dans cet impôt forcé et obligatoire de l'éloge quand même, une sorte d'attentat à l'indépendance de l'académicien élu. S'il faut absolument que le jour d'une réception l'Académie entende un éloge, au moins celui qui doit le prononcer devrait-il avoir le droit de choisir son homme. Un récipiendaire obtiendrait peut-être un succès énorme si, au lieu d'explorer la vie privée de son prédécesseur pour y découvrir un beau trait, il s'exprimait ainsi devant cette assemblée auguste qui, ne l'oublions pas, compte M. Patin parmi ses membres :

— Messieurs, je succède à un écrivain dont le talent m'a toujours paru absolument nul et dont le caractère n'est pas beaucoup plus recommandable. Ma loyauté se refuse donc à faire un éloge qui sortirait non du cœur, mais des lèvres. En revanche, j'ai mon concierge dont je suis très-content, et si vous voulez bien le permettre, je vais vous en parler un peu. Né vers la fin de 1819, il montra tout jeune de grandes dispositions à balayer les escaliers...

La première condition de l'éloge, c'est la sincérité. On a dit souvent que l'Académie était un terrain neutre. C'est avec ces bonnes formules qu'on bouleverse toutes les idées reçues. Je comprends qu'on entre dans une place grâce à une capitulation, mais pas une capitulation de conscience.

Il est vrai que le jour où l'Académie laisserait à ses élus la bride sur le cou, on entendrait de jolies choses, et on arriverait forcément à interdire les injures publiques au moyen d'un arrêté comme en a pris M. le préfet de l'Ain, qui vient de défendre expressément aux conscrits de son département de porter des rubans multicolores à leurs chapeaux en signe d'allégresse, et de manifester leur joie d'une façon bruyante.

On se rappelle l'ordonnance du maire de Croissy, près Bougival, qui enjoignait aux baigneurs de se mettre à l'eau en costume complet (je n'ai jamais su au juste si c'était un costume de sénateur ou d'officier de marine). L'arrêté du préfet de l'Ain n'est pas moins surprenant. Peut-être même l'est-il davantage. Voici, je suppose, un malheureux jeune homme qui amène le numéro 3. Son père, sa mère, ses sœurs et jusqu'à ses bestiaux, tout le monde dans la maison s'arrache les cheveux de désespoir. Quant à lui, il se voit déjà traversé d'outre en outre par une baïonnette russe ou fauché comme une betterave par un sabre autrichien. Il pleure; il trempe des mouchoirs à carreaux; il enfle avec le contenu de ses yeux tous les ruisseaux du voisinage.

C'est alors que le préfet le fait venir et lui dit :

— Je sais tout : Vous avez eu le numéro 3, et votre intention est de donner un grand retentissement à la satisfaction que vous éprouvez de cette heureuse chance. Je comprends votre allégresse, mais je vous défends de la manifester. Soyez joyeux, mais intérieurement. Félicitez-vous. Seulement, tâchez que tout se passe en famille. Au premier lampion que vous allumez, pour fêter ce beau jour où vous avez amené le numéro 3 (qui plaît aux dieux), je vous fourre en prison jusqu'au moment où vous irez rejoindre votre régiment. Passer sept ans à se promener de garnison en garnison ou à aller tirer des coups de fusil sur des gens qui ne parlent pas votre langue, c'est incontestablement le comble du bonheur. Néanmoins, je ne veux pas vous voir profiter de ce que vous êtes heureux pour troubler la paix publique.

L'ironie est une arme terrible entre les mains d'un fonctionnaire. Le jour où étant allé à l'hôtel de ville de Paris plonger ma main dans l'urne j'ai amené le numéro 24, j'aurais été bien surpris si on m'avait interdit de me promener dans les rues avec des fleurs sur mon chapeau. Une combinaison favorable m'a empêché de faire partie de cette belle armée française où je n'aurais d'ailleurs donné peut-être d'autre exemple que celui de la désertion. Mais j'engage devant M. le préfet de l'Ain ma parole d'honneur panachée que si à la suite de ce glorieux numéro 24, on m'avait proposé d'aller au bal masqué déguisé en Pierrot, j'aurais refusé sans l'ombre d'un regret.

Il est heureux que le préfet de l'Ain n'ait pas tourné ses idées du côté de la magistrature. Le jour où, sur la réponse du jury, il eût été, comme président de cour d'assises, obligé de condamner un homme à mort, il est probable qu'il eût ajouté, dans l'intérêt de la paix publique :

— Mon ami, vous allez porter prochainement votre tête sur l'échafaud. Tout ce que je vous recommande, c'est pendant le peu de jours qui vous restent à vivre de ne pas vous laisser aller à une gaieté excessive. Ne vous levez pas la nuit pour vous livrer à des danses joyeuses dont le bruit pourrait réveiller les prisonniers d'à côté. Amusez-vous gentiment à des travaux d'aiguilles ou à des jeux permis comme *Cache-Tampon* et quelques autres.

Peut-être, après tout, ce que je considère comme un acte de haute naïveté, est-il un acte de haute diplomatie. Si c'est pour leur persuader que tomber au sort est le dernier mot de la félicité humaine que le préfet de l'Ain défend les réjouissances publiques aux conscrits, je n'ai plus qu'à m'incliner en priant saint Talleyrand de veiller sur moi du haut du ciel, qui n'est probablement pas sa demeure dernière.

Le département de la Seine n'est pas, il faut croire, de la force politique du département de l'Ain, car il y avait des conscrits de toutes couleurs au steeple-chase de Vincennes de dimanche passé. Henri IV voulait que le peuple eût la poule au pot. Il n'a encore que la poule aux courses. Il y avait sur la pelouse jusqu'à des enfants, dont plusieurs ont perdu des sommes considérables. Mon excellent confrère Charles Joliet, raconte dans le *Charivari* que les Anglais nous accusent de maquiller nos bébés. Il ajoute, du reste, que les Anglais ne se trompent pas. J'ignore à quels phénomènes de maquillage a pu assister Charles Joliet, tout ce que je puis affirmer, c'est que je connais à Paris une petite fille de six ans à qui madame sa mère a fait mettre des fausses dents pour cacher les brèches laissées par la chute de ses dents de lait.

Le faux râtelier pour enfants en bas âge ne pouvait appartenir qu'à notre époque. Quant aux fausses nattes, il y a longtemps que sous ce rapport les petites demoiselles de huit ans et moins n'ont plus rien à envier à leurs mamans.

Il n'y a guère en France que deux façons d'élever les enfants : dans les classes pauvres on les bat, ce qui est un crime et une bêtise, puisque tout en les battant on leur enseigne qu'il ne faut pas battre les autres. Un père qui forcerait un secrétaire devant son fils après lui avoir appris que voler est une action honteuse, ne serait ni plus illogique ni plus coupable qu'un homme qui frappe un enfant.

Dans les classes fortunées on ne bat pas les enfants, mais on leur met du rouge, du blanc, du noir, des faux cheveux et des fausses dents.

Entre le premier état de choses et le second il y aurait peut-être une moyenne à trouver.

III

LA CONTAGION.

20 mars 1866.

De deux choses trois : 1° ou le baron d'Estrigaud personnifie les gens d'un certain monde, et alors il ne reste plus qu'à donner l'extrême-onction à une société où d'aimables escrocs jouent à la Bourse des sommes qu'ils n'ont pas, et se font donner par des femmes entretenues les différences qu'ils se trouvent avoir à payer en liquidation. Du moment que ces jolis messieurs sont reçus dans les meilleures maisons, qu'ils possèdent des galeries de tableaux qu'on vient visiter en pèlerinage, et qu'ils exercent même une certaine influence sur la fortune publique, il n'y a pas deux partis à prendre : les gens non encore gangrenés n'ont plus qu'à faire un paquet de leurs hardes et à s'expatrier, dussent-ils aller jouer de la guitare à l'étranger, dans les cafés-concerts, à l'instar des guitaristes de l'Alcazar, qui sont tellement Belges que tout Paris les prend pour des Tyroliens.

2° Ou le baron d'Estrigaud est un personnage aristophanesque, un type vivant et exceptionnel auquel l'auteur a voulu restituer sa véritable physionomie, et alors il fallait parsemer ce caractère de traits assez personnels pour que le public pût s'écrier de temps en temps : Oui, c'est lui ! Mais, dans cette hypothèse, il est bien évident que la censure aurait immédiatement reconnu l'homme et qu'elle ne l'aurait pas laissé passer. Or, si la censure ne l'a pas reconnu, elle dont c'est le métier d'avoir l'œil ouvert sur les allusions et les personnalités, comment voulez-vous que je le reconnaisse, moi naïf ?

3° Ou le rôle du baron d'Estrigaud est une simple fantaisie, et la *Contagion* n'est qu'une pièce d'intrigue comme *Michel Perrin* et la *Bergère de la rue Monthabor*, et alors je suis surpris que M. Emile Augier ait choisi pour figure principale un personnage qui devait fournir à sa comédie si peu de situations.

Dans le cas où M. Emile Augier aurait voulu peindre, ce que je crois, une des généralités de la vie moderne, il a, il me semble, manqué de fermeté et même de logique. Pour que d'Estrigaud fût vrai, il fallait qu'il fût vainqueur. Au lieu de voir au cinquième acte les honnêtes gens se retirer de lui, la pièce aurait dû se terminer sur son triomphe définitif. M. Augier nous montre un homme qui est arrivé par l'audace et par l'élégance. Ce roué, cet intrépide, cet irrésistible couronne son édifice de fausse gentilhommerie par un mariage honteux avec une fille perdue, qui a commencé par se promener dans des terrains vagues et qui a fini par en acheter. Seulement comme le baron d'Estrigaud verrait son honneur de contrebande ruiné par le scandale d'une pareille mésalliance, il imagine la plus infernale des machinations. Blessé légèrement dans un duel, il se fait passer pour mourant, se marie *in extremis* avec celle qui doit l'enrichir, et une fois que le notaire y a passé, il laisse déclarer par son médecin que tout espoir n'est pas perdu et que le moribond de tout à l'heure pourrait bien être le millionnaire de demain matin.

Cette invention est très-ingénieuse, mais elle ne serait concluante que si les autres personnages de la pièce en étaient dupes jusqu'à la fin. Or, ce baron d'Estrigaud si intelligent, si grand seigneur et si diplomate est, au dénoûment, deviné et bafoué par un simple bourgeois qui *débine le truc* (argot de coulisses). Ce d'Estrigaud a une raison d'être à condition que la vertu ne triomphera pas. Si elle triomphe, il rentre dans la catégorie des chevaliers d'industrie ordinaires, et des plus vulgaires proxénètes.

L'intention de M. Emile Augier a été évidemment excellente, et son remarquable talent n'est même pas en cause dans le demi-four de la pièce de l'Odéon. Il avait entamé un sujet, il fallait y enfoncer la plume jusqu'au manche. L'idée de M. Emile Augier était évidemment celle-ci : il y a en France un grand nombre de malhonnêtes gens qui vivent entourés d'honneurs, de richesses et de considération. Il n'a pas osé ajouter : qui meurent honorablement dans leur lit et qui ont beaucoup de monde à leur enterrement.

Ce sont ces réticences qui l'ont perdu. Je sais parfaitement que M. Augier pourra répondre que s'il essayait de prouver au théâtre qu'un malhonnête homme réussit tout aussi bien qu'un homme rempli de probité, il n'y aurait pas dans les ministères assez de *veto* pour arrêter son manuscrit. Mais quand on ne peut pas finir une phrase, il me paraît bien inutile de la commencer. L'art dramatique est dans une situation telle que lorsque le public croit entendre un mot qui signifie quelque chose, il se dit immédiatement :

— Je me trompe, ce mot ne signifie rien, car s'il signifiait quelque chose on ne l'aurait pas laissé passer.

Je crois que la dernière heure est venue pour les pièces bâtardes dans lesquelles les auteurs sont obligés d'acclamer de gros mensonges pour avoir le droit de lancer une toute petite vérité. La raison et le bon sens ne se coupent pas par la moitié. Les comédies dans le genre du *Baron d'Estrigaud* doivent rester en portefeuille jusqu'à ce qu'elles puissent voir le jour autrement que par une lucarne. Puisqu'il est impossible de tout dire, mieux vaut renoncer à ces tentatives avortées dans lesquelles, si on ne ménage pas cent mille chèvres, il est interdit de croquer un chou, fût-ce un chou de Bruxelles.

Ces observations que je crois justes, car si je ne les croyais pas justes je ne les aurais pas écrites, expliquent l'espèce de tangage qui agite d'ordinaire les salles quand on joue des ouvrages de cette nature. Dégagé des évidentes préoccupations politiques qui retiraient aux spectateurs une partie de leur lucidité, le *Baron d'Estrigaud* eût peut-être mieux réussi; mais je doute que le succès eût jamais dépassé un certain degré réaumur d'enthousiasme ou même d'estime. A part deux ou trois scènes violentes dont je me dispenserai de faire l'analyse, attendu que tous nos lecteurs en connaissent probablement déjà la substance. Ces cinq longs actes sont écrits sur un ton de marivaudage intime qui jure avec la hauteur des plafonds et la profondeur des décors de l'Odéon. Tandis que tout se passe en conversations spirituelles, la plupart du temps, mais enfin en conversations, le troisième plan du théâtre, silencieux et désert, a l'air préparé pour une invasion de cavalerie. On aurait fait, de temps en temps, passer un vaisseau dans le fond, que je ne sais pas si la pièce y aurait perdu.

Un des défauts de la pièce est de mettre en scène des personnages tellement vicieux qu'on ne se rend pas toujours un compte suffisamment exact de leurs actions. Ainsi, au second acte, le baron d'Estrigaud reçoit, dans une des salles attenantes à sa galerie de tableaux, une jeune veuve qu'il courtise sans projet bien arrêté. Au moment où il lui fait une cour tempérée, un domestique apporte le cours de la Bourse. Le baron s'est mis la veille à la baisse, la rente a monté de deux francs. Il perd huit cent mille francs sur l'opération. Il s'est ruiné. Alors, sans hésitation comme sans préambule, l'impudent baron complote d'épouser la jeune veuve qui est millionnaire. Il se précipite à ses pieds et s'y traîne avec toutes les protestations de l'amour le plus compromettant. Son projet est de perdre de réputation la riche marquise, afin de la forcer à lui donner sa main. Eh bien! le public ne m'a pas semblé comprendre parfaitement les motifs de ce changement subit de mise en scène. C'est seulement à la scène suivante que tout a été expliqué. Malheureusement au théâtre il faut, non que l'effet suive l'explication, mais qu'il la précède.

Deux ou trois fois encore dans le courant de l'action, on a de ces surprises. La clarté manque dans certaines parties, et je n'ai pas retrouvé dans le *Baron d'Estrigaud* la netteté, la franchise de dialogue et la facilité de riposter qui, d'ordinaire, donnent une couleur particulière au style de M. Emile Augier.

On sent un homme de talent mal à l'aise dans son sujet, car le titre *la Contagion* y est péniblement justifié, et il est facile de voir que c'est sur le type de d'Estrigaud que s'est porté tout l'effort de l'auteur.

Je ne suis pas assez feuilletoniste de théâtre pour donner mon opinion sur la façon dont l'ouvrage est joué. Je n'ai d'ailleurs pas à parler des acteurs puisque je n'ai pas raconté la pièce. Tout ce que j'ajouterai à cette étude à vol d'oiseau, c'est qu'il y avait un grand nombre d'étudiants dans la salle et un plus grand nombre encore sur la place; qu'ils ont prouvé par leur attitude qu'ils sont amis de ce qui est vraiment beau et à l'abri, eux du moins, de la contagion morale dont nous souffrons. Allons! Allons! nous sommes probablement encore destinés à voir de grandes choses.

IV

23 mars 1866.

Les courses de Vincennes et l'étang du Bois de Boulogne ont cela de particulier qu'à chaque nouveau printemps on y retrouve celles que nous appelons *les femmes de l'année dernière*. Quelques-unes ont déjà repris leur service, et lancent sur les jolis messieurs en jaquette des regards qui ne sont pas encore entièrement dégelés. Rien n'est curieux pour l'homme naturellement méditatif comme ces fluctuations de la galanterie. L'une qui, il y a douze mois à peine, se promenait seule, en robe de foulard, sur le gazon des contre-allées, se dorlote aujourd'hui en robe de velours dans une bonne calèche, en compagnie de madame sa maman; car beaucoup d'entre elles qui, au printemps dernier, étaient orphelines, se sont payé dans l'intervalle une maman sur leurs économies, et quand nous avons eu *les Travailleurs de la mer*, nous avions depuis longtemps déjà la mère de la travailleuse.

D'autres qui, au contraire, inauguraient le printemps dernier par les boucles d'oreille longues comme des cordons de sonnettes et par des caracos sang de bœuf, ont subi les chances mauvaises du baccarat de l'amour et s'exposent aujourd'hui à l'intempérie du mois de mars les oreilles nues et les épaules faiblement couvertes.

Plusieurs qui avaient changé de cavaliers m'ont rappelé involontairement le poulpe dont Victor Hugo nous a récemment donné une si magnifique description. Je supputai malgré moi le nombre de victimes qu'elles avaient bien pu faire dans cet intervalle de douze mois. Je me demandai avec une curiosité mêlée d'effroi au fond de quelle grotte elles cachaient les squelettes des gandins qu'elle avaient dévorés jusqu'aux os. Je songeai qu'une bonne partie de la jeunesse française est composée de fiers imbéciles, et une larme silencieuse coula sur ma joue brûlante.

Mais ce qui m'a surtout frappé dans la revue de cet escadron volant — volant tout ce qui lui tombe sous la main — ce sont les ravages que le temps exerce quelquefois d'une année à l'autre sur ces coureuses des bois. Bon nombre d'entre elles, qui florissaient en 1865, paraissent avoir reçu en 1866 cette sommation par huissier que l'âge dépose un beau jour chez leur concierge, et que nous nommons, dans notre langage fantaisiste, *le coup du lapin*.

Si on me demandait une définition exacte de ce mot : *coup du lapin*, je ne pourrais pas la donner, mais j'ai remarqué que les mots que je ne comprenais pas étaient presque toujours ceux qui rendaient le mieux ma pensée.

Ce fameux lapin a fait des siennes depuis la saison dernière : Une femme fait encore très-bien aux lumières. Ses épaules sont pleines, ses joues soutenues, ses yeux limpides. Tout à coup, elle apparaît un soir, le teint plombé, le nez tuméfié, les clavicules concaves et les paupières sanguinolentes. On s'interroge de tous côtés :

— Qu'a-t-elle ? Dieu ! comme elle est changée en peu de temps. Il y a évidemment sous jeu quelques chagrins de famille ou quelque désespoir d'amour.

Il n'y a rien de tout cela. Il y a simplement le lapin qui est venu et qui sans préparation, sans avertissement, sans miséricorde lui a donné le coup en question.

Je regrette de ne pouvoir m'écrier comme le Corrége : « Et

moi aussi je suis peintre ! » Il y aurait peut-être là l'idée d'un tableau de genre à la fois saisissant et instructif : Une femme est assise et pleure les yeux fixés sur une lettre dans laquelle l'homme qu'elle aime lui envoie un éternel adieu. Au fond un lapin entrebâille la porte et avance sa patte avec précaution vers l'infortunée, afin de lui donner, sans qu'elle s'en aperçoive, un grand coup sur la nuque.

Je livre aux méditations de M. Ingres ce sujet improvisé, et je suis convaincu que, traité avec intelligence, il aurait autant de succès que la plupart des tableaux officiels.

Malgré ces inconvénients auxquels les femmes honnêtes ou non ne se soumettent qu'à la dernière extrémité, Longchamps nous prépare, assure-t-on, d'innombrables surprises. J'ai déjà du reste, remarqué, aux dernières courses de Vincennes, que la coiffure des dames en vue est complétement transformée. Leurs cheveux, ou plutôt ceux des autres, leur tombaient d'abord dans le cou ; ils remontèrent ensuite sur le haut de la tête, à ce point qu'on fut obligé de faire un grand trou dans les chapeaux, afin de laisser passer le chignon. Aujourd'hui il est du dernier genre de laisser ses cheveux se répandre sur les épaules, sans peigne, sans épingles et sans filet, même invisible. Vous vous rappelez tous, dans les anciennes gravures, Geneviève de Brabant nue comme un ver et utilisant sa longue chevelure au profit de la sainte pudeur. Voilà tout simplement la coiffure actuelle ; avec cette différence que celles qui l'arborent sont un peu plus vêtues à cause du préfet de police.

J'ai cru d'abord que cet étalage au grand jour de la publicité était une protestation contre l'effrayante invasion des fausses nattes. Des jeunes gens qui fréquentent les femmes à qui on passe facilement la main dans les cheveux, m'ont assuré que ceux que j'avais remarqués étaient tout aussi faux que les autres, et qu'ils étaient simplement rattachés en dessous, de manière à ce qu'ils pussent se confondre avec le système capillaire de l'impétrante.

Ce genre de coiffure dit *queue de cheval* paraît devoir être adopté pour les jours de courses sur toute l'étendue du territoire parisien. Je me plais à espérer que cet hommage rendu à l'espèce chevaline sera le dernier. Si les femmes avaient réellement toute la finesse qu'elles se vantent de posséder, elles se seraient aperçues depuis longtemps que la passion furibonde des Français pour les chevaux leur a fait le plus grand tort. Il n'y a pas aujourd'hui une beauté, fût-elle du premier degré, qui puisse lutter contre *Vaucresson* et *Fitz-Australian*. La femme entretenue sera avant peu de temps remplacée par le cheval entretenu. Au lieu donc de venir apporter l'autorité de leur maquillage aux luttes courtoises de ces animaux si dangereux pour elles, le plus vulgaire bon sens leur conseillait de rester chez elles les jours de courses, et de ne pas donner, par leur présence sur le turf, un attrait de plus à des combats dont elles ne sont pas l'enjeu.

Il se perd à chaque steeple chase des sommes fabuleuses qu'elles auraient eu tout intérêt à diriger vers leurs caisses. Leur conduite était toute tracée : Quand elles ont vu que les chevaux commençaient à leur damer le pion, elles n'avaient qu'à se réunir, surtout maintenant que les coalitions sont autorisées, et, par les serments les plus solennels, elles se seraient engagées à ne jamais reparaître sur la piste.

Comme la culture du cheval est au résumé une affaire de pure vanité, au bout de quelques mois, les hommes se trouvant seuls en tête à tête avec leurs étalons, auraient compris qu'ils jouaient un jeu de dupes et les femmes auraient alors dicté leurs conditions.

Au lieu d'organiser ce sage complot qui assurait leur prépondérance, elles ont mis dehors leurs plus scintillantes parures d'acier, et leurs boucles de ceinture les plus extravagantes, et elles arborent la coiffure *queue de cheval* pour aller voir l'argent de la France, cet argent qu'elles ont quelquefois tant de peine à gagner, s'engloutir dans le gouffre des poules à vingt francs. Il ne leur reste plus guère qu'une ressource aujourd'hui, c'est de disputer la place aux chevaux en essayant de courir elles-mêmes. Puisqu'il est convenu que la course améliore, je ne vois pas pourquoi on ne l'appliquerait pas à nos cocottes qui ont tant besoin d'être améliorées. Il est certain que l'enceinte du pesage offrirait une extrême animation le jour où on prendrait Mlle Cora à quatre contre un, et où on apprendrait que Mlle Finette est tombée les quatre fers en l'air un peu avant le poteau d'arrivée.....

Mais je m'aperçois que je traite là des questions demi-mondaines et indignes d'un chroniqueur qui se respecte. Il est vrai que les nouvelles manquent. Havas-Bullier, à quoi diable pensez-vous ? On nous avait promis des choses excessivement palpitantes, et rien n'aboutit. C'est tout ou plus si, de loin en loin, on parle un peu de la Butte-aux-Cailles. Et encore, n'ose-t-on rien écrire à ce sujet, de peur de recevoir immédiatement une rectification. Car, veuillez en prendre note, l'humanité est ainsi faite : si vous dites de quelqu'un qu'il a un grand talent et que c'est le plus honnête homme que vous connaissiez, jamais il ne réclame, même quand il sait que ces assertions sont complétement erronées.

J'invoque la bonne foi de mes confrères. Ont-ils jamais reçu par ministère d'huissier une lettre dans laquelle un monsieur leur disait :

« Vous prétendez que je jouis dans mon département d'une excellente réputation et que ma fortune est bien acquise. C'est une erreur, je suis un homme complétement taré et c'est à force d'infamies que j'ai pu me créer une petite aisance.

» Je vous prie, et au besoin je vous requiers, d'insérer cette rectification dans votre prochain numéro. »

Si vous avez le droit de mentir tant que vous dites du bien des gens, en revanche, la vérité vous est interdite quand vous voulez en dire du mal. C'est une compensation.

V

27 mars 1866.

Ou un journal est grand ou il est petit. Aux grands journaux on reproche de détourner le citoyen des choses qui l'intéressent pour le jeter dans les théories politiques. Aux petits journaux on reproche de démoraliser les sociétés en remplaçant la politique par des anecdotes et des nouvelles à la main. Il faut pourtant qu'une porte soit ouverte ou fermée, et si un journal n'est pas grand, il ne lui reste guère d'autre ressource que celle d'être petit; à moins toutefois que nous ne remplacions les grands et les petits journaux par les journaux moyens. Et encore, comme la démoralisation serait probablement la même, trouverait-on des orateurs pour prouver à l'Europe attentive que c'est la fondation du *Soleil* qui a fait perdre à Napoléon Ier la bataille de Waterloo.

Je n'ai certainement pas reçu du ciel la mission de relever toutes les banalités écloses cette semaine sur ce sujet; mais je me demande pourquoi on nous accuse constamment de nous nourrir de scandale. En admettant que nous soyons réduits, faute de timbre, à nous ingurgiter en effet cette nourriture d'ailleurs indigeste, il est certain que si la petite presse se nourrit de scandale, c'est qu'il y a des scandales. Si vous entrez dans une auberge et que vous demandiez pour votre déjeuner un salmis de bécasses, il est évident qu'on pourra vous le servir à la condition seulement qu'il y aura des bécasses dans la maison.

Il vous répugne de nous voir nous nourrir de scandale ; très-bien : empêchez alors les gens de nous scandaliser. Au lieu de donner dix mille francs par mois à des Gotons qui seraient déjà trop chères à cent sous par jour ; au lieu de risquer sur un coup de carte la fortune de quatre ou cinq familles, même Benoîton ; au lieu de payer cinquante mille francs pièce des chevaux qui se cassent les deux jambes à leur premier steeple-chase ; que les Français, sans prendre absolument la soutane de l'abbé Liszt, rentrent dans la vie possible, et nous pourrons encore nous nourrir de pommes de terre frites, mais nous ne pourrons plus nous nourrir de scandale.

Nous sommes, par état, les historiographes de la société au milieu de laquelle nous vivons. Si elle est scandaleuse, tant pis pour elle. Je ne peux pourtant pas, dans le but de faire plaisir à un député départemental soutenir que Mlle Sucre d'Orge est une honnête fille quand ses amants sont en si grand nombre, que chacun d'eux pourrait être condamné pour association de plus de vingt personnes ; je ne veux pas non plus m'extasier sur la probité du banquier un tel, puisque tout le monde sait qu'il a placé toute sa fortune en Angleterre depuis la rupture du traité d'extradition.

Si personnellement encore nous donnions les exemples du scandale qu'on incrimine dans nos articles ; mais il faut reconnaître que nos scandales, à nous, affectent un caractère bien anodin. En faisant mon examen de conscience, je me suis rappelé être monté jeudi dernier au foyer des artistes du Palais-Royal, où j'ai fait compliment à Mlle Keller sur la fraîcheur de ses toilettes. Je ne pense pas qu'il y ait dans cette démarche une menace contre la société. Or je serais très-surpris si nos confrères du petit format avaient des délits plus graves à se reprocher.

Après la question des journaux, a reparu celle des théâtres, et il a été généralement convenu que les pères ne pouvaient plus y mener leurs filles. Je vais dire aux pères une chose qui va peut-être les étonner :

— Vous ne pouvez pas mener vos filles au théâtre, eh bien! ne les y menez pas.

Si, pour sauvegarder l'innocence des jeunes filles, on doit jouer des pièces où il sera prouvé que les enfants naissent dans le cœur des salades et que Mme Dubarry était simplement la sœur de Louis XV, j'aime autant Guignol qui a au moins pour lui de rosser le commissaire. Vous voulez mener vos filles au théâtre, faites alors un théâtre pour elles. Le *Demi-Monde* est une comédie très-remarquable ; il est clair cependant que Dumas fils, en l'écrivant, n'a jamais eu l'intention de la dédier aux demoiselles de son temps. Un homme qui s'écrie avec une noble indignation :

— Nous ne pouvons pas mener nos filles au théâtre! ne me paraît pas beaucoup plus extraordinaire qu'un autre homme qui dirait :

— Nous ne pouvons pas mener nos filles au bal d'Asnières ni au jardin Bullier.

On ne peut pas plus obliger le théâtre moderne à se mettre au niveau de l'intelligence et de l'éducation des jeunes filles, qu'on ne peut nous forcer à faire de la tapisserie ou à broder des mouchoirs de batiste. Il y a du reste une épreuve bien facile à tenter : que l'honorable moraliste qui se plaint de ne pouvoir mener ses filles au spectacle, bâtisse un théâtre spécial destiné à la jeunesse féminine, qu'il y joue des pièces dans des données comme celle-ci.

« Léocadie, âgée de seize ans et demi, a un perroquet gris avec lequel elle a été élevée et qu'elle affectionne absolument comme s'il était de la famille. Un jour le perroquet disparaît tout à coup. Démarches, recherches de toutes sortes, promesses réitérées de récompenses honnêtes, rien n'y fait. Enfin, à la scène quatorze, au moment où l'intérêt est surexcité au plus haut point, Léocadie apprend par le concierge (rôle comique) que c'est la bonne qui a vendu le perroquet gris, après avoir pris la précaution de le teindre en vert pour dérouter les soupçons. »

Voilà certes un ouvrage dramatique à la représentation duquel un père, si rigide qu'il soit, pourrait mener ses filles, Seulement ce que les papas oublient trop, c'est qu'un directeur assez pudibond pour jouer des pièces de ce calibre, verrait au bout de quinze jours la faillite venir prendre possession de son contrôle.

Si la littérature dramatique est faite pour les jeunes filles, il en doit être de même de la peinture. Alors j'ai le droit d'être surpris que, puisqu'on a tonné toute la semaine contre les journalistes et les auteurs, on n'ait pas profité de l'occasion pour stigmatiser les artistes qui ne se font aucun scrupule d'exposer sous le nom de Vénus, Diane chasseresse et autres divinités mythologiques, mais indécentes, des nudités qui, chose révoltante, obtiennent quelquefois la première médaille.

Je me suis laissé dire que le salon de cette année serait plein de ces sujets, devant lesquels les pères n'oseront pas mener leurs filles. Si nous sommes pris réellement de cet accès de pudeur foudroyante, ayons au moins le courage de notre chasteté, et déclarons par un plébiscite que l'*Angélique* de M. Ingres, aujourd'hui sénateur, sera brûlée dans le jardin du Luxembourg comme attentoire aux bonnes mœurs et à la vertu des jeunes filles.

Voilons sous une immense feuille de vigne toutes les Vénus du Titien, et démolisssons à coups de marteaux les trois quarts des antiques du Louvre, dont le marbre sera converti en dessus de cheminées.

M. Ingres et le Titien ne s'étant jamais inquiétés de ce que les jeunes filles pourraient penser de leurs tableaux, je ne vois pas pourquoi M. Barrière et M. Sardou s'inquiéteraient de ce qu'elles pensent de leurs pièces. Remarquez que si le théâtre entrait réellement dans la voie virginale qu'on lui indique, ceux qui ont demandé cette réforme seraient les premiers attrapés ; car il est fâcheux d'avoir à le constater, la tartuferie qui a disparu à peu près complétement de la religion a été en grande partie transportée dans les mœurs.

L'Académie de musique a aujourd'hui le droit de choisir son répertoire et ses chanteurs ; elle peut, si bon lui semble, représenter de grands opéras à l'usage des demoiselles. Nous verrons ce que lui durera la subvention. En attendant, la direction doit être quelque peu embarrassée de la liberté qu'on lui rend. Il n'y avait peut-être qu'un homme qui ne la demandait pas, et c'est précisément à celui-là qu'on la donne. Ce qui ne peut manquer de refroidir les compétiteurs de M. Perrin, ce sont les 500,000 francs à déposer pour le cautionnement. Du moment où le directeur de l'Opéra administre à ses risques et périls, les 500,000 francs se trouvent naturellement risqués. Il en résulte que les gens très-riches pourront seuls aspirer à la direction de l'Opéra. Or si la richesse ne fait pas le bonheur, elle ne fait pas davantage l'intelligence. Généralement quand un homme sérieux se met à la tête d'une grande affaire, c'est pour acquérir la fortune qu'il n'a pas et non pour manger celle qu'il a. Si en dirigeant l'Opéra il faut s'exposer à absorber le capital de 25,000 francs de rentes pour en gagner annuellement 18,000, je ne vois pas où est la spéculation.

Le titre de directeur de l'Opéra est incontestablement très-agréable à porter, mais cinq cent mille francs ne sont pas désagréables non plus. Il y a ceci à craindre, c'est que par la canicule de juillet, au moment où le soleil entre dans le Lion et où tous les amateurs de musique sont aux bains de mer, le directeur, voyant ses recettes baisser avec le niveau de la Seine, ne reprenne ses cinq cent mille francs en déclarant qu'il rentre dans la vie privée.

L'Opéra se trouverait alors sans directeur, ce qui livrerait le corps de ballet à des fantaisies inénarrables. Le seul avantage qui, à mon avis, résulte pour M. Perrin du nouvel ordre de choses, c'est que quand l'*Africaine* ne fera plus d'argent, il pourra reprendre *la Biche au Bois*.

VI

30 mars 1866.

Longchamps, la semaine sainte, la cherté du poisson et la conversion prochaine de M. Guizot, tels sont les faits qui se partagent la situation. Quoique au premier abord ces questions semblent très-disparates, le monde a fini par les amalgamer de façon à en faire un tout fort présentable. Les modes nouvelles, telles que jupes courtes, demi-bottes s'arrêtant à la naissance du mollet, cheveux dans le dos et chaînes Benoîton se marient très-bien avec les sermons du père Félix et les adorations perpétuelles. L'espèce de Ramadan que nous traversons au milieu des larmes et des concerts, des génuflexions et des promenades au bois de Boulogne, rappelle vaguement ces tables d'hôte d'Allemagne où l'on fourre des confitures de groseille dans les haricots de mouton.

Une honnête bourgeoise, même de celles qui *pratiquent*, ne se fera, par exemple, aucun scrupule d'utiliser la passion de Notre-Seigneur au profit de l'anse du panier, et après avoir acheté une barbue quarante sous, de la faire payer six francs à son mari sous prétexte qu'il y a eu très-peu d'indulgences cette année. Pour les capitulations de conscience, nous n'avons pas nos pareils, en religion, en morale et en politique.

Je pense que les catholiques, amis de M. Guizot père, ont choisi cette semaine de préférence à toute autre pour répandre dans les masses le bruit de la prochaine abjuration de ce célèbre protestant, qui n'a jamais beaucoup aimé les protestations, à en juger par l'accueil qu'il faisait, étant au pouvoir, à celles qu'on lui adressait. M. Guizot a soixante-seize ans et, pour peu que l'idée de changer de religion lui soit venue à dix-neuf ans et demi, il faut reconnaître qu'il a pris tout le temps de se décider. On ne l'accusera pas de pratiquer le système des abjurations spontanées. Ce que je craindrais néanmoins dans sa position, c'est que le public ne se fît cette réflexion à peu près inévitable :

— Voilà soixante-seize ans que M. Guizot vit dans la religion réformée. Aujourd'hui il reconnaît qu'il s'est trompé et il entre dans la religion catholique. Mais puisqu'il s'est trompé pendant soixante-seize ans, qui me prouve qu'il ne se trompe pas encore ?

Il me semble qu'un homme de la valeur de M. Guizot doit éprouver quelque embarras à répondre à la foule :

— Eh bien ! oui, je me suis laissé égarer toute ma vie par le nommé Luther, qui a abusé de ma crédulité et de mon innocence. Tout ce que j'ai dit et fait jusqu'ici n'a pas le sens commun, permettez-moi de passer à autre chose.

L'étonnement de la foule cessera comme par enchantement le jour où elle saura toute la vérité, c'est-à-dire que les hommes politiques n'ont jamais eu et n'auront jamais d'autre religion que celle dont ils ont besoin pour le triomphe définitif de leurs idées gouvernementales.

On nous apprend au collége que la religion est la question par excellence, et à peine entrés dans la vie nous voyons continuellement des gens qui sacrifient les intérêts d'en haut à ceux d'en bas. Il en est des hommes politiques qui passent d'une religion à une autre selon qu'ils ont ou qu'ils n'ont pas besoin de faire entrer le pape dans leurs petites combinaisons, comme des gens de lettres ou des pianistes qui prennent la soutane : tant que les éditeurs les poursuivent en leur demandant des romans ou des symphonies, ils pensent à tout, excepté à se faire tonsurer. Un beau jour ils s'aperçoivent que leurs volumes restent bien longtemps à l'étalage et que la seconde édition ne vient pas vite. Le chagrin les envahit et ils se font prêtres.

A la place du bon Dieu, je ne serais pas très-flatté de n'amener ainsi à moi que les gens qui ne trouvent pas mieux. Ah! si on venait m'apprendre que le lendemain d'un grand succès Émile Augier a pris la résolution d'entrer au séminaire et de s'y consacrer au Seigneur, je reviendrais sur mes idées actuelles à ce sujet, mais tant que je n'aurai pas eu devant les yeux un de ces exemples de vocation foudroyante, je persisterai à croire, en appliquant ma manière de voir à M. Guizot, que ceux de notre monde qui le quittent pour entrer dans les ordres, copient involontairement ces vieux garçons qui se décident à se marier, alors seulement que les femmes des autres leur ont donné un congé définitif, et qu'ils ont besoin d'avoir une femme à eux pour soigner leurs rhumatismes.

La conversion de M. Guizot, qui est resté le plus convaincu des protestants jusqu'au moment où il a eu besoin de se faire catholique, aura peut-être un jour une raison d'être, en ce qu'elle permettra à l'ancien ministre de se mêler au débat qui a lieu en ce moment dans les sphères théologiques à propos de divers passages de la *Bible*. Il paraît que, de temps immémorial, les erreurs fourmillent dans les traductions de ce fameux livre récemment illustré par Gustave Doré. Et ce sont précisément les passages qu'on nous a appris à admirer depuis notre enfance qui se trouvent bouleversés de fond en comble dans les interprétations des novateurs. Ainsi cette phrase de l'Écriture : « On ferait plutôt passer un chameau par le trou d'une aiguille... » nous avait toujours été vantée comme une image d'une grandeur incomparable. Au fond, dès la classe de sixième, deuxième division, je trouvais cette hyperbole peu harmonieuse et parfaitement ridicule. Seulement je n'en disais rien de peur d'être privé de sortie, et je me reprochais même quelquefois dans le silence de mon pupitre mon esprit de libre examen.

Aujourd'hui des savants versés dans les langues mortes viennent tout exprès de Mésopotamie pour nous dire :

— Français, on vous trompe : le traducteur de la phrase en question a commis le plus grossier des contre-sens. La véritable rédaction est celle-ci : « On ferait plutôt passer un *câble* par le trou d'une aiguille. » En effet, le mot chameau était insensé, le mot câble est très-logique.

Je partage absolument, quant à moi, l'opinion de ces Mésopotamiens ; mais si « chameau » est insensé, pourquoi, depuis des années, me répète-t-on que « chameau » est sublime. Et mes remords ? qui me payera les souffrances morales qu'ils m'ont fait subir ? J'avais donc raison quand je repoussais comme triviale l'image de ce chameau passant par le trou d'une aiguille. Mais si j'avais raison, pourquoi me privait-on de sortie chaque fois que ma précoce intelligence tendait à se manifester ?

Ce qu'il y a de plus triste dans l'histoire de ce chameau et de cette aiguille, c'est qu'elle jette un grand trouble dans les âmes les plus fermes. Elle nous prouve ce que nous devrions savoir depuis longtemps, c'est-à-dire que notre existence se passe à admirer des choses dont nous devons rire quelques années plus tard, et à fouler aux pieds ce que nous sommes destinés à chanter sur la lyre à sept cordes dans un avenir plus ou moins long. On ne se fait aucune idée du nombre de grandes choses et de grands hommes devant lesquels nous nous prosternons actuellement et dont le souvenir seul nous fera hausser les épaules dans quelques années, que dis-je? peut être dans quelques mois d'ici, oh! laissez-moi croire que ce sera dans quelques mois !

C'est probablement à cette pensée philosophique que nous devons la croisade qui s'organise en ce moment contre la claque. Les théâtres en mal de pièces nouvelles poussent maintenant le respect envers le public jusqu'à faire annoncer que cette institution d'admiration officielle sera désormais supprimée. Il est certain que le spectateur parisien est devenu peu à peu assez intelligent pour qu'il soit inutile de lui faire souligner les passages remarquables d'un vaudeville en un acte par des messieurs mal mis, qui ont souvent le tort grave de lutter par des parfums à l'ail et à l'échalotte contre le patchouli des premières loges.

Du moment que le public a pris le parti de siffler lui-même il n'a pas besoin que les autres applaudissent pour lui. En outre, en criant : bis! pendant que vous restez calme, un claqueur vous dit implicitement :

— Quel crétin vous faites de ne pas comprendre que cette scène est admirable et provoque l'enthousiasme de tout homme intelligent.

Or, il est toujours désagréable d'être traité de crétin quand on a déjà donné sept francs au contrôle. Mais la claque qu'on va se décider à abolir est encore la moins dangereuse de toutes et nous serions trop heureux sous le beau ciel de France si tous les claqueurs étaient dans les stalles de parterre. Hélas! hélas! le cri de : « A bas la claque ! » si énergiquement formulé à la première du *Baron d'Estrigaud* par la jeunesse de l'Odéon aurait une signification bien autrement douloureuse et devrait faire rentrer en eux-mêmes les applaudisseurs de toute nature. Croyez-vous que nos gandines auraient fini par tenir les femmes honnêtes en échec sans l'armée de petits jeunes gens en gilets décolletés qui leur font escorte? Interrogez à la fois le claqueur qui a applaudi le drame d'hier et le fils de famille qui applaudit la cocotte d'aujourd'hui : l'un et l'autre vous répondront probablement :

— C'est ce qu'il y a de plus méprisable au monde.

Avec cette différence que le claqueur sait ce que lui rapportent ses applaudissements, tandis que le fils de famille ignore ce que lui coûtent les siens.

Le jour où la claque sera véritablement abolie sur le continent européen, nous verrons des femmes extrêmement surprises; mais hâtons-nous de le dire, je connais, ou plutôt je me vante de ne pas connaître des hommes politiques qui ne seront pas moins étonnés.

VII

10 avril 1866.

Je reviens de Londres où j'étais allé en compagnie de plusieurs honnêtes gens rendre les derniers devoirs à une honnête femme, dans l'acception la plus rare du mot. De ceux qui, il y a quelques vingt ans, avaient arrondi leur bras sur leur cœur en promettant fidélité, soumission, dévouement, il n'en restait qu'une partie. Les autres, ayant changé la direction de leur gratitude, étaient restés à Paris. C'est bien naturel... Mais permettez-moi de ne pas insister.

Ce qui m'a surtout frappé dans les rues de Londres c'est l'absence d'hommes décorés. J'ai raconté à plusieurs gentlemen les trois mille cinq cents travaux d'Hercule auxquels les Français se livraient annuellement pour infiltrer dans leur boutonnière cette petite rougeole. Ils ont eu l'air de ne pas comprendre un mot à ce que je voulais leur dire, ce qui m'a confirmé dans l'idée que chaque pays a ses mœurs, les bonnes et les mauvaises ; c'est nous qui avons les mauvaises.

J'ai également remarqué au musée Tussaud que parmi les victoires remportées par l'Angleterre et dont les noms sont écrits sur les murs, se trouvait la bataille de Ligny. Toutes les histoires de France prétendent que les Français ont gagné la bataille de Ligny. D'un autre côté, les histoires d'Angleterre soutiennent que se sont les Anglais. Au fond, la question n'a qu'une médiocre importance, attendu que le nom du vainqueur ne modifie en rien le chiffre des morts.

Avouez, cependant, qu'il est bien dur, quand un homme a été élevé dans l'idée que nous avons gagné la bataille de Ligny, d'apprendre tout à coup que nous l'avons perdue. Ce sont là de ces secousses dont on se remet difficilement. Il y aurait à prendre, dans ces cas-là, qui sont nombreux, un moyen terme, ce serait de décider que nous en avons gagné chacun la moitié.

Si un Allemand m'affirmait aujourd'hui que nous avons perdu la bataille d'Austerlitz, j'hésiterais avant de lui donner un démenti. Quand on gagne une bataille, on devrait prendre un brevet.

Je m'étais sérieusement promis de courir, dès mon arrivée à Londres, les marchands de tableaux et de leur enlever quelque Léonard de Vinci ou au moins un bon Corrége, dussé-je le payer trente-sept francs. Mais quelle ne fut pas ma surprise en tombant du premier coup sur un *Enlèvement de Proserpine* que j'avais poussé huit jours avant à l'Hôtel des ventes de Paris. Le tableau avait été adjugé à un autre moyennant cent cinquante francs et des centimes. Le marchand me le fit quatre cents livres sterling, ce qui prouve que, pour les Anglais, ce n'est pas seulement le temps, mais encore la toile qui est de l'argent.

Cet *Enlèvement de Proserpine* inaugura pour moi une série de désillusions artistiques, car je reconnus à d'autres devantures un grand nombre de peintures que j'avais vues traîner pendant des mois dans les salles de la rue Drouot, où mon porte-monnaie va quelquefois promener ses rêveries.

Ainsi m'ont été expliqués les mystères de cette industrie qui consiste à acheter certains tableaux qui se payent très-bon marché à Paris et à aller les revendre très-cher à Londres, où on fait alors provision de peintures dépréciées en Angleterre et encore à la mode parmi nous.

C'est du libre échange.

La saison des ventes commençant à Londres vers le mois de juin, c'est-à-dire au moment où finit celle de Paris, beaucoup de spéculateurs pratiquent ce travail exclusif, et il faut admettre qu'ils s'en trouvent bien puisqu'ils n'y renoncent pas.

J'avais déjà lu des détails instructifs sur les mille et un métiers inconnus auxquels a donné naissance la multiplicité croissante des ventes artistiques, dans l'excellent livre d'un collectionneur très-connu, M. le docteur Lachaise, le *Manuel de l'Amateur de tableaux*. Il y a, en effet, pour l'homme jaloux de se composer une galerie, à passer un baccalauréat qui devient de plus en plus difficile. Il est évident que le nombre des amateurs augmente tous les jours, mais il n'est pas moins évident que le nombre de tableaux anciens ne peut pas augmenter, puisque ceux qui les ont faits sont tous morts, à commencer par Raphaël, que son amour pour la Fornarine conduisit au tombeau.

Quelque barbares que soient souvent les amateurs, ils ne pouvaient raisonnablement couper en morceaux des Paul Véronèse, des Titien ou des André del Sarte pour les débiter ensuite par portions. Mais puisque tous les tableaux vrais étaient placés, il a bien fallu se décider à en fabriquer de faux. C'est à quoi on est arrivé facilement. Le besoin de posséder dans sa collection son petit chef-d'œuvre a conduit l'acheteur aux coq-à-l'âne artistiques les plus extraordinaires. Les médecins aliénistes savent seuls combien est mince la cloison qui sépare le collectionneur du monomane. Pendant huit années consécutives, l'hôtel des Ventes a été fréquenté par un homme très-distingué, dont les manières étaient d'une affabilité parfaite, et dont la conversation était charmante. Tant que vous causiez théâtre, politique ou littérature, tout allait bien ; mais dès que vous abordiez la question d'art, il vous amenait mystérieusement dans le coin d'une salle, et tirant tout à coup un ruban bleu compliqué d'une boucle en métal anglais :

— Regardez-moi ça, disait-il, quelle trouvaille! le musée Dusommerard me la payerait des millions, et je l'ai eue pour une somme insignifiante.

— Bah! et qu'est-ce que c'est donc?

— Comment! vous ne la connaissez pas ; c'est la ceinture de Vénus!

On se taisait pour ne pas pousser à l'exaltation ce cerveau troublé, mais lui continuait en étalant son acquisition :

— Je suis d'autant plus heureux d'avoir mis la main sur cet objet précieux, que j'ai acheté dernièrement dans une vente après décès, le carquois de l'Amour, et que l'un ne va pas sans l'autre.

Un autre jour on l'apercevait pontant comme un enragé sur une vieille lame mangée de rouille que Jean le crieur promenait sur la table.

— Que diable ferez-vous de cette ferraille? lui demandait-on.

— Laissez-moi faire, répondait-il en éblouissant les spectateurs par ses enchères, c'est l'épée de Damoclès : il y a assez longtemps que je la cherche. Elle ne m'échappera pas.

Cet infortuné avait fini par se composer un cabinet dont rien n'approchait comme fantastique. Quand les objets matériels et palpables lui avaient enfin manqué, il avait pris au sérieux les métaphores en usage dans notre langue imagée, et à ceux qui allaient le voir, il montrait avec un sérieux comique quoique attristant :

1° *Les grelots de la Folie*, qu'il avait achetés en voyage à un maître de poste ignorant qui osait les mettre au cou de ses chevaux;

2° *Le voile de l'Anonyme*, qu'une marchande à la toilette, inconsciente du trésor qu'elle possédait, avait fini par lui céder. Il était plein d'accrocs et d'une propreté douteuse, mais depuis le temps qu'on s'en sert, expliquait le propriétaire, les défauts ajoutaient une preuve de plus à son authenticité d'ailleurs incontestable.

3° *Le manteau des nuits*, qu'il avait eu à très-bon compte dans un solde et qu'il mettait sur le même rayon que le fameux voile cité plus haut.

4° *Les degrés du crime*. C'était, à son dire, une des pièces les plus importantes de sa collection. Il avait couru, pour l'acquérir, Paris et les départements. Je savais qu'ils existaient, racontait-il volontiers, puisqu'un poëte a dit :

> Ainsi que la vertu le crime a ses degrés.

Enfin, grâce au ciel, j'ai mis la main dessus au moment où je désespérais d'arriver à les découvrir.

Il avait ainsi d'innombrables objets de toute nature auxquels il donnait les attributions les plus imprévues, comme une branche de chêne qui avait appartenu à *l'arbre de la science du bien et du mal*, ainsi qu'un verre d'eau puisé dans *le torrent des plaisirs*.

Cet honorable insensé a depuis quelque temps disparu du caravansérail de la rue Drouot. Qu'est-il devenu ? Des gens qui ont des vues sur sa collection, prétendent qu'il a été rencontré dernièrement en Allemagne en train de marchander *le rocher de Sisyphe*; on se tenait à deux francs cinquante.

Toutes les folies bibelotantes n'ont pas un caractère aussi tranché que celle dont nous parlons, mais pour être moins amusantes, les autres n'en sont pas moins réelles. Le nouveau volume du docteur Lachaise crie au public *casse cou !* C'est à lui maintenant de s'étudier à ne pas tomber dans les panneaux, surtout les panneaux coloriés. Le *Manuel de l'amateur de tableaux* instruira et intéressera les lecteurs, mais ce qu'il faudrait pour les guérir ce n'est pas un livre, c'est un miracle.

VIII

13 avril 1866.

Il paraît que M. de la Rounat n'encourage pas les jeunes gens, si nous en croyons une lettre officielle. Je regrette de ne plus être tout à fait assez jeune pour pouvoir encore être encouragé ; mais il faut reconnaître que les jeunes gens de leur côté n'encouragent pas beaucoup M. de la Rounat, puisqu'ils perdent rarement une occasion d'aller en chœur siffler ses pièces.

D'un autre côté, la lettre adressée au directeur de l'Odéon a le tort grave de ne pas spécifier au juste à quel âge un auteur a le droit d'être encouragé. M. Émile Augier est après M. Prévost Paradol le plus jeune des académiciens. En jouant la *Contagion*, M. de la Rounat a parfaitement pu croire qu'il encourageait un jeune auteur, et, s'il s'est trompé, ce ne doit être que de quelque mois. Franchement, quand le signataire du *Fils de Giboyer* est venu lui offrir le manuscrit de sa dernière comédie, qu'eût pensé le public de M. de la Rounat s'il avait répondu :

— Je n'ai absolument rien dans mes cartons, et votre pièce me sauverait la vie, mais je crains que vous ayez passé l'âge, et en vous jouant, j'aurais l'air de vouloir encourager un homme qui n'est plus tout à fait jeune. Veuillez donc porter votre *Contagion* ailleurs, au Gymnase par exemple, où les comédies sont jouées sans distinction d'âge ni même de sexe.

Il est probable qu'au lieu de la lettre qu'il a reçue, le directeur de l'Odéon en eût essuyé une autre où on lui aurait demandé de quel droit il se permettait de refuser M. Augier académicien, auteur d'un grand nombre d'ouvrages à succès et officier de la Légion d'honneur. Quoi qu'il eût fait dans cette occurrence, M. de la Rounat était sûr de recevoir une lettre. La seule question est de savoir si celle qui lui eût été adressée, pour avoir refusé *la Contagion*, eût été plus désagréable que celle qu'il a empochée pour l'avoir jouée. On connaissait le revers de la médaille. Nous savons aujourd'hui à quoi nous en tenir sur le revers de la subvention.

Si c'est vraiment pour encourager les jeunes auteurs que l'État accorde annuellement cent mille francs à l'Odéon, il faut avouer que la lettre à M. de la Rounat arrive bien tard, car je connais beaucoup de jeunes auteurs qui, après quarante ans d'une lutte opiniâtre ont atteint les limites de la plus extrême vieillesse sans avoir pu parvenir à être encouragés. M. de la Rounat lui-même ayant été décoré, il y a deux ans, pour sa gestion directoriale, se faisait ces douces réflexions tout en allumant son feu du soir avec les manuscrits des jeunes auteurs précités :

— Je n'ai jamais encouragé le moindre jeune homme et on me décore. Il est clair que c'est une façon de me remercier d'avoir encouragé les vieillards. Continuons dans cette voie.

Au moment où le directeur de l'Odéon cherchait des centenaires pour leur demander des pièces, on lui apporte, sans qu'il l'ait demandée, une œuvre que le nom seul de l'auteur le dispensait de lire. On ajoute à cette munificence l'envoi d'un acteur aimé, à qui une faveur spéciale permet de passer les ponts. La pièce subit le premier soir les chances défavorables du roulis populaire, et immédiatement M. de la Rounat, qui est pour si peu de chose dans sa réception, et pour rien dans son insuccès, reçoit une lettre où on lui reproche de ne pas encourager les jeunes auteurs. Ce sera éternellement la faute à Gringalet.

C'est peut-être également à la *Contagion* que les auteurs dramatiques, dont la position est si précaire, devront des changements radicaux qu'ils attendaient toujours, ce qui prouve qu'ils n'arrivaient jamais. Il s'agirait de l'abolition de la censure préventive, qui serait remplacée par la censure répressive. La censure préventive n'a de raison d'être qu'autant qu'elle prévient au théâtre, par de sages coups de ciseaux, les scandales ou les pugilats. Or, il est incontestable que, depuis quelque temps surtout, les premières représentations sont des champs de bataille. *Henriette Maréchal*, *Didon*, la *Contagion* et plusieurs autres ouvrages auxquels la politique n'était pas étrangère ont tranformé en tribune aux harangues les salles où on les a représentés.

La censure préventive n'a donc rien prévenu du tout. Il ne faut pas lui en faire un crime : quand les plus forts se trompent sur le sort probable d'une pièce et l'accueil que doit lui faire le public, il n'y a rien de surprenant à ce que la censure coupe un mot qui aurait passé sans encombre, et en autorise un autre qui provoque dans l'orchestre des cris de chacal enrhumé.

On a pensé avec raison que puisque la censure préventive n'arrêtait pas les orages, autant valait faire rentrer les auteurs dans le droit commun. Le théâtre est une industrie comme une autre ; or, quand je me fais servir un grog dans un café, le maître de l'établissement n'a pas l'habitude de prier une commission composée de six membres, de vouloir bien analyser ma consommation.

Que penserait-on en Europe d'un pays dont les citoyens seraient tenus d'aller tous les matins trouver le commissaire de police de leur quartier, afin de lui demander si la couleur de leurs gants n'est pas de nature à troubler la paix publique et si la coupe de leur gilet est sujette à retranchement.

Le jour où le limonadier en question me sert un grog compliqué de vitriol ou d'acide sulfurique je dépose ma plainte au parquet, de même que le commissaire de police me fait arrêter s'il me prend fantaisie de me promener dans les rues sans aucun vêtement, sous le prétexte que la chaleur m'est contraire.

Le théâtre est l'image de la société. Du moment que la société se passe de censure préventive, pourquoi le théâtre en serait-il pourvu? A toutes les premières un substitut du procureur impérial aurait sa place au balcon, et si la pièce contenait une atteinte quelconque aux lois qui nous gouvernent, l'auteur subirait les peines portées contre ceux qui commettent un délit quelconque, c'est-à-dire qu'il passerait devant ses juges naturels, et que ses couplets, calembours et scènes scabreuses seraient confisqués pour être déposés au greffe.

Il est nécessaire de faire justice quand le crime est constaté. Mais décapiter un individu avant qu'il l'ait commis m'a toujours paru abusif. Le décapiter après est déjà une chose très-grave.

Du reste, ce que beaucoup de gens et en particulier les auteurs ignorent complétement, c'est que leurs ouvrages ne sont pas le moins du monde garantis par l'autorisation de la censure. Dans la grande revue du Châtelet, la *Lanterne Magique*, au décor du café chantant établi l'été dernier sur le terre-plein du Pont-Neuf, la statue équestre d'Henri IV se retournait tout à coup, Le seul roi dont le peuple ait gardé la mémoire (ce qui est peu flatteur pour les autres) descendait de son cheval de bronze, et, armé de son sceptre comme d'un archet de chef d'orchestre, il accompagnait le quadrille d'*Orphée* en battant la mesure.

Je ne discute pas le plus ou moins de goût de cette situation, qui, d'ailleurs, faisait beaucoup rire; mais il est certain qu'elle avait été autorisée par la censure, puisqu'elle s'est reproduite au Châtelet pendant cinquante représentations consécutives. A la cinquante et unième, M. Rouher, le même qui a donné tant de fois sa parole d'honneur que la situation d l'Empire du Mexique était excellente, étant venu voir la pièce trouva mauvais qu'on fit d'un Bourbon le confrère d'Arban et d'Olivier Métra, et se plaignit amèrement de ce sacrilége qui tendait à enlever au peuple le respect pour ses souverains.

Le lendemain, ordre fut envoyé au directeur et aux auteurs que Henri IV ne descendît pas de son cheval et n'accompagnât pas le quadrille d'*Orphée*. Les auteurs se soumirent. A leur place, voici ce que j'aurais répondu :

— La censure préventive fonctionne en vertu d'une loi à laquelle personne au monde n'a le droit de se substituer, pas même M. Rouher qui, en sa qualité de ministre, n'étant responsable ni de ce qu'il dit ni de ce qu'il fait, serait bien aimable de me laisser tranquille. La censure préventive a autorisé notre Henri IV à descendre de son cheval ; il continuera à en descendre.

Et j'aurais plaidé jusqu'à la cent quatre-vingt-seizième génération, et j'aurais inventé des conseils d'État pour déposer l'affaire à leurs pieds. Mais j'ai remarqué qu'en France si nous savons très-bien faire valoir notre fortune, nous ne savons pas du tout faire valoir nos droits...

Au moment où je me disposais à entrer dans le cœur de la question, on m'apporte un numéro, déjà âgé de quinze jours, du journal l'*Union*, dans lequel M. Mac-Sheehy reproduit une de mes causeries sur la nouvelle traduction de la Bible où le mot « câble » a été substitué au mot de « chameau » dans une parole de l'Écriture. M. Mac-Sheehy abuse de ce que je ne sais pas l'hébreu pour me reprocher vivement mon impiété. Il m'accuse d'être « la grimace de Voltaire. » Si j'aime mieux être la grimace de Voltaire que le sourire de M. Mac-Sheehy, c'est mon affaire.

Il ajoute que les rédacteurs du *Soleil* sont de « tristes farceurs. » Le mot est inconvenant, même dans un journal catholique, où les grossièretés vont leur train. Quand M. Mac-Sheehy raconte que l'eau de la *Salette* guérit les lombagos, arrête les pituites et fait pousser des cheveux sur les genoux les plus rebelles, je ne me permets pas de le traiter de farceur. S'il veut être sincère, il reconnaîtra cependant que j'en aurais le droit.

Mieux vaut encore essayer, comme nous le faisons, de dire la vérité en riant, que de débiter sérieusement des folies. Je suis loin de soutenir que M. Mac-Sheehy soit un aigle, mais quand il proclame les vertus détersives de la Salette, je suis convaincu qu'il est trop intelligent pour penser un mot de ce qu'il écrit.

J'admets très-bien que M. Mac-Sheehy cite tout au long mes articles quand il en manque pour son journal. Je suis même chatouillé dans mon amour-propre de cette préférence. Mais où il a tort, c'est quand il les accompagne de réflexions blessantes. On peut s'étonner de cette façon de pratiquer l'hospitalité, surtout quand on songe que M. Mac-Sheehy porte un nom écossais.

IX

20 avril 1866.

Entre autres manies, nous possédons celle de l'élevage : nous élevons des chevaux, nous élevons des lapins, nous élevons des écureuils. Ce à quoi nous pensons moins par exemple, c'est à élever nos enfants. Quand notre levrette a mis bas, nous entourons la mère et les petits des soins les plus assidus ; il n'y a pas dans la maison assez de coton pour capitonner le nid des nouveau-nés, et s'ils en exprimaient le moindre désir nous irions chercher pour les sustenter des bavaroises, au café d'en face.

Si le médecin, après une nuit d'angoisses, vient enfin annoncer à l'époux que sa femme l'a rendu père, les choses se passent autrement. On va au bureau de la rue Sainte-Appoline choisir dans un tas de femmes de la campagne une paysane qu'on ne connaît ni peu ni prou, on lui met l'enfant dans les bras, on insère le tout dans un wagon en partance pour Pithiviers ou Condé-sur-Noireau, et quand huit jours après, les amis de la famille viennent demander à voir si le petit ressemble à son papa, on leur répond :

— Il est en nourrice.

Neuf fois sur dix, avant la fin du premier mois, alors que les parents se demandent déjà s'ils feront de leur héritier présomptif un gâte-sauce ou un ambassadeur, ils reçoivent une lettre ainsi conçue :

Monsieur, madame,

C'est avec regret que je vous annonce que le petit Étienne est tombé dans le feu. Pendant que je faisais sécher ses langes devant la cheminée il a roulé dans les cendres. Quand je l'ai retiré il était noir comme du charbon de terre. Je lui ai fourré la tête dans l'eau, je lui ai fait avaler de la camomille, rien n'y a fait.

Envoyez-moi douze francs pour l'enterrement de ce pauvre chéri, je me recommande à vous si vous en avez un autre.

Votre nourrice dévouée,

Fille BAMPRIQUET.

Le nombre des enfants qui tombaient dans le feu augmentant tous les jours, quelques personnes se sont décidées à fonder une société destinée à surveiller les nourrices et à les empêcher d'alimenter quelquefois leurs nourrissons avec du pain de munition ou des betteraves crues. Sur cinquante mille enfants, on a calculé qu'il en mourait environ vingt-deux mille en moins de cinq ans entre les mains de ces braves campagnardes, qui aiment l'enfance surtout pour le sucre et le savon qu'elle leur rapporte.

Parfois le nourrisson en réchappe, mais il rentre dans sa famille à l'état de phénomène, c'est-à-dire avec les jambes tordues et la taille déformée, comme si depuis sa naissance on l'avait fait coucher dans un cor de chasse. Qui sait si le rachitisme qui envahit notre jeunesse, et qu'il est si facile de constater chez nos gandins les plus à la mode, n'a pas pour cause principale le manque de soins dont leurs premières années ont eu à souffrir ?

Et comme en somme il est difficile de trouver l'âme d'un Romain dans le corps d'un ouistiti, c'est encore au pain de munition et à la betterave crue qu'il faut s'en prendre si l'espoir de la patrie est aujourd'hui composé d'êtres difformes, vêtus de petits paletots étriqués qui les font ressembler à des porte-cigares, et mettant tout leur bonheur à vieillir sur la paille comme les nèfles pour la fille naturelle de quelque concierge.

Aux courses de dimanche dernier, par exemple, j'ai entendu, à propos de femmes, entre quatre jeunes gens à gilets décolletés, une conversation que ces infortunés n'auraient jamais tenue s'ils n'avaient pas été mal en nourrice.

J'ai raconté ailleurs l'histoire de ce riche agent de change qui, étant allé promener son petit garçon récemment revenu de nourrice, fut fort surpris de le voir lui quitter la main, entrer dans une cour, poser sa casquette par terre, et entamer la romance des *Feuilles mortes*. Informations prises, l'agent de change ne tarda pas à savoir que, dans le but d'augmenter ses émoluments, la nourrice louait le pauvre petit à des pauvres qui l'envoyaient mendier et chanter toute la journée, et le ramenaient le soir après lui avoir confisqué sa recette.

C'est donc une idée excellente que celle d'instituer une surveillance sérieuse sur les nourrices qui détériorent la jeunesse au lieu de la renforcer. Il est même assez surprenant que nos différents gouvernements n'aient pas pris cette initiative et l'aient ainsi laissée à une société particulière; car, enfin, ces enfants, c'est l'avenir de la France. Il est vrai que nos gouvernements ont toujours été tellement occupés de leur avenir à eux qu'il leur restait bien peu de temps pour s'intéresser à celui des autres.

Les anciens élevaient des temples aux grands hommes inconnus, c'est-à-dire à tous ceux qui, par une circonstance fortuite, avaient disparu de la surface du globe avant d'avoir donné la note de leur talent, de leur intelligence ou de leur génie. J'ignore combien les nourrices actuelles suppriment annuellement de grands hommes futurs, mais il faut croire qu'elles en exterminent beaucoup, car il ne nous en reste guère.

Il est vrai que quelquefois les hommes se découragent avant l'heure et en arrivent à se supprimer eux-mêmes, comme ce jeune peintre qui s'est brûlé la cervelle ces jours-ci en apprenant que ses deux tableaux avaient été refusés par le jury. Il est probable que le jury lui-même recevra le contre-coup de cette mort douloureuse. On dit déjà que les deux tableaux étaient très-remarquables. Il est certain que les jurys de peinture se sont quelquefois montrés d'une inintelligence et d'une mauvaise foi merveilleuses. On reste confondu quand on songe que nos deux plus grands paysagistes, Théodore Rousseau et Jules Dupré, dont les œuvres se couvrent d'or aujourd'hui, ont été exclus du salon pendant quinze années consécutives.

Il est évident, d'autre part, que si tous les tableaux devaient être reçus, il deviendrait superflu de nommer des juges pour les examiner. Peut-être les deux toiles en question étaient-elles excellentes, mais peut-être aussi étaient-elles détestables. En conscience, les artistes chargés de prononcer sur le sort des œuvres qu'on leur adresse, ne peuvent demander avant de formuler un jugement :

— Croyez-vous que si nous refusons ce tableau l'auteur se brûlera la cervelle?

Reste le salon des refusés, dont on a fait l'essai deux années de suite, et qui, reconnaissons-le, n'a donné que des résultats impossibles à décrire.

Si rien n'est affligeant pour un peintre comme de se voir invité à aller reprendre ses tableaux dont le jury ne veut pas, rien n'est humiliant comme d'entendre le public rire aux larmes devant une peinture sur laquelle on a pâli pendant six mois.

Je me rappelle, et tout le monde se rappelle avec moi, une toile de huit mètres de large représentant des chevaux de toute espèce, dont les uns étaient violets, les autres citron, les autres vert bouteille. Jamais on n'avait réuni sur de simples chevaux autant de couleurs de l'arc-en-ciel. J'en vois encore un, assis au premier plan, avec des repentirs qui lui tombaient le long du poitrail, et les jambes de devant croisées comme s'il faisait de la tapisserie. On se donnait rendez-vous devant ce morceau gigantesque dont l'effet était irrésistible.

Franchement, si le peintre s'est quelquefois trouvé là pour contrôler l'attitude des populations, il a dû bien souffrir, et les occasions d'en finir avec la vie ne lui ont certes pas manqué. Le jeune artiste qui n'a pu supporter l'idée d'être refusé par le jury n'aurait probablement pas supporté davantage celle d'être vilipendé par le public. Quand on a assez d'énergie pour se brûler la cervelle (certains philosophes prétendent que c'est un acte de lâcheté, mais n'en croyez pas un mot), à plus forte raison a-t-on trop de cœur pour se voir exposé entre deux caricatures dans une salle expressément recommandée aux mauvaises plaisanteries des visiteurs.

Quoi qu'il en soit, le jury se trouve, à l'égard de cet infortuné jeune homme dans une position extrêmement difficile. Le seul moyen d'en sortir, c'est, à mon avis, de réserver un coin spécial où seraient exposés d'autorité les deux tableaux, sur le cadre desquels on inscrirait courageusement cette mention :

CES DEUX PAYSAGES AYANT ÉTÉ REFUSÉS PAR LE JURY

l'auteur s'est brûlé la cervelle.

Le public déciderait alors à qui incombe réellement la responsabilité de cette triste aventure. Il est vrai qu'en peinture si les jurés se trompent quelquefois, nous osons ajouter que le public se trompe toujours.

X

24 avril 1866.

Les bâtiments de l'Exposition de 1867 sont à peine ébauchés et déjà, sous le marteau des charpentiers, les rivalités s'agitent. Ce sont les photographes qui ont ouvert le feu. Un des leurs ayant obtenu, à l'exclusion de tous, le droit de reproduire les objets exposés, une formidable protestation est partie des trois mille chambres noires qui épouvantent Paris depuis quelques années. On s'est écrit des lettres, on s'est renvoyé des démentis, on s'est dit enfin des mots pleins d'aigreur et de collodion.

Cette tempête dans un objectif n'est pas précisément de mon ressort. Il me sera cependant permis de m'étonner qu'au moment même où on abolit le monopole des Petites-Voitures, on établisse ainsi celui des photographes. Ceux à qui j'ai fait part de cette réflexion à laquelle, dans ma fatuité, j'accordais quelque valeur, m'ont répondu que les photographes évincés sont mal venus à se plaindre, attendu que cette autorisation spéciale a été disputée par soumissions cachetées, et que si M. Pierre Petit l'a obtenue, c'est que la redevance qu'il s'est engagé à verser dans les tourniquets de l'exposition était plus forte que celle des autres.

Cette objection prouverait tout au plus que la soumission est toujours une mauvaise chose, même quand elle est cachetée, et j'en serais quitte pour m'applaudir une fois de plus d'avoir choisi de préférence à toute autre la profession d'insoumis.

Mais outre les photographes qui réclament déjà, ceux qui, à mon avis, sont le plus directement atteints par cette mesure, ce sont les exposants qui ne réclament pas encore. Je suppose que la fantaisie prenne à l'un de nous d'exposer un lot de jolies femmes avec toutes les coiffures qu'on a portées depuis deux ans. Pourquoi n'exposerait-on pas des jolies femmes, on expose bien des pianos. Si ces jolies femmes veulent envoyer leurs portraits-cartes dans les cours étrangères, elles seront donc forcées de s'adresser à M. Pierre Petit, même si elles préfèrent être photographiées par M. Carjat ? C'est là, il me semble, de la tyrannie à haute pression. Si demain je me trouve dans la nécessité de me faire extraire une balle du pied gauche, je trouverais fort extraordinaire qu'au moment où je fais demander Nélaton, quelqu'un vînt me dire :

— Il est évident que Nélaton est votre homme, mais pendant toute la durée de l'exposition, Béchamel a obtenu l'autorisation exclusive de pratiquer ce genre d'opérations. Il est d'une inintelligence rare, d'une maladresse insigne, et il est probable que vous ne sortirez pas vivant de ses mains, mais il vient de soumissionner le monopole de l'extraction des balles, il faut vous résigner.

On n'a pas idée d'une convention qui forcerait quelqu'un à se faire peindre par M. Ingres, quand il aurait envie de se faire peindre par Eugène Delacroix.

On ajoute, il est vrai, que les personnes qui désireraient faire photographier leur exposition par un artiste à elles connu, auront la faculté de s'arranger avec M. Pierre Petit. Très-bien, mais si elles ne s'arrangent pas ?

J'aurais cru que, s'il est un droit donné à l'homme par la nature, c'était celui de faire de la photographie et je n'aurais jamais pensé que l'idée pût venir d'imposer jusqu'au soleil. Mais l'impôt est un poulpe auquel il pousse tous les jours de nouveaux suçoirs. Les journaux ont mentionné dernièrement l'admirable discussion qui a eu lieu entre la douane française et un colporteur de flacons remplis d'eau de la Salette. On sait que les eaux minérales sont soumises chez nous à un droit d'entrée comme le beaune première ou le saint-émilion.

— Vous n'avez rien à déclarer? a demandé l'employé de l'octroi au colporteur qui passait tranquillement, armé de ses dames-jeannes.

— Non monsieur, je n'ai dans ma voiture que des bouteilles d'eau claire.

— Pardon, a fait le douanier, à quoi sert-elle cette eau claire?

— Elle sert à guérir toutes les maladies du corps et aussi celles de l'âme; on l'emploie avec succès contre la goutte et les péchés véniels. Elle est souveraine pour chasser le démon et arrêter les maux de tête.

— Alors ce n'est pas de l'eau claire, c'est de l'eau minérale.

— Du tout, si c'était de l'eau minérale, elle contiendrait du minerai. Or, faites-la analyser par le premier chimiste venu, vous verrez qu'elle n'en contient pas.

— Alors, si c'est de l'eau claire, pourquoi la vendez-vous dix francs le flacon et non deux sous la voie, prix ordinairement demandé par les fils de l'Auvergne qui, en outre, la montent à domicile.

— On la vend dix francs le flacon parce qu'elle contient des vertus particulières, mais toutes spirituelles.

— Puisqu'elle contient des vertus spirituelles, elle est spirituellement minérale, mais elle l'est. Il faut payer.

Le colporteur a lutté avec l'énergie que donne la foi. On a appelé tous les casuistes et tous les théologiens des environs afin d'élucider cette question évidemment neuve. Autrefois il en eût fallu moins pour allumer une guerre de religion qui eût ensanglanté la France pendant cinquante années consécutives.

On s'est contenté de se jeter à la tête quelques bouteilles d'eau de la Salette ; ce qui prouve que la tolérance a fait de grands progrès. Enfin la douane l'a emporté d'une longueur de goulot, et il a été décidé en principe que le droit d'octroi serait perçu.

Mais, quand il s'est agi de le régler définitivement, les embarras ont recommencé. La puissance du liquide étant toute morale, il a fallu, comme base de perception, calculer combien une bouteille de cette eau précieuse pouvait contenir d'indulgences ou chasser de démons. On est tombé d'accord à deux démons par demi-setier. Le seul point encore à résoudre est de savoir s'il n'y a pas, comme dans l'eau de Vichy, des qualités différentes, et s'il faut exiger le même droit pour la Salette ordinaire ou pour la Salette de la Grande-Grille.

Ce débat compliqué rappelle l'histoire du vénérable curé d'Ars, dont M. Veuillot avait écrit la biographie. Il y disait entre autres invraisemblances que l'excellent curé, visiblement soutenu dans ses inépuisables charités par la protection divine, trouvait tous les matins sur le coin de sa cheminée une pièce d'or, qu'une main céleste y déposait quotidiennement.

— Un instant, répliquaient les adversaires du fougueux polémiste : la Monnaie fabrique chaque jour un certain nombre de pièces d'or. Celle que le curé d'Ars trouvait chaque matin sur le coin de sa cheminée, venait-elle de la Monnaie? Mais alors, en faisant leur compte le soir, les employés devaient constater qu'une pièce avait disparu. Venait-elle d'ailleurs ? Mais la Monnaie possédant seule le droit de fabriquer l'argent ayant cours, il est évident que la pièce en question ne pouvait sortir que d'un atelier de faux-monnayeurs.

J'ignore si M. Veuillot a répondu à ce dilemme, mais il

aura bientôt tout le temps de le faire, puisqu'on annonce sa prochaine entrée à la *Presse*.

Nous voilà, il me semble, assez loin des photographes. Une somnambule consultée m'a déjà prédit que je périrais par la digression, et dire que j'avais commencé cet article avec l'intention formelle de parler de *Don Juan!* J'ai toujours jalousé ceux qui ont de l'ordre, d'abord, parce qu'ils peuvent régner à Varsovie.

La seule question que je voulais adresser au public, à propos de l'opéra de Mozart, est celle-ci :

— *Don Juan* est-il une œuvre magnifique ou insupportable?

Depuis quinze jours, je passe mon temps à être abordé par des gens qui me disent :

— Avez-vous vu *Don Juan?* mon Dieu, que c'est ennuyeux !

Il y a deux ans, quand on l'a donné aux Italiens, ceux qu'on rencontrait vous disaient :

— Avez-vous vu *Don Juan?* mon Dieu, que c'est beau !

Ces divergences embrouilleraient les cases d'un cerveau plus solide que le mien. Comme les notes blanches, noires, soupirs et doubles croches qui composent la partition sont aujourd'hui identiquement les mêmes qu'il y a deux ans, il est impossible d'admettre que *Don Juan* soit un chef-d'œuvre intermittent qu'on trouve assommant ou sublime selon qu'on a pris plus ou moins de quinine.

J'ai, pour ma part, entendu assez rarement cet opéra célèbre, dont le signe particulier est d'endormir les uns et de réveiller les autres; mais si les Parisiens veulent bien mettre un instant de côté le déplorable amour-propre qui les rend insupportables aux autres peuples de la terre, ils avoueront tout simplement que leur éducation musicale est encore trop incomplète pour qu'ils puissent apprécier sainement l'œuvre de Mozart. Combien nous en avons vu et nous en verrons encore qui à l'audition d'une symphonie de Beethoven poussaient le *delirium tremens* de l'enthousiasme jusqu'à mordre leurs voisins, et qui, s'ils avaient osé dire toute la vérité, rien que la vérité, auraient avoué qu'ils tombaient de sommeil.

En fait d'art comme en fait de coups d'État, il y a les meneurs. Cette année, il est convenu que *Don Juan* est ennuyeux; l'année prochaine il sera peut-être du meilleur ton de reconnaître que, paroles et musique, le même *Don Juan* est aussi amusant et non moins gai que *Le royaume des femmes*.

XI

27 avril 1866.

En ce moment, la Russie est exclusivement occupée à rendre les honneurs divins à l'ouvrier chapelier qui vient de sauver la vie au czar en s'interposant entre lui et le coup de pistolet qu'on lui destinait. Ce courageux prolétaire ne peut plus aller reporter à une pratique un chapeau fraîchement retapé sans se voir obligé de passer sous des arcs de triomphe élevés à son intention. Chaque fois qu'il paraît dans un théâtre, les habitués de l'orchestre escaladent les loges pour aller le presser sur leurs cœurs. On organise des souscriptions qui lui permettent de laisser là le coup de fer à la minute pour se livrer à ses fantaisies les plus dispendieuses. L'empereur Alexandre II vient de le créer prince, et, comme le nouvel anobli ne sait pas lire, on vient de lui choisir un professeur spécialement payé par l'État pour lui enseigner l'alphabet, *rosa*, la rose, et même *musa*, la muse. On le cajole, on l'encense, on l'adore; en un mot, on est en train de gâter complétement cette nature énergique et primitive.

Vous représentez-vous un homme qui, habitué depuis son enfance à coller des peaux de castor sur des carcasses de carton, se trouve tout à coup transplanté dans un palais, au milieu de laquais criblés de fourrures, et qui lui disent en s'inclinant avec toutes les marques du plus profond respect :

— Monseigneur se sent-il disposé à prendre son chocolat ?

Je crains qu'il ne lui arrive souvent de regretter sa boutique lorsqu'il se trouvera dans un salon, au milieu de l'aristocratie russe dont il fait maintenant partie. Il est toujours fâcheux pour un prince d'être obligé de demander des leçons de distinction à ses domestiques, s'il ne veut pas être continuellement exposé à faire ce que nous appelons en France des *impairs*, comme d'aller cracher dans la friture pour voir si la graisse est suffisamment chaude, de fourrer ses doigts dans les plats des princesses ses voisines, et de jeter ses os de poulet par-dessus son épaule.

Le métier d'homme du grand monde n'est ni beaucoup plus facile, ni beaucoup moins fatigant que celui de chapelier, et il est très-possible qu'après quelque temps de cette existence diaprée, il s'écrie tout à coup :

— Qu'on me ramène à mes chapeaux !

Ce qui est également possible, c'est qu'à l'instar de nos fils de bonnetiers qui font graver des couronnes de comte sur leurs cartes de visite, il se déclare tout à coup chez lui un de ces cas de noblesse *galopante* si fréquents dans nos contrées, et qu'avant trois mois il répète volontiers avec ses confrères :

— Nous autres, gentilshomme de race, nous aurons toujours un certain je ne sais quoi qui nous distinguera de la plèbe.

Un autre bien mauvais service qu'on se dispose à lui rendre c'est de lui apprendre à lire. Dès qu'il saura épeler, en voyant sa belle conduite célébrée par la *Gazette de Moscou*, cet homme-là va se croire un personnage politique. Au lieu de se demander, comme il l'a fait jusqu'ici, si c'est sur le devant ou sur le derrière du chapeau qu'il faut en attacher la boucle, à l'instar de de quelques-uns de nos bohémiens politiques qui de marqueurs de billard sont devenus soutiens du pouvoir, il va rêver les soucis du gouvernement et proposer peut-être à M. de Bismark un nouveau système de suffrage applicable aux élections prussiennes.

Il deviendra peu à peu, comme tous les acteurs en vedette, de plus en plus difficile sur la qualité des compliments que lui serviront les feuilles quotidiennes. Il ira criant partout :

— Machinskoff n'est pas gentil : il a imprimé dans l'*Invalide russe* que j'avais déployé un grand courage. Il lui eût été cependant bien facile de dire que j'étais simplement un héros.

Quoique les journaux russes n'aient pas le droit de dire grand'chose (c'est du reste en quoi ils ressemblent aux journaux français), il y verra ce qu'il ne soupçonne pas encore, c'est-à-dire qu'une comédienne peut, avec des appointements de cent cinquante francs par mois, se donner des cachemires de six mille et des chevaux de dix mille cinq cents ; qu'autrefois les femmes mettaient des choux dans leur potage, mais qu'aujourd'hui elles en mettent sur leurs chapeaux, et que M. X..., un des banquiers les plus honorablement connus, vient de partir pour Bruxelles laissant un passif de quelques dizaines de millions.

Franchement ce jeune sauveteur a-t-il besoin de connaître tous ces détails de la vie intime des cocottes et des gens de finance ? Qu'il réfléchisse avant de rompre avec son passé. On est en train de frapper en son honneur des médailles dont il verra bientôt le revers. Mieux vaut, comme l'a dit César, être le premier parmi les chapeliers que le dernier parmi les grands dignitaires.

Qu'il redoute d'exposer sa fierté naturelle à des avanies comme celle que j'ai subie dimanche dernier aux courses du bois de Boulogne. Tandis que je me promenais sur la verte pelouse, j'entendais à tout instant prononcer mon nom. Souvent même il était accompagné de paroles extrêmement flatteuses, telles que :

— Oh ! Rochefort ira très-bien, et puis il a du sang et une allure toute particulière.

Je savourais mentalement ces voix inconnues :

— Enfin, me disais-je en aparté, la Providence rend donc

justice au talent et à la bonne conduite. Pour la première fois qu'elle donne cet exemple d'impartialité je suis heureux que son choix soit tombé sur moi.

Au moment où ma vanité atteignait les dernières limites de l'exaltation, j'ai appris que *Rochefort* était un cheval appartenant au major Fridolin, et qu'on le prenait à quatre contre un dans la poule d'essai.

Ces blessures d'amour-propre sont bien faites, il me semble, pour prouver aux écrivains français comme aux chapeliers russes que la roche Tarpéienne est près du bois de Boulogne.

La roche Tarpéienne n'est pas non plus très-éloignée du palais de l'Industrie où le jury de l'exposition de peinture boit actuellement, à bouche que veux-tu, des calices d'amertume. Il y a quelques jours on l'accusait du suicide d'un jeune peintre dont les deux tableaux avaient été refusés, et on va bientôt, tout porte à le croire, le rendre responsable du prochain suicide de M. de Boissy, qui ne peut pas se consoler d'avoir vu son portrait revenir au domicile sénatorial, comme les débris de la grande armée après Waterloo.

Peut-être quelques-uns des jurés de peinture sont-ils d'origine anglaise; quoi qu'il en soit, M. de Boissy a cru devoir protester contre l'exclusion de son image par une lettre assez verte à laquelle M. de Nieuwerkerke a répondu d'une façon extrêmement crue. De ce tournoi à armes discourtoises, il résulte que les journalistes qu'on accuse perpétuellement de manquer de mesure en ont infiniment plus que ceux-là même qui leur font ce rapproche. M. de Boissy a eu du reste plus de chance que moi. M. de Nieuwerkerke lui a répondu par une lettre, et un jour que, dans le *Charivari*, j'avais constaté, comme c'était mon droit, que sous le coton des nettoyeurs le *Saint Michel* de Raphaël était devenu un ange de la foire aux pains d'épice, M. de Nieuwerkerke m'a répondu par un procès.

Il est vrai que le juge d'instruction, qui était de mon avis, lequel avis était en même temps celui de M. Ingres, comprit parfaitement que moi, contribuable, j'avais le droit de me plaindre qu'on détériorât des tableaux, qui, en somme m'appartenaient dans une certaine mesure, et dès la première comparution, il rendit une ordonnance de non-lieu. Mais cette leçon m'a profité au point que, lorsque j'aperçois au Louvre un de ces tableaux sur lesquels plusieurs frotteurs semblent avoir passé, non-seulement je n'en parle pas dans les journaux, mais je m'incline devant avec respect et admiration. J'ai retrouvé chez moi une vieille rape à sucre dont on pourrait parfaitement se servir pour le prochain nettoyage des Rubens. A l'instar de M. Sauvageot, je l'offre volontiers au Musée. Maintenant que je suis revenu de mes erreurs artistiques, je reconnais que rien n'est efficace comme de râper un tableau.

Quant à M. de Boissy, il a évidemment une position à prendre : qu'il organise par actions un salon des refusés, avec son portrait comme premier versement. Nul doute que d'autres n'aillent bientôt le rejoindre. Si cette combinaison ne réussit pas, et s'il tient absolument à être exposé quelque part, eh bien, qu'il envoie ledit portrait au musée de Versailles comme tableau historique. On y trouve déjà la salle des Maréchaux, il aura la gloire d'y avoir inauguré la salle des Sénateurs.

XII

1er mai 1866.

De temps en temps on s'écrie ; sauvons la morale ; alors on empêche les femmes seules d'entrer dans les cafés du boulevard, et les femmes non honnêtes d'entrer dans l'enceinte du pesage. Après quoi on se dit : maintenant que nous avons sauvé la morale, passons à autre chose !

Je suis heureux, je l'avoue, de ne pas remplir de fonctions publiques qui me forcent à opérer ce triage entre les femmes honnêtes et celles qui ne le sont pas. Je me suis promené dernièrement dans l'enceinte du pesage, et, la main sur la conscience, devant Dieu et devant les hommes, je jure que je n'aurais pas pu les distinguer les unes des autres. D'une part, les toilettes étaient les mêmes, si ce n'est que celles des femmes honnêtes étaient un peu plus extravagantes. D'autre part, où commence chez une femme l'honnêteté, et surtout finit-elle ?

Je suppose qu'un commissaire de courses s'approche de mademoiselle Léonora, des Folies-Dramatiques, et la prie de vouloir bien se retirer, que répondrait-il si l'interpellée lui demandait les motifs de cette exclusion arbitraire ?

— Les motifs, répliquerait probablement le commissaire des courses, c'est que vous n'êtes pas une femme honnête.

— Sur quoi basez-vous cette appréciation ?

Sur ce que vous portez des robes de trois mille francs et des cachemires de six mille, sans avoir d'autres moyens d'existence que soixante-deux francs d'appointements mensuels.

— C'est vrai ; aussi, je fais des dettes, absolument comme les femmes de monde qui ont trente mille livres de rente et qui en dépensent déjà par an soixante mille chez leurs couturières.

— Enfin, mademoiselle, nous avons décidé que l'enceinte du pesage serait interdite aux femmes de théâtre.

— Mais la profession d'actrice n'a rien d'immoral par elle-même, puisque ces mêmes dames du monde passent leur temps à donner dans leurs salons des représentations dont on parle dans les journaux, et où elles enfilent, sans la moindre rougeur au front, des maillots non moins collants que les nôtres. La seule différence à constater, c'est que généralement, au point de vue de la beauté et du talent, nous leur sommes de beaucoup supérieures. Si vous vous décidez à fermer l'enceinte du pesage à toutes les femmes qui dépensent plus qu'elles ne possèdent ; à toutes celles qui jouent la comédie et à toutes celles qui choquent le bon sens public par la démence de leurs toilettes, je consens à sortir, d'autant plus que votre pesage serait vide au bout de cinq minutes. Autrement, on ne m'arrachera d'ici que par la force des baïonnettes.

S'il se trouvait une femme assez forte parmi celles qui vivent de leurs faiblesses pour pousser ce raisonnement jusqu'à sa dernière limite, je ne sais trop ce qui arriverait. Il est certain que si les dames du grand monde passaient, comme autrefois, leurs journées dans leurs oratoires, pendant que leurs maris combattaient pour la foi en Palestine ; si elles sortaient de leur retraite uniquement pour aller, une aumônière à la ceinture, parcourir les campagnes et laver les pieds des indigents, elles auraient quelque droit à tracer entre les deux camps une ligne de démarcation. Il est vrai que si elles étaient occupées à laver les pieds des indigents, elles n'étaleraient pas dans l'enceinte du pesage des robes de soie bariolées aux couleurs de M. de Lagrange.

En Angleterre, les femmes honnêtes ressemblent si peu comme allure à celles qui ne le sont pas, qu'elles n'ont aucune crainte d'être confondues avec elles. Que nos belles susceptibles suppriment ces arbrisseaux en faux cheveux dont les rameaux frisés leur tombent jusque dans les yeux ; qu'elles remplacent par des chapeaux en étoffe les serpents de Pharaon qui leur tiennent lieu de coiffure, et la séparation des deux mondes s'opérera instantanément. Mais, je ne sais pas pourquoi, j'ai idée qu'elles essayeront de tous les systèmes avant de s'arrêter à celui-là.

C'est, du reste, une charmante époque que la nôtre ! En même temps qu'ils décrivaient les robes, plan, coupe et élévation, que portaient les grandes dames présentes aux dernières courses du bois de Boulogne, les journaux de Paris répétaient après les journaux russes que l'auteur de l'attentat commis sur le czar allait être mis à la question.

Cette nouvelle a été reçue comme la chose du monde la plus naturelle, et il ne s'agit plus guère que de savoir maintenant si on tenaillera le coupable aux cuisses et aux mamelles, si on lui versera du plomb fondu dans les oreilles ou si on jugera plus conforme à la dignité d'un grand empire de lui broyer les os des jambes. Tels sont les sujets qui se discutent en avril 1866. On a bien raison de dire que la civilisation coule à pleins bords.

Voilà des circonstances où il est dur de faire partie du corps diplomatique Être obligé d'aller le soir faire le whist avec le czar et causer d'infamies renouvelées de Cypriano La Gala, comme nous causons ici d'une première de Sardou ou de Meilhac, c'est le côté vraiment douloureux des grandeurs humaines. Il n'en faudrait pas plus pour me dégoûter à jamais du métier d'ambassadeur.

Nous du moins, infimes particuliers, nous avons le droit de nous enfermer à double tour, et de laisser déborder notre mal de cœur en apprenant que des êtres humains ont fait du corps d'un malheureux une succursale de la chambre des horreurs du musée de madame Tussaud. Mais comment vont se tirer de là ceux qui reçoivent des appointements pour trouver tout bien ? A vrai dire, je serais étonné s'ils ne cherchaient pas un moyen de décerner un premier prix de clémence au czar qui, pouvant ordonner qu'on répandit sur les blessures de son assassin deux litres d'huile bouillante, n'a jamais voulu qu'on en versât plus d'un litre et demi.

Je me rappelle avoir lu dans je ne sais quels mémoires sur la cour de cet excellent Louis XV, qu'en apprenant les monstrueux détails du supplice de Damiens, le roi avait beaucoup pleuré. Or, quand on songe qu'il n'avait absolument qu'un geste à faire pour arrêter ce massacre, et s'épargner ainsi des larmes abondantes, il faut lui savoir gré de son énergie. Le grand Napoléon se livra du reste aux mêmes manifestations lors de l'assassinat qu'il laissa commettre nuitamment sur la personne du duc d'Enghien. Les historiographes du temps ont tout mis, comme c'est l'usage, sur le dos des ministres qui s'étaient opposés à tout acte d'indulgence. Il est probable, que la même tactique sera observée à Saint-Pétersbourg. J'ai déjà remarqué que les ministres sont tout-puissants pour empêcher une grâce et sans aucune espèce d'influence pour empêcher un emprunt.

En attendant, je me demande comment on va s'y prendre pour savoir de l'inculpé s'il a ou non des complices. La torture est, comme la guitare et le théorbe, un art sinon tout à fait perdu au moins fort tombé en désuétude. Je sais parfaitement que ce ne seront pas les tourmenteurs qui manqueront pour cette besogne délicate, attendu (et nous sommes payés pour le savoir) qu'on trouvera éternellement des hommes pour tout faire. D'ailleurs, il n'y a pas de sots métiers, quoiqu'il y en ait de déshonorants. Ce n'est donc pas de la bonne volonté de ces messieurs que je doute; c'est leur inexpérience que je crains. On ne torture pas un homme comme on prend une prise de tabac. Il y a des études préalables à faire, et, si j'ose m'exprimer ainsi, un baccalauréat à passer. Il faut savoir le faire souffrir sans qu'il perde connaissance et surtout sans qu'il passe de vie à trépas dans les mains du tortionnaire. Vous comprenez que, si l'homme rend l'âme au moment où il ouvre la bouche pour faire des révélations, ce n'est plus de jeu; la partie est manquée.

Si, au contraire, on parvient à découvrir un praticien à la main tout ensemble ferme et légère, qui puisse dire du premier coup d'œil : c'est là qu'est Toulon ! c'est-à-dire : voici l'endroit douloureux qu'on peut attaquer sans intéresser les organes essentiels à la vie, alors tout est profit. Le torturé, vaincu par la douleur, raconte absolument tout ce qu'on veut. Une fois la question terminée, il est encore en très-bon état pour marcher à la mort, et les peuples émus bénissent le ciel de leur avoir accordé des souverains si doux, si intelligents et si magnanimes.

XIII

4 mai 1866.

Un lecteur me demande dans une lettre personnelle et très-pressée ce que deviendrait l'exposition universelle de 1867 dans le cas où la guerre éclaterait en Allemagne. Dût-il me refuser sa voix aux prochaines élections, je suis obligé de lui répondre que je n'en sais rien. Du reste, afin de m'ôter tout scrupule, mon correspondant a soin d'ajouter que, s'il s'adresse à moi pour ce renseignement, ce n'est pas par patriotisme, mais tout simplement parce qu'il doit faire venir ces jours-ci de sa province une machine à battre le blé qui comporte la hauteur d'un second étage, et qu'une fois seul à Paris avec sa machine à battre le blé, il aurait toutes les peines du monde à trouver un logement si elle lui restait sur les bras pour cause de relâche au palais du Champ-de-Mars.

Avec l'augmentation vertigineuse du prix des loyers, la mauvaise volonté des concierges qui ne veulent plus laisser monter le porteur d'eau après dix heures du matin, et l'avidité des propriétaires qui font maintenant tenir quatre pièces, une cuisine et une antichambre dans un tiroir de commode, il est incontestable qu'un monsieur aurait quelque difficulté à emménager une machine à battre le blé, fît-il même énergiquement valoir sa qualité d'abonné du *Soleil*.

D'autre part, se promener sur les boulevards et aller dîner en ville en compagnie de cette construction haute de deux étages, ce serait s'exposer à de continuelles observations. Je ne veux ridiculiser en quoi que ce soit l'honorable correspondant qui veut bien me confier son embarras; mais sa situation me rappelle l'histoire de ce négociant de Bordeaux qui, étant allé dans l'Inde afin d'améliorer la qualité de ses vins, avait pris, avant de quitter Chandernagor pour retourner en France, un billet dans une loterie de charité. Deux mois après sa réinstallation à Bordeaux, il reçoit une lettre d'avis qui lui annonce qu'il a gagné un éléphant, et que le prochain paquebot déposera entre ses bras le noble animal.

Vous suivez d'ici la légende ; le négociant se hâte d'envoyer son éléphant, qui était gris perle, au jardin des Plantes de Paris ; mais l'administration le lui retourne au bout de quinze jours, sous prétexte qu'il se livrait à un pugilat perpétuel avec l'éléphant noir, ce qui n'avait rien d'étonnant, attendu que tous les naturalistes savent que les éléphants noirs et les éléphants gris perle n'ont jamais pu vivre ensemble.

En proie à un véritable désespoir, le malheureux négociant offrait son numéro gagnant à tout le monde, mais c'était à qui le refuserait. Il prit le parti de loger son gros lot dans les caves de sa maison. Malheureusement, il n'y avait pas de jour où l'éléphant ne s'amusât à défoncer des tonneaux dont il humait avec enthousiasme le vin qui était retour de l'Inde, ce qui lui rappelait la patrie absente.

Une fois en état d'ivresse, l'intéressant animal se promenait dans les caves battant les murs, ce qui avait, entre autres inconvénients, celui de faire tasser considérablement la maison, que ces festons dangereux ébranlaient de fond en comble.

Désolé d'avoir ainsi chez lui un éléphant qui se livrait à la boisson, l'heureux gagnant de la loterie en question fit monter dans les combles cette bête aussi douce qu'encombrante. Il arrivait alors journellement ceci : le mastodonte qui était intelligent, mais distrait, se trompait de porte, et au lieu de rentrer chez lui, il allait frapper chez les voisins. Vous représentez-vous une jeune fille qui l'oreille au guet attend son amoureux, et qui en allant ouvrir après s'être écriée : « — C'est lui ! je reconnais son coup de sonnette ! » se trouve face à face avec un éléphant gris perle. C'étaient, dans le quartier, des cris et des terreurs à faire baisser la Bourse.

Qu'est devenu depuis ce déclassé ? je l'ignore. Comme c'était une femelle, le bruit a couru qu'en arrivant à Bordeaux elle était déjà grosse de trois mois et que ces animaux privilégiés portant ordinairement un an et demi, elle avait, après quinze mois de séjour en France, donné le jour à un petit éléphant qui promettait d'être aussi gracieux que sa mère. Je mentionne ce bruit sans le garantir, d'ailleurs la vie privée doit être murée.

Si l'exposition de 1867 n'avait pas lieu, mon correspondant se trouverait, lui et sa machine à battre le blé, à peu près dans la situation du propriétaire de l'éléphant dont je parle. Souvent même, ce qui prouve quel courant magnétique existe entre nos lecteurs et nous, je me suis demandé ce que deviendra, une fois l'exposition finie, l'immense construction qu'on élève au Champ-de-Mars. J'avais pensé (et quoi qu'on puisse en dire, je trouve mon idée louable) à convertir le palais de l'Exposition en maison de retraite pour les femmes qui se sont mal conduites dans leur jeunesse. Il est temps que la société fasse quelque chose pour les Baucis de la galanterie. Il y a, il me semble, une suprême ingratitude de notre part à abandonner sur leurs vieux jours, à toutes les vicissitudes du hasard, ces infortunées qui, pour nous aider à mener ici-bas une existence heureuse et fantaisiste, se sont ruiné la santé et perdues de réputation. Il est toujours blessant pour la dignité d'un gentilhomme, fût-il seulement marquis, après avoir mis aux pieds d'une femme sa fortune et ses parchemins ; après avoir bravé, pour obéir à ses moindres caprices, les huissiers et les conseils judiciaires ; après lui avoir donné des noms que les oiseaux envieraient, tels que mon trognon et mon chien bleu ; après lui avoir acheté des colliers dont les reines d'Asie se feraient un costume complet ; il est toujours pénible, dis-je, de rencontrer, au détour d'une voie nouvelle, cette ancienne idole poussant une brouette chargée de tubercules malpropres et criant avec l'organe enchanteur de Jean Hiroux :

— Pommes de terre au boisseau !... Pommes de terre au boisseau !

Les femmes ont un défaut radical : elles se croient sûres de rester toujours jeunes. Avec une conviction qu'on ne trouvera jamais chez nos hommes politiques, elles se disent :

— Les autres vieilliront peut-être, moi je ne vieillirai pas.

Quels exemples et quelles leçons pour les Amanda, les Cora et les Paquita d'aujourd'hui, si elles pouvaient voir rassemblées dans un même dortoir les Paquita, les Amanda et les Cora d'autrefois ! Comme elles en rabattraient de leurs prétentions et de leurs faux cheveux, et comme elles se précautionneraient dès à présent d'un bon bureau de tabac pour l'avenir !

Un jour, par une de ces circonstances imprévues et improbables de la vie d'étudiant, je me suis rencontré avec une vieille femme maigre, voûtée, à l'œil gélatineux, à la lèvre broussailleuse. C'était cette ruine que nos pères avaient surnommée *la belle limonadière* et dont la grâce avait jadis fait émeute. Deux heures durant, cette gloire défunte, qui minaudait comme si elle s'était crue encore dans son comptoir, nous décrivit ses triomphes, les enthousiasmes qu'elle provoquait, les visites que lui avaient faites Souwarow, Rostopchin, le roi de Prusse et l'empereur Alexandre après la seconde Restauration. Elle nous déroula un manuscrit uniquement composé des chansons que les poëtes des environs rimaient en son honneur. Elle nous en chevrota quelques-unes en s'interrompant pour tremper un nez druidique dans un mouchoir à carreaux.

Elle nous raconta, avec une complaisance qui faisait l'éloge de son bon cœur, qu'un jeune officier autrichien s'était brûlé la cervelle dans un moment de délire amoureux ; et tout en l'écoutant je me disais que si l'officier autrichien revenait sur la terre il regretterait furieusement sa cervelle si misérablement brûlée, et qu'il viendrait les armes à la main demander à son ex-adorée de vouloir bien la lui rendre.

Non-seulement on ne savait plus si cette femme avait été belle, mais on ne reconnaissait même pas qu'elle eût été limonadière. La maison de retraite dont je propose la fondation nous donnerait par milliers des spectacles dans ce genre, sans compter que les gandins pourraient aller prendre auprès de ces femmes d'expérience des leçons qui profiteraient au repos des familles. Fourberies de cocottes, roueries de biches aux bois et aux abois, rien ne résisterait à la grande habitude qu'auraient ces femmes intelligentes de tous les trucs et de toutes les fausses trappes de la galanterie parisienne.

Jugez un peu quelle supériorité les hommes les plus naïfs ne tarderaient pas à acquérir sur les demoiselles les plus sournoises s'il suffisait aux cocodès d'aller demander à ces pythonisses des conseils comme ceux-ci :

— Madame, j'adore une jeune fille nommée Élisa et qui n'a jamais aimé que moi. Si je viens vous consulter, c'est uniquement parce que dans les commencements de notre liaison elle avait un fort appétit, et que cette perpétuelle fringale est tombée tout à coup. Je suis inquiet. Ne serait-ce pas chez cette chère petite un embarras d'estomac ?

— Dans mon bon temps, répliquerait la soupeuse retraitée, je déjeunais jusqu'à trois fois dans la même journée avec divers admirateurs de mes talents et de mes charmes. Il arrivait alors qu'à dîner je ne pouvais plus manger que du bout des lèvres. Voyez donc si cette fameuse Élisa, qui n'a jamais aimé que vous, ne déjeune pas de temps en temps avec d'autres.

C'est ainsi que nos jeunes millionnaires arriveraient peu à peu à ne plus prendre des..... cocottes pour des lanternes, et que, d'une maison de retraite, on pourrait encore faire une maison d'éducation. Quant à votre machine à battre le blé, mon cher correspondant, elle aurait alors un emploi tout trouvé sous le titre plus poétique de machine à battre les femmes.

XIV

8 mai 1866.

Nous touchons à ce moment suprême où de tous les théâtres le seul qui fasse de l'argent, c'est le théâtre de la guerre. Pendant ces spectacles non gratis où le droit des pauvres est remplacé par le droit des nations, et où les principaux acteurs ne touchent d'autres feux que des feux de peloton, les chroniqueurs de ma catégorie en sont réduits à remplir tout au plus les entr'actes et à figurer dans les intermèdes. Lorsque les mèches et les imaginations sont allumées, lorsque Garibaldi, longtemps négligé pour *Gladiateur*, reparaît dans la tempête, allez donc raconter que mademoiselle Sandarac portait une robe gris perle à la première du *Mangeur de fer*, et que *Fleur de raisin sec*, une de nos plus jolies turfistes, a été récemment expulsée de l'enceinte du pesage. S'il est encore quelque part un courriériste à peu près sûr d'être lu, c'est Havas-Bullier. Son style dénué de fioritures étonne au premier abord :

— « Prusse refuse désarmement, — troupes en route vers Saxe. — Régiments concentrés frontières. »

Mais l'intérêt du fond fait passer sur l'étrangeté de la forme.

d'autant plus que cet heureux Havas-Bullier, qu'il ne faut pas, malgré le trait d'union, confondre avec Erckmann-Chatrian, jouit du privilége exclusif d'annoncer continuellement des fausses nouvelles et de ne jamais être poursuivi.

A l'aspect des préparatifs guerriers qui sont comme la répétition générale du grand drame qui va se jouer en Europe, mon premier mouvement de condoléance a été pour les petites dames françaises qui, par suite du rappel général des étrangers actuellement à Paris, vont se trouver subitement veuves de huit ressorts. J'ai fait part de mes inquiétudes à une jeune artiste de dix-huit ans, excessivement avancée pour son âge. Elle m'a répondu que mes craintes à l'égard d'une classe généralement mal vue dans la société, faisaient honneur à mes sentiments démocratiques, mais que je pouvais dormir tranquille.

— Autrefois, en effet, m'a-t-elle dit, les étrangers étaient la ressource des femmes qui avaient usé toutes les ficelles de la galanterie. Mais depuis plusieurs années déjà le niveau intellectuel de la jeunesse française a tellement baissé que, comme matière exploitable, nous préférons de beaucoup nos compatriotes à nos voisins d'outre-Manche et d'outre-Rhin. Naguère encore nous ruinions trois Russes pour un Français ; aujourd'hui nous mettons sur la paille quatre Français pour un Russe. Telle est à peu près la proportion. Vous voyez que la guerre n'a plus rien qui nous effraye, puisque si elle éloigne les étrangers de Paris, elle forcera probablement à rentrer chez eux les Parisiens établis à l'étranger.

Tout fier que je fusse d'apprendre que nous ne le cédions en rien sous le rapport de la démence amoureuse aux autres peuples de la terre, je n'ai pu m'empêcher de m'étonner tout haut que la partie du sexe faible, connue sous le nom de cocottes, n'étudie pas plus assidûment la politique au lieu de borner ses lectures aux *Mystères de l'Égypte dévoilés* et aux *Mémoires d'une biche anglaise*. Tout n'est pas jasmin dans le métier de prima donna du bois de Boulogne. Un colonel autrichien ne vous a pas plus tôt promis une maison de campagne à Bougival, qu'il est rappelé tout à coup par son ambassadeur pour aller défendre la Vénétie menacée. Supposez une femme un peu au courant des questions d'équilibre européen, on ne s'imagine pas ce qu'elle y gagnerait au point de vue de l'équilibre de son porte-monnaie. Elle se dirait par exemple :

— J'ai reçu hier des propositions sérieuses d'un jeune Bavarois qui loge au Grand-Hôtel. Mes connaissances diplomatiques me permettant de supposer que la Bavière ne sera pas engagée dans le conflit, je crois que je peux risquer le paquet.

Voici, au contraire, l'avenir de nos petites déjeuneuses livré à tous les hasards de la guerre, et je ferai remarquer à ce propos que puisqu'on interdit les jeux de hasard, il est assez singulier qu'on laisse subsister le plus dangereux de tous. Le plus périlleux des baccarats le sera toujours moins qu'une carabine Minié, et mieux vaut, au résumé, un adversaire qui vous abat un neuf, qu'un boulet de canon qui vous abat une jambe.

Je l'avouerai, d'ailleurs, quelque peu de relations que j'entretienne avec la dame de trèfle, je ne comprends qu'imparfaitement pourquoi ce sont les jeux de hasard et non les jeux d'adresse qu'on défend dans les cercles. Il me semble, quant à moi, qu'un jeu n'est moral que si le hasard y joue le principal rôle, c'est-à-dire si la chance est égale pour tous. Quand deux individus jouent à l'écarté, où la science est pour moitié dans le gain de la partie, il est certain que le plus fort finira toujours par dépouiller le plus faible. On objectera que si le baccarat a été supprimé, c'est parce qu'il ouvrait la porte aux entreprises des gens indélicats ; je réobjecterai qu'on avait remplacé l'écarté par le baccarat précisément parce que le premier jeu offrait de grandes facilités aux gentilshommes qui, pour éviter de se faire sauter la cervelle, se décidaient à faire sauter la coupe.

Jusqu'à un certain point, du reste, les grecs auraient le droit de s'en tenir à ce raisonnement :

— Vous interdisez le baccarat sous prétexte que c'est un jeu de hasard. Du moment que nous arrangeons les cartes de façon à être sûrs de gagner, ce n'est plus un jeu de hasard ; donc, vous n'avez pas le droit de l'interdire.

Et puis sur la pente vertigineuse de l'interdiction, il est bien difficile de désigner le poteau d'arrivée qu'on est décidé à ne pas dépasser. Puisqu'on supprime le baccarat comme jeu de hasard, j'ai bien envie d'indiquer à l'autorité un endroit qu'elle ne connaît probablement pas, et où on joue tous les jeux, notamment *le chemin de fer*. Les pertes y sont quelquefois si fortes que dernièrement en apprenant que les troupes prussiennes allaient être mobilisées, un remisier très-connu a jugé à propos de mobiliser à son tour plusieurs millions qu'il a envoyés en observation sur la frontière de Belgique.

Comment dans cette maison qui fait face au Vaudeville interdirez-vous les jeux de hasard ? D'abord, tous les jeux sont de hasard, même ceux de l'amour ; demandez à la petite Bamboula qui le mois dernier n'avait pas de brides à son bonnet et qui maintenant a des cactus sur ses chapeaux.

Ainsi je suis sûr que M. Bastien Franconi eût été bien surpris si une somnambule lui avait prédit qu'après avoir fait bâtir un théâtre qui lui revient à quatre millions, il serait obligé de donner au cirque Napoléon sa représentation d'ouverture. Le hasard a eu évidemment une grande part dans cet état de choses, d'autant plus douloureux, que tout promettait à ce nouveau théâtre hippique une fortune brillante et un public nombreux, sans les dangers d'effondrement qui en retardent indéfiniment l'acceptation.

Voir d'élégantes écuyères crever des ronds de papier est un plaisir qui ne vieillira pas, mais qui cède cependant devant l'idée d'être enseveli avec tous les siens sous les plafonds du bâtiment. Ce vice de construction est d'autant plus regrettable que M. Bastien Franconi nous a exposé samedi, dans la salle prêtée par son confrère, des échantillons très-remarquables de clowns et d'écuyers. Il y a notamment un père qui fait de ses quatre garçons absolument tout ce qu'il veut. Ce ne sont pas encore des bilboquets, mais ce ne sont déjà plus des enfants. Michelet n'avait pas étudié la famille sous cet aspect imprévu. Je l'engage à aller le plus tôt possible au cirque Franconi, afin de combler cette lacune. Peut-être dans les nouveaux projets d'instruction obligatoire y aurait-il place pour la fondation d'un collége, où on élèverait les jeunes gens la tête en bas.

Les dames ont également beaucoup remarqué un homme qui déploie une rare souplesse sous la forme d'une grenouille verte. Je ne puis cacher à ce jeune sauteur qu'il possède là un talent de société grâce auquel on arrive à tout. Mon front se couvre d'une rougeur subite quand je songe aux lettres passionnées qu'il a dû recueillir à l'issue de la représentation.

« Homme enivrant !

« C'en est fait : je n'essaye même pas de lutter contre le magnétisme qui me pousse vers toi. La façon dont tu imites la grenouille m'a remuée jusqu'au plus profond de mon cœur. Je devrais me taire, mais j'oublie toutes les convenances pour te dire que tu es mon idéal.

« Aimable grenouille, à toi pour la vie,

« Léonora. »

Puisse ce grand exemple profiter aux jeunes gens qui sacrifient pour les femmes leur fortune et leur santé ! Qu'ils tâchent d'imiter la grenouille et pas une ne leur résistera. Il est vrai qu'imiter la grenouille est un don du ciel ; et qu'un jeune homme qui aurait d'ailleurs tout pour lui, esprit, physique, bonnes manières, pourrait rester éternellement une grenouille des plus médiocres.

XV

22 mai 1866.

Nous sommes, il faut bien nous l'avouer à nous-mêmes, dans une position inextricable vis-à-vis du public. Quand nous écrivons que la découverte du rat à trompe est une plaisanterie, et que tel ou tel lever de rideau du théâtre Saint-Pierre n'est pas le dernier mot de l'art dramatique, une foule indignée nous crie :

— Ah ! ces journalistes, ils font métier de trouver tout mauvais !

Lorsqu'au contraire nous signalons à l'attention fugitive du Parisien une étoile qui se lève ou une invention qui surgit, la même foule, non plus indignée, mais méprisante, nous apostrophe par ces mots :

— Combien vous a-t-on payé cette réclame ?

On ne saura jamais au juste ce qu'il faut à un homme de droiture et d'obstination, de dîners refusés, de coups d'épée donnés ou reçus pour arriver à passer aux yeux de ses concitoyens pour un écrivain qui écrit ce qu'il pense.

Je suis, comme vous voyez, dans les plus mauvaises conditions pour vous présenter un inventeur qui m'a été adressé dernièrement comme ayant enfin découvert la direction des ballons, cette fameuse direction qui, comme celle de l'Opéra, est exposée à tant de déboires. Mon honorable confrère et ami M. Henry de la Madelène a déjà parlé dans la chronique du *Temps* en termes extrêmement chaleureux du système de M. Smitter. Mais, vous l'éprouverez un jour si vous ne l'avez éprouvé déjà, le premier effet que produit la visite d'un homme qui croit avoir découvert la direction des ballons est un effet comique.

Personne, d'ailleurs, ne pouvait être sur cette question plus profondément sceptique que moi qui ai débuté dans la carrière des lettres comme employé à l'hôtel de ville, bureau des brevets d'invention. Pendant deux ans, les découvertes les plus importantes m'ont passé par les mains, et j'ai pu juger à mon aise combien pour un Denis Papin ou un Daguerre il se produit d'Adolphe Bertron.

On ne peut, dans le monde où je vis et même dans celui où je ne vis pas, se faire aucune idée des machinations saugrenues qui s'implantent quotidiennement dans l'imagination des hommes : Nouveaux syphons à eau de Seltz; procédés sous-cutanés de conservation des viandes; application des coquilles d'œufs à la fabrication du pain pour les prisonniers. J'oublierai difficilement l'émotion de ce papetier qui est venu un jour déposer d'une main fébrile les pièces d'un brevet de quinze ans pour un objet intitulé : le *crayon-canif*. Il avait remarqué que, généralement, quand on avait besoin de tailler son crayon, il fallait perdre un temps infini à chercher son canif, et il remédiait à cet inconvénient au moyen d'un instrument oblong, qui se terminait à l'un des bouts par un canif et à l'autre bout par un crayon.

Je jetai un verre d'eau glacé sur ses espérances, en lui faisant comprendre, après une longue explication, que du moment que le canif et le crayon étaient aux deux bouts opposés, il était matériellement impossible de se servir du premier pour tailler le second. Mais comme les novateurs admettent difficilement qu'ils ont fait fausse route, l'ingénieur papetier résuma notre conversation en ces termes :

— En effet, il y a peut-être quelque amélioration à essayer. Délivrez-moi toujours le brevet d'invention, la semaine prochaine je viendrai prendre un brevet de perfectionnement.

La direction des ballons était précisément, avec le mouvement perpétuel, l'océan dans lequel sombraient le plus fréquemment les cerveaux troublés. La moyenne était de trois par jour, ce qui, à la fin de l'année, donnait un total suffisamment effrayant. Du reste, de tous les systèmes d'aviation dont les dessins ont été mis successivement sous mes yeux, il n'en est pas un qui ne m'ait paru pécher par la base. Le vice radical des procédés d'aérostation connus c'est que, ne pouvant corriger le ballon qui est trop massif, trop susceptible d'allongement ou d'élargissement par suite du peu de résistance de l'enveloppe en taffetas, les aéronautes essayaient de diriger la nacelle, ce qui bouleversait toutes les lois de la physique et du bon sens, attendu qu'un ballon ne peut pas plus être dirigé par sa nacelle qu'un gros navire par le canot qu'il traîne après lui.

Au premier abord, ce problème paraît être l'enfance de la simplicité ; eh ! bien, de tous les aéronautes passés et présents, M. Smitter, simple ouvrier mécanicien, est le seul qui l'ait soulevé. Au lieu d'appliquer à la nacelle les voiles et le gouvernail, il reporte toute la force motrice et dirigeante sur l'aérostat lui-même, qu'il établit au moyen d'une charpente osseuse en fer creux, légère et solide, recouverte ensuite de taffetas. Le ballon résistant devient ainsi capable de recevoir tous les agrès nécessaires à sa direction, comme les hélices, le gouvernail et surtout deux palettes qui, en s'ouvrant et se fermant aux deux côtés de l'aérostat comme les battants d'une table, permettent au voyageur de lutter contre la pression atmosphérique et de planer à la hauteur et dans la zone qu'il a lui-même choisie.

Il en est des ballons comme des pièces de théâtre : cent répétitions générales ne valent pas une première représentation.

Peut-être au moment du départ M. Smitter s'apercevra-t-il qu'il a pensé à tout, excepté à la chose principale. Tout ce que je puis affirmer c'est que, lorsque cet homme de conviction s'est présenté chez moi, il m'a surpris par l'exposé de théories qu'il était bien difficile de combattre. Il est rare que l'inventeur monomane ne donne pas, quand on le pousse un peu, des signes d'égarement ou des preuves de mauvaise foi. M. Smitter, lui, m'a paru appeler la controverse et solliciter les objections, avec une modestie et une bonne grâce parfaites.

En pensant que l'inventeur appartient à la classe ouvrière, le public voudra bien se rappeler que les grandes idées n'ont jamais eu d'aristocratie, et tandis que M. Coste, membre de l'académie des sciences et décoré de plusieurs ordres français et étrangers, cherchait vainement depuis quinze ans la pisciculture, c'est un pauvre pêcheur des côtes de Normandie, nommé Rémy, qui a doté le monde de cette découverte extraordinaire.

C'est du reste à nous autres qui ne croyons ni aux coups de trompettes, ni aux placards sur les murs, mais aux faits et aux raisonnements, c'est à nous, dis-je, d'aller chercher dans leur obscurité laborieuse les hommes qui usent en travail et en sacrifices de toute espèce le temps que d'autres dépensent en réclames. Rien n'eût été plus facile à ce chercheur timide que de se mettre dans les mains de quelque Barnum qui l'eût compromis, mais qui l'eût fait connaître. Il est venu simplement nous dire :

— Je puis, je crois, faire faire un grand pas à la direction des ballons. J'avais six mille francs d'économies, je les ai mis dans la construction d'un aérostat. Aujourd'hui mes économies sont épuisées et il me manque une dizaine de mille francs pour tenter une expérience décisive. Est-ce que vous croyez que la question n'est pas assez importante pour que je fasse appel à une souscription publique, après avoir démontré préalablement en quoi mon système diffère de tous ceux qui ont été vainement essayés jusqu'ici ?

Je lui fis observer que dix mille francs pour l'établissement d'un ballon, d'une nacelle et de toute la mise en scène nécessaire à une ascension, c'était une somme bien mesquine.

— C'est vrai, me répondit-il, mais comme je suis ouvrier mécanicien, je ferai tout moi-même. Ainsi j'ai déjà bâti à moi tout seul la charpente en fer de mon aérostat. Comme j'étais excessivement occupé toute la journée pour mon patron, j'ai travaillé toutes les nuits pendant trois mois, et aujourd'hui il ne me manque que le taffetas, le gouvernail et les hélices, que je coudrai et que je poserai également tout seul, aussitôt que j'aurai l'argent nécessaire pour me procurer mes matériaux.

Vous comprenez que je ne garantis rien ; mais vous savez comme moi, chers lecteurs, que les seuls inventeurs qui soient jamais arrivés à un résultat sont ceux qui passent leurs nuits à travailler eux-mêmes, et non ceux qui font travailler les autres.

XVI

EN PROVINCE

I

28 mai 1866.

Le directeur des courses de taureaux de Périgueux ayant eu l'obligeance de faire un service à la presse, j'ai quitté vendredi soir la moderne Babylone, pour aller assister à la représentation tauromachique qui mettait en émoi la capitale des meilleures truffes de l'Europe.

Cette agitation était du reste amplement justifiée par les affiches collées sur tous les murs du département : les taureaux arrivaient d'Espagne même, amenés par de vrais picadores de Tolède, ornés des noms les plus castillans : don Chico Fernandez, il signor Andrés Fontanella, Antonio Monibe Rodriguez ; car chaque peuple a une façon particulière d'obéir aux instincts carnivores. Les Espagnols ont les courses de taureaux, entre les omoplates desquels des hommes vêtus de satin ponceau plongent le plus adroitement possible une épée à lame aiguë. Nous, nous avons la guerre européenne, où, de temps en temps, les jambes et les bras abattus s'entremêlent dans une extermination générale. Chacun satisfait comme il l'entend aux douces lois de la nature.

En France, les essais de taureauculture ont eu jusqu'ici quelque peine à réussir. Au fond, tout le monde est d'accord pour reconnaître que rien n'est agréable comme de voir éventrer des chevaux, à grands coups de cornes; mais l'autorité est constamment tiraillée par la loi Grammont qui punit d'un emprisonnement de un jour à trois mois les sévices inutiles commis sur les animaux. De sorte que jusqu'à présent on a permis chez nous les combats de taureaux à condition que les taureaux seraient des génisses et que les combats seraient des conférences.

Aussi, à mon arrivée à Périgueux, ai-je trouvé le désappointement sur tous les visages. La nouvelle venait de se répandre que l'autorisation de tuer les taureaux à la fin de la course venait d'être refusée à don Pablo Messa, le directeur de la troupe, j'allais dire de l'abattoir.

Le senor directeur était au désespoir.

— Il est venu, disait-il avec raison, du public de tous les pays circonvoisins, de Nontron, de Bergerac et même de Paris, dans l'unique but d'assister à la mort des taureaux. Si mes artistes ne meurent pas au dénoûment, que voulez-vous que j'en fasse? Une course de taureaux ne peut cependant pas finir par un mariage.

— C'est possible, lui répondait-on, mais la loi Grammont défendant expressément de faire souffrir les animaux, nous ne pouvons pas vous permettre un divertissement qui serait en contradiction flagrante avec la législation actuelle.

— Ne vous inquiétez pas, mes picadores sont de première force, il s'engagent à tuer les taureaux sans les faire souffrir. D'ailleurs, vous autorisez bien les steeple-chases, où jockeys et gentlemen se cassent les reins à volonté.

— C'est juste, répliquait l'autorité, mais cela tient à ce qu'il n'y a pas de loi pour défendre aux chevaux de tuer les hommes, tandis que nous en avons une pour défendre aux hommes de tuer les chevaux.

— A-t-on décrété, oui ou non, la liberté des théâtres? insistait don Pablo Messa. Puisqu'on l'a décrétée, personne au monde n'a le droit de voir ce qui se passe dans mon hippodrome. Tout le monde se plaint que le drame est mort : je le régénère en faisant jouer le rôle principal par un jeune taureau âgé de cinq ans, et on m'empêche d'élever le niveau de l'art. A quoi voulez-vous que j'utilise mes bêtes?

— Faites-leur faire tout ce que vous voudrez en dehors de ce que la loi défend. Nous ne nous opposons pas à ce que vos animaux jouent une pièce de circonstance, à ce qu'ils se livrent entre eux à une innocente sauterie ou même à ce qu'ils donnent un concert vocal.

— Je comprends : vous voulez que je sacrifie ma fierté d'Espagnol au point de faire de mon cirque une simple laiterie. Jamais!

L'affaire en est là. Il est certain que rarement question fut plus difficile à résoudre. C'est affreux si on tue ces pauvres innocents taureaux, et ce sera bien ennuyeux si on ne les tue pas. Il est certain que les Français qui ont fait quinze, vingt et trente lieues pour assister à la représentation donnée par les Espagnols, n'ont pas dit momentanément adieu à leur famille et au chef-lieu qui les a vus naître, dans l'idée de venir regarder des bestiaux caracoler simplement dans une arène. Il y avait peut-être un moyen de donner satisfaction à tout le monde. C'était de tuer les taureaux, et, quand les tribunaux seraient intervenus, de répondre :

— Ce sont eux qui ont commencé; nous étions dans le cas de légitime défense.

Ce qui heureusement, préoccupe le département de la Dordogne presque autant que les courses de taureaux c'est la fondation, dans chaque commune, d'une bibliothèque publique peuplée par souscription des livres les meilleurs et les plus nouveaux, comme le *Conscrit de* 1813, le *Travail* et *l'Ouvrière* de Jules Simon, etc. Deux cents volumes par commune suffiront à alimenter l'incroyable besoin de lecture qui, depuis quelques années, possède les natures les plus incultes. Ce qui fait que nos bibliothèques parisiennes, si riches et si intéressantes, sont, au résumé, peu suivies, c'est que la masse de la population n'a pas le temps voulu pour aller lire sur place l'ouvrage de son choix. Les bibliothèques communales procèdent tout autrement : chaque famille d'ouvriers ou de cultivateurs a le droit d'emporter un livre à domicile et de le garder pendant un certain temps.

Comme les paysans ne savent pas tous lire, et que d'ailleurs un livre qui aurait successivement passé par les mains de toute une maison reviendrait à la bibliothèque dans un état voisin de la détresse, un des travailleurs s'assied au milieu de ses collègues, et pendant que l'un écosse ses haricots et que l'autre étend son chanvre, il fait la lecture à haute voix.

Seulement, il fallait tout prévoir : ceux qui écoutent travaillent, mais celui qui lit ne travaille pas. Il est alors convenu que chaque paysan donne par jour cinq, dix ou quinze minutes de son temps qu'on met dans une caisse commune au profit du lecteur.

C'est en voyant avec quelle avidité les paysans se jetaient sur nos journaux à un sou, que les gens intelligents ont conçu et exécuté le projet des bibliothèques communales. Les mêmes qui ont déblatéré en haut lieu contre la fondation des feuilles quotidiennes à bon marché auront ce nouveau méfait à leur imputer. Essayer, en effet, de développer le goût des lettres chez un peuple dont la moitié encore ne sait pas lire, c'est là un crime qui devait provoquer l'indignation des grands hommes dont nous jouissons. Il est vrai qu'ils nous donnent tous les jours la preuve que l'ignorance n'empêche pas d'arriver à tout.

VII

1er juin 1867.

Quand on a fui vers les saules et, qu'assis sur des rives départementales, on regarde couler l'eau d'un fleuve inédit, on éprouve, ne l'avez-vous par remarqué? une volupté âcre à ne rien savoir de ce qui se passe à Paris. Ce sentiment propre au Parisien, momentanément décentralisé, viendrait-il de ce qu'à son retour, il espère trouver les hommes meilleurs et les femmes moins maquillées? Je l'ignore; le fait est qu'on m'apprendrait que la rente a baissé de 16,000 francs dans une seule bourse, que je n'en perdrais pas une truffe. Ce qui m'intéressait il y a huit jours et me passionnera dans un mois, me laisse froid comme le jeu de Mme Plessy. Je vois la vie sous un aspect tout autre, à ce point que j'ai écrit à Blum :

« Un paysan a trouvé ces jours-ci une belette qui avait les oreilles rouges. Si vous voyez là un sujet de pièce, dès mon arrivée à Paris nous prendrons des rendez-vous. »

On a bien raison de dire que tout est relatif, même ce qui est absolu.

Vous comprenez l'importance, qu'avec ces dispositions d'esprit, avaient prise à mes yeux les courses de taureaux qui menaçaient d'être interdites dans la Dordogne, comme *le Roi s'amuse* l'est dans le département de la Seine. Finalement, le juste milieu l'a emporté et après de nombreuses dépêches entre Périgueux et Paris il a été décidé que ces fils de l'Estramadure paraîtraient dans l'arène, mais que leurs cornes seraient mouchetées. Le combat se réduisait ainsi à un assaut de salle d'armes. Seulement, quand les toréadors ont essayé d'adapter aux défenses des six taureaux engagés dans la course les boules préservatrices, ceux-ci ont déclaré par des ruades et des coups de tête significatifs qu'ils ne laisseraient pas ainsi humilier dans leur personnes le pays qui avait donné naissance à Michel Cervantès.

Tout ce qu'on a pu obtenir de ces fiers Espagnols, c'est qu'ils permissent qu'on sciât le haut de leurs défenses de façon à changer les pointes des poignards en lames arrondies comme celles des couteaux de table.

Les picadores, en échange, se réservaient bien le droit de les banderiller, de les charger à coups de lance et de leur plonger dans les parties les plus sensibles du corps des pointes de fer armées de feux d'artifices, mais ils s'engageaient à ne pas tuer un seul des combattants. Tout faisait donc prévoir que le duel se terminerait par un déjeuner.

L'entrée de la cuadrilla dans la piste n'en a pas moins fait un grand effet. Ces toreros, très-jeunes pour la plupart, ont vraiment, sous leurs vestes brodées, une grâce contre laquelle nos habits noirs lutteraient en vain. Je me disais, tout en admirant leur désinvolture serpentine, qu'ils exerceraient, s'ils se décidaient à venir à Paris, les plus terribles ravages parmi les biches du bois du Boulogne; ces dames ayant le goût trop sûr en fait de beauté masculine pour ne pas se jeter immédiatement à leurs têtes.

Il est difficile de sortir de ce dilemme ; ou les courses sont complètes, c'est-à-dire que les chevaux sont éventrés, les taureaux tués et les hommes décousus comme sous le beau ciel de l'Espagne, et alors c'est un spectacle horrible qu'aucune nécessité politique ne peut justifier; ou chevaux, hommes et taureaux ne courent aucun danger, et après quelques figures d'un ballet qui pourrait faire suite à celui des légumes de la *Biche aux Bois*, rentrent à leurs domiciles respectifs pour recommencer quelques jours après, et alors ce simulacre est ridicule.

Personne n'ignore que nous joignons à une sensibilité exquise des instincts excessivement sanguinaires. Sitôt qu'un dompteur plonge la moitié de son crâne dans la gueule d'un lion, le public crie :

— Assez ! assez !

Mais si au bout de douze représentations il n'a pas été dévoré, on le siffle.

Je ne sais si les toréadors de Périgueux étaient convenus avec leurs taureaux que les hommes feraient semblant d'être blessés et que les animaux feindraient d'être morts : le fait est que la représentation a eu à dose à peu près égale ses côtés dangereux et ses parties comiques, et que l'horreur y a été, dans une excellente proportion, tempérée par l'éclat de rire.

Pour un Parisien qui n'a rien du belluaire et qui n'a jamais songé à imiter les gladiateurs antiques, si ce n'est en présentant courageusement à la girafe un pain de seigle au bout d'un parapluie, c'était toujours un spectacle émouvant que d'assister à une lutte même courtoise entre l'homme et ce mastodonte qui est si méchant lorsqu'il est taureau, et si bon dès qu'il est devenu bœuf, surtout avec des pommes de terre autour.

Le premier qui entra dans le *toril* (soyons Espagnol) parut moins furieux que surpris. Peut-être ne s'attendait-il pas à trouver des journalistes dans la salle. J'ai cru un moment qu'il allait réclamer l'indulgence du public. Il s'essaya bien à lancer quelques coups de cornes, mais sans conviction, et sa pantomime semblait dire :

— Je combats parce que c'est mon métier, mais je proteste contre un usage barbare et qui n'est pas dans mes mœurs.

Les banderilles remplies de pétards et de fusées d'artifice que des mains agiles lui plongeaient dans le corps, remplirent bientôt d'un sang noir les flancs du pauvre animal ; mais loin de l'irriter, ces excitants ne firent qu'augmenter son désir de quitter la scène. Au moment où les garçons d'écurie allaient terminer son supplice en lui ouvrant la barrière, quelques Périgourdins farouches crièrent, dans un délire affecté :

— À mort le taureau!

Mais ces voix impitoyables s'éteignirent sans trouver d'écho; ce qui prouve que nous nous éloignons tous les jours du *panem et circenses*, et que les esprits chagrins ont bien tort de prétendre que nous tournons au Bas-Empire.

Le second taureau semble vouloir venger son camarade Sans discussion ni protocole il fond sur les banderilleros dont quelques-uns n'ont que le temps d'escalader la barrière. La bête se rattrape alors sur un malheureux cheval blanc dans le poitrail duquel il enfonce une corne d'autant plus effrayante qu'en la rognant du bout on l'a changée en instrument contondant.

Le cheval s'éloigne en boitant et va mourir dans la coulisse.

La férocité des plus exigeants se trouvant ainsi satisfaite, on passe bientôt au spectacle infiniment plus gai d'une course de vaches landaises. C'était, si j'ose m'exprimer ainsi, la pièce à femmes succédant à la tragédie. Les toréadors, qu'il serait plus juste d'appeler des vachéadors, se contentent d'exécuter des culbutes variées entre les cornes des génisses dressées à ces exercices rarement mortels.

Quelques-unes cependant, ayant probablement négligé de repasser leur rôle poussent l'oubli des convenances jusqu'à poursuivre sérieusement leurs adversaires, dont elles se bornent à taquiner les mollets du bout effilé de leurs cornes restées intactes.

Une vache landaise, couleur isabelle, manifeste énergiquement son parti pris de rentrer à l'étable en sautant deux fois de suite dans la seconde enceinte par-dessus la barrière. On la ramène au combat; elle fait des excuses; j'ai cru même comprendre qu'elle s'engageait à les faire paraître dans un journal. En présence d'une insistance aussi préméditée, on la ramène dans sa famille.

La dernière génisse est la plus enragée de toutes. Il faut qu'elle ait été dans sa vie bien souvent trompée pour en vouloir aux hommes à ce point-là. Au moment où l'un des picadores s'apprête à lui coller sur le front une cocarde aux couleurs de France, elle le culbute et cherche à lui labourer les côtes. Cette scène de labourage impressionne vivement la foule qui respire bruyamment en voyant le jeune Espagnol se relever le sourire aux lèvres.

Toutefois, les autres redoublent de prudence et ne s'approchent plus qu'avec une extrême circonspection de cette bête dangereuse que nous avions surnommée dans notre coin *madame Putiphar*, parce que les lutteurs ne parvenaient à l'éviter qu'en lui abandonnant leurs manteaux.

Je ne prétends pas que le mot soit de premier ordre, mais il faut tenir compte de l'émotion à laquelle nous étions en proie.

Telle est à peu près la physionomie des courses de taureaux de Périgueux. Un cheval tué, un homme foulé aux cornes, quelques mollets froissés; ce serait peut-être très-peu pour l'Espagne, mais pour la France, le berceau de la civilisation moderne, il me semble que c'est déjà bien joli.

XVII

28 mai 1866.

S'il n'est pas possible qu'un journaliste fasse tous les jours un bon article, rien ne s'oppose à ce qu'il en fasse un mauvais deux fois par semaine. Pitié du moins pour celui-ci : j'arrive. J'ai encore dans les oreilles les bruits stridents de cette pièce éternellement sifflée qu'on appelle un voyage en chemin de fer. Je n'ai eu le temps de penser à rien, si ce n'est au supplice inénarrable d'un homme qui serait condamné à quinze ans de wagon forcé, sans avoir le droit de toucher terre, même pour aller se refaire aux buffets. Et encore l'autorisation de descendre à certains buffets ne serait peut-être, de la part des juges qu'un raffinement de cruauté.

Le premier symptôme d'un retour à Paris, c'est la mauvaise qualité du vin qu'on y boit. Je ne suis certes pas un homme dont on puisse dire qu'il est adonné à l'ivrognerie; on m'a rarement aperçu battant les murs et injuriant tout bas Hudson-Lowe. Vous avez dû remarquer que la plupart des individus en état d'ivresse en veulent énormément à Hudson-Lowe. Eh bien, quand je suis rentré dans cette capitale dont Grassot a fait si longtemps l'ornement, je n'ai pu songer sans amertume à ces excellents crus de la plaine de Bergerac. J'ai là-bas savouré surtout un vin blanc, le montbazillac, absolument inconnu à Paris, et qui mériterait de s'asseoir sur le trône de Roumanie. C'est de l'or sans alliage. Au premier verre on se croit en Californie et au second on voudrait plonger au fond de la bouteille afin de tâcher de ramasser quelques pépites.

Peut-être sont-ce les détestables liquides qu'on ingurgite ici qui nous aigrissent le caractère ; le fait est qu'en arrivant, je suis tombé en pleine bagarre.

La guerre avait failli commencer aux courses de La Marche, à propos de l'*Africain*. J'ai toujours pensé que l'Afrique nous jouerait un mauvais tour. M. Riddell, le gentleman qui montait cet alezan désormais brûlé dans l'estime des amateurs, a été à sa rentrée au pesage assailli par les accusations les plus graves. Plusieurs journaux ont raconté que les gros parieurs s'étaient même laissés aller à provoquer directement le jeune Anglais. Ce que je ne m'explique pas, c'est que ces mêmes journaux aient paru douloureusement affectés que celui-ci, acculé contre une balustrade, ait répondu à ces différents cartels par de simples coups de poing. On aurait voulu, afin que la dignité de tous fût sauvegardée, qu'il y eût échange de cartes et que l'affaire se réglât sur le terrain.

Il faut pourtant être juste : M. Riddell est Anglais. Or, le duel n'est pas en usage en Angleterre, où, depuis longtemps, il a été remplacé par la boxe. Si M. Riddell était Français, je serais le premier à trouver ses coups de poing de très-mauvais goût; mais puisqu'il est Anglais, il me semble avoir parfaitement le droit d'employer les armes de son pays. L'épée est l'arme du gentilhomme français, mais le poing est celle du gentilhomme anglais; c'est une question de mœurs. Je voudrais savoir ce que répondrait le parieur le plus exalté des courses de La Marche s'il se trouvait jamais en face d'un naturel du lac Ontario, qui lui dirait :

— J'aspire à me rencontrer avec vous dans le sentier de la

guerre, mais la flèche empoisonnée étant l'arme du gentilhomme indien, voici un arc et un carquois, marchons.

L'Anglais qui montait *L'Africain* est à peu près dans la même position. Franchement, il eût été trop naïf d'accepter l'épée qu'il ne connaît pas, quand il avait sur lui ses deux poings dont l'usage lui est familier.

Nous ne pouvons d'ailleurs nourrir la prétention d'imposer éternellement aux autres nations nos façons d'agir. Le duel est déjà assez ridicule chez nous, sans que nous tentions de l'exporter. Ces réserves faites, je comprends très-bien, après la défaite peut-être préméditée de l'*Africain*, l'indignation des parieurs, et je l'aurais probablement partagée si j'avais été là, à moins cependant que je n'eusse mis mon argent sur un autre cheval.

Si on rapproche l'affaire de La Marche de la polémique imprévue engagée entre M. Paul Féval et M. Victorien Sardou, on remarquera que le pommier qui produit les pommes de discorde a donné cette semaine une abondante récolte. Je ne fais certes pas profession de défendre M. Victorien Sardou qu'en somme, j'ai vu peut-être quatre fois dans ma vie ; mais l'attaque aussi violente que soudaine de M. Paul Féval m'a paru presque un attentat contre le droit des gens, et en lisant l'article incontestablement très-bien écrit du président de la Société des gens de lettres, c'est-à-dire d'un homme qui devrait donner l'exemple du respect des autres et de soi-même, j'ai senti se former en moi cette conviction que les journalistes de profession, si vilipendés par les uns et si redoutés des autres, étaient encore ceux des écrivains qui savaient le mieux étouffer leurs rancunes et rester maîtres d'eux-mêmes.

Si verveuse et si imagée que soit la diatribe de M. Féval, elle pourrait être avantageusement remplacée par ces simples mots qu'il écrirait sur sa porte :

JE SUIS JALOUX AU PLUS HAUT POINT DES SUCCÈS DE M. VICTORIEN SARDOU.

Il est évident pour tout le monde que son article ne veut pas dire autre chose. Je n'ai pas lu la réponse de l'auteur de *Nos Intimes*, mais elle était vraiment si facile qu'il aurait pu se dispenser d'en faire une. L'indignation a souvent produit des chefs-d'œuvre, Victor Hugo l'a bien prouvé.

La jalousie n'a jamais réussi qu'à rendre plus malades les cerveaux déjà malsains. Si M. Paul Féval ne fait pas plus souvent de bons drames, c'est qu'il a trop de Sardou dans son existence. Tant qu'il dialoguera sous l'empire de cette préoccupation, son talent et ses succès sont destinés à en souffrir. Avec un peu plus de calme et d'impartialité, M. Paul Féval, dont la valeur littéraire n'est pas contestable, comprendrait cependant que M. Sardou ne peut pas faire de mauvaises pièces, rien que pour être agréable à ses confrères. Ses comédies sont jouées cent cinquante fois, ce n'est pas sa faute. Tous les gens sensés le blâmeraient s'il allait dire à M. Harmant, le directeur du Vaudeville :

— La *Famille Benoiton* fait encore beaucoup d'argent, mais je vous prie de vouloir bien en arrêter les représentations, afin de ne pas pousser jusqu'au délire l'irritation de M. Paul Féval.

Je le demande en m'adressant à la conscience de l'auteur de tant de romans remarquables : si M. Victorien Sardou était resté le fournisseur des Folies-Dramatiques ou du théâtre Déjazet, M. Féval aurait-il lancé contre lui cet acte d'accusation qui est, non plus de la polémique, mais de l'écorchement et du dépiautage.

Le seul tort de M. Sardou est, à mon avis, d'avoir accepté la discussion. Quand un homme n'est pas guidé dans ses attaques par une idée de vérité et de justice, rien ne le trouble comme de voir qu'elles ne provoquent même pas une riposte chez celui qu'elles ont l'intention de transpercer. Quelque infime que je sois, j'ai moi-même été quelquefois en butte aux vagues métaphores d'un confrère que mon immence position de fortune empêchait probablement de dormir. Comme il savait, à n'en pas douter, que je l'aurais arrêté court dès qu'il aurait tenté de franchir les limites de l'allusion incompréhensible, il se contentait de me décocher de temps en temps, pour sa satisfaction personnelle, des rébus dont moi seul peut-être avais la clef. Il en résultait que souvent ceux qui le lisaient ne savaient ni de qui ni de quoi il voulait parler. Quant à moi, je le regardais tranquillement barboter, tout en me tenant ce raisonnement auquel eût applaudi Méphistophélès :

— Mes articles sembleront d'autant meilleurs que les siens paraîtront moins bons.

M. Victorien Sardou a assez de valeur personnelle pour n'être pas, comme moi, obligé de vivre sur les défaillances des autres ; mais j'estime qu'il ne pourrait faire une plus sanglante réponse qu'en s'arrangeant pour que sa prochaine comédie ait trois cents représentations au lieu de cent cinquante.

XVIII

5 juin 1866.

Vous achetez un tableau ; vous le faites encadrer et vous l'accrochez au mur de votre salon. Un monsieur que vous ne connaissez pas entre tout à coup chez vous, décroche le tableau, le met sous son bras et vous dit tranquillement :

— Il y a aujourd'hui trente ans que l'auteur de ce paysage est décédé ; au nom de la loi, je vous reprends votre tableau, qui est tombé dans le domaine public.

L'homme qui viendrait vous tenir ce langage serait évidemment enfermé dans une maison de santé où on inventerait, à son usage, des douches toutes spéciales. Eh bien ! ce qui paraîtrait de l'aliénation mentale appliqué à l'œuvre d'un artiste, on le trouve très-équitable appliqué à celle d'un homme de lettres. Pendant trente ans, le fils de Boïeldieu a touché environ vingt cinq mille francs par an sur les droits d'auteur de son père ; il y a six mois, il a reçu l'avis officiel que, le compositeur à qui nous devons la *Dame blanche* étant mort depuis trente années révolues, ladite *Dame blanche* continuerait à être comme par le passé, représentée par l'élite de la troupe, tant dans les théâtres de Paris que dans les théâtres de province, mais que M. Boïeldieu fils ne pouvait plus prétendre à *une* centime de l'héritage paternel.

C'est là ce que nous appelons en France la propriété littéraire.

Ce système qui consistait à laisser subitement mourir de faim des fils et des veuves, sous prétexte que leurs pères ou leurs époux avaient eu du talent, a fini par sembler tellement bouffon, même au milieu des bouffonneries qui nous entourent, que, tout en l'appliquant, on cherchait de toutes parts à s'en débarrasser. Mais comme les idées droites et simples ont été bannies depuis longtemps du territoire français, et qu'indépendamment des toilettes Benoiton chez les femmes, nous avons des raisonnements Benoiton chez les hommes, tous les projets de réforme qu'on a déroulés sous nos yeux depuis une dizaine d'années étaient tellement ingénieux qu'ils en devenaient incompréhensibles. Au fond je crois que tout ce qu'on en faisait n'avait d'autre but que d'arriver, en nous empêchant de nous marier, à détruire une bonne fois la race funeste des écrivains.

Aujourd'hui savez-vous à quoi ont abouti les mémoires, les rapports et les congrès belges unis aux congrès parisiens? A ce magnifique résultat qu'au lieu de toucher les droits pendant trente ans, les héritiers les percevront pendant cinquante ans à partir de la mort de l'auteur. C'est absolument comme si on disait aux enfants de Picard ou de Collin d'Harleville :

— Réjouissez-vous : au lieu de vous faire inscrire au bureau de bienfaisance trente ans après la mort de votre père, c'est seulement au bout de cinquante ans que vous tomberez du jour au lendemain, dans la plus affreuse misère.

Remarquez que cette mesure, si elle a un jour force de loi, sera dans ses effets encore plus déplorable que la première. Je suppose qu'un auteur meure aujourd'hui laissant un fils âgé de cinq ans. Celui-ci, après avoir vécu jusqu'à trente-cinq ans dans une honnête aisance, grâce au répertoire de son père, se trouvera tout à coup sans ressource, mais à un âge où le travail, quoique bien désagréable, vous le savez comme moi, chers lecteurs, est encore possible à l'homme. Mais quand un individu est resté pendant cinquante-cinq ans à l'abri du besoin, allez donc lui apprendre un matin à jeun qu'il n'a plus pour se suffire que deux bras affaiblis par l'âge. Tout est faisable quand on est jeune, mais ce n'est certes pas à l'heure de ses soixante ans que le fils d'un auteur connu pourra aller s'offrir comme garçon de bains ou parcourir les rues avec un diamant en criant sous les portes cochères :

— Voilà le vitrier !

Trente ans, c'était triste. Cinquante ans, c'est épouvantable. Dans les autres classes de la société on a l'habitude, d'ailleurs ridicule, de se priver dans sa jeunesse afin d'amasser l'argent nécessaire pour rire un peu sur ses vieux jours. Dans les lettres, on a d'autant plus le droit de s'amuser étant jeune qu'on est, étant donné nos lois sur la propriété littéraire, à peu près sûr de mourir de faim dès qu'on devient vieux. Et les gens que nous fréquentons nous considèrent comme des êtres extraordinaires. Parbleu !

La grande résolution que nous devons tous emporter de ces combinaisons diverses, c'est de ne mettre nos enfants au monde que le plus tard possible, afin que, cinquante ans après notre trépas, ils aient encore la force de scier du bois flotté ou de pousser une brouette de marchand des quatre saisons.

Une lettre que je reçois à l'instant me détourne violemment des idées mondaines. Quelqu'un, sous cette signature : *Un inconnu*, ce qui prouve qu'il ne l'est pas ; quand on est inconnu, on l'avoue rarement avec cette franchise ; quelqu'un donc m'écrit que depuis longtemps déjà les femmes du monde signalées pour leur extravagance avaient résolu de fonder la *Société des toilettes simples*. A la suite de ce projet modérateur, les toilettes étaient devenues, comme dit Hyacinthe du Palais-Royal, plus *rinversantes* que jamais. Mais, ajoute mon correspondant, est-ce qu'il n'y aurait pas moyen de reprendre l'idée en sous-œuvre à propos de l'horrible catastrophe de La Villette ? et, puisque les étudiants et les ouvriers souscrivent à qui mieux mieux pour les victimes de l'explosion, pourquoi les dames connues sur le turf pour leurs corsages à surprises, leurs cheveux à double fond et leurs figures peintes aux couleurs de M. de Lagrange ne feraient-elles pas quelque chose à leur tour ? Elles sacrifieraient pendant six mois, par exemple, leur coquetterie foudroyante sur l'autel de la misère, et, avec le produit des économies ainsi réalisées, elles composeraient une cagnotte qu'on distribuerait soit aux survivants, soit aux familles des morts ?

« Ne serait-ce pas en effet un beau spectacle que de voir Mme de M... venir aux courses avec une robe en reps à 1 fr. 25 le mètre et un bonnet de linge de quarante-neuf sous ; elle qui, au Grand prix de Paris, promenait dans la piste une robe que personne n'aurait osé réclamer pour moins de 6,000 francs ? »

Cette proposition, mon cher inconnu, fait non-seulement l'éloge de votre bon cœur, mais elle prouve que vous ne connaissez pas du tout l'organisation du luxe en France. D'abord un objet de toilette ne s'achète pas cher parce qu'il est beau, mais parce qu'il est à la mode. Du jour où les bonnets de linge seraient de mise dans le beau monde, ils se vendraient exactement le même prix que s'ils étaient en point d'Angleterre.

En outre, les femmes qui dépensent soixante mille livres par an chez leur tailleur (les dames n'ont plus de couturières, elles ont des tailleurs), ne possèdent pas toujours, pour donner à un malheureux, les vingt francs que l'étudiant peut prendre sur son mois et l'ouvrier sur son semestre. Si elles regardent aussi peu à la dépense, c'est qu'elles doivent généralement tout ce qu'elles portent sur elles. Tant que, dans les souscriptions publiques, on ne recevra pas les billets à trois mois, elles seront forcées de s'abstenir. L'argent qu'elles enverraient aux blessés de la Villette serait celui de leurs fournisseurs et tout ce qu'elles pourraient proposer ce serait de faire cadeau de leurs dettes, auquel cas nous reviendrions au mot de Bilboquet :

— Il manque six sous.

— C'est pour le garçon.

Le luxe, comme le jeu et généralement toutes les passions un peu développées, est un engrenage. Une robe mauve en appelle une cerise, une robe cerise conduit à une robe groseille des Alpes. Les femmes les plus déterminées frissonneraient des pieds à la nuque si elles osaient faire de temps en temps leur inventaire, et regarder l'abîme qu'elles creusent sous leurs pas et sous ceux de leurs maris à coups de factures non acquittées. Mais sitôt qu'elles aperçoivent l'abîme, elles détournent la tête, ce qui est très-commode et leur permet de continuer leur petit train-train.

Avant de se vouer aux toilettes simples, il faudrait, de toute nécessité, que nos élégantes liquidassent leur situation en soldant leurs toilettes compliquées; or le difficile aujourd'hui n'est pas de se faire faire un pardessus de douze cents francs ; c'est d'en payer un de cent cinquante.

Voilà pourquoi, mon cher correspondant, les belles dames que vous voudriez réduire à cette portion congrue que les crémiers intitulent *un bon ordinaire à trente centimes*, continueront à étonner la société civile et militaire par leurs coiffures à la pieuvre et leurs chapeaux à la Lamballe. Voilà pourquoi aussi elles souscriront moins que vous, et même que moi, pour les victimes du désastre de la Villette. Elles ont des voitures et des chevaux, c'est vrai, mais cinquante francs ne se trouvent pas toujours sous le pas d'un cheval, surtout lorsque ce cheval a été acheté à crédit.

XIX

8 juin 1866.

On a fait quelque bruit autour des *Nouveaux Mémoires d'un bourgeois de Paris*, commencés, puis arrêtés court dans le *Constitutionnel*. Le premier volume de ces mémoires, qui n'ont de nouveau que le titre, a paru ces jours-ci à la Librairie internationale, et je viens de les parcourir, parce qu'au résumé c'est notre métier de lire tout ce qui est *lisable* et quelquefois ce qui ne l'est pas.

La nature avait évidemment destiné le docteur Véron à jouer les comiques. Il a vainement essayé de se soustraire à sa vocation. Comme homme politique c'est Gil-Pérès, moins le talent. Nous aurions compris à la rigueur qu'il intitulât le recueil de ses souvenirs : *Mémoires d'un médecin, Mémoires d'un directeur de l'Opéra, Mémoires d'un homme qui se nourrit bien*; mais l'expression *bourgeois de Paris* appliquée à M. Véron nous paraît tout à fait impropre. Quand on a commencé par étudier la médecine, qu'on a refusé à Meyerbeer la partition de *Robert-le-Diable*, et qu'on a dirigé le *Constitutionnel*, on n'est pas un bourgeois. M. Véron a peut-être voulu exprimer, ce qui est bien différent, qu'il avait les idées bourgeoises. Cette précaution était inutile, on s'en serait bien aperçu.

La grande préoccupation du docteur Véron sur tout le parcours des cinq volumes, tant nouveaux qu'anciens, de ses mémoires, c'est d'établir sa complète indépendance. Ce mot « complète indépendance » revient de trois en trois pages. Encore une précaution superflue : Si vous êtes indépendant, vous n'avez pas besoin de le déclarer. Et si vous ne l'êtes pas, vous vous rendez ridicule en soutenant que vous l'êtes.

L'indépendance du docteur Véron offre du reste cette particularité qu'elle vante sans restriction tous les gens haut placés et qu'elle réserve ses critiques pour ceux qui sont restés sur le carreau après la bagarre. L'auteur des *Mémoires d'un bourgeois de Paris* aurait tort de croire qu'il a inventé ce genre d'indépendance. De tout temps, elle s'est pratiquée en France sur une échelle qui s'élargit tous les jours.

Le docteur Véron est un de ces indépendants qui disent aux hommes arrivés :

— Excusez ma rude franchise : vous êtes une intelligence hors ligne.

— Oh! monsieur le docteur.

— Vous le prendrez comme vous voudrez : votre caractère est à la hauteur de votre talent.

— Monsieur le docteur, au nom du ciel!...

— Non, faites de moi ce que vous voudrez, je suis prêt à subir les plus horribles tortures, mais je vous le dis, avec l'indépendance qui me caractérise : vous êtes un grand homme.

On n'est pas plus farouche. Et remarquez que M. Véron perd rarement une occasion de dire ainsi des vérités dangereuses aux grands de la terre. C'est le cas ou jamais de déclarer qu'il est indépendant comme on ne l'est pas.

Il arrive malheureusement à ce docteur du Danube de pousser quelquefois l'indépendance jusqu'aux limites de l'extrême naïveté. Il fait, par exemple, dans le tome V de ses mémoires, le portrait le plus flatteur de M. de Morny ; il ose lui dire, et c'était, surcroît de témérité, du vivant même de M. de Morny, il ose donc lui dire qu'il est intrépide, spirituel, perspicace, honnête, et, après cet acte d'indépendance, il ajoute :

« Vers le mois de janvier 1848 le député de Clermont voulut bien me lire un article politique qu'il destinait à la *Revue des Deux Mondes*. Il me faisait l'honneur de croire à mes avis, et je reconnais aujourd'hui que je lui donnais d'assez mauvais conseils. »

Il faut s'entendre : si M. de Morny était perspicace, comment diable s'obstinait-il à venir demander des avis au docteur Véron qui, de son propre aveu, les lui donnait mauvais ? Il me semble que la perspicacité consiste principalement à reconnaître les gens de bon conseil et non à venir demander des avis à ceux qui n'en donnent que de funestes.

Le livre de M. Véron est émaillé d'alinéas de cette force, lesquels prouvent que le fameux docteur n'est pas seulement cruel pour ses ennemis.

Ces mémoires n'en sont pas moins très-précieux pour l'histoire contemporaine, en ce sens qu'en prenant tout le contraire de ce que raconte le docteur Véron vous arrivez à connaître la vérité.

Ce que je cherche en outre, ce sont les motifs qui ont empêché le *Constitutionnel* de continuer cette intéressante publication. L'auteur y passe sa vie à trouver tout bien ; il y constate à chaque bout de ligne que les jardins d'Armide, Capoue et ses délices distillaient l'ennui et le désespoir, si on les compare aux quintaux de félicité et de bonheur pur qui nous sont échus. Il me semble qu'il est difficile d'aller plus loin dans le domaine du dithyrambe. Il paraît cependant que ce n'est pas encore assez puisque l'infortuné docteur vient d'être remercié poliment. Soyons juste cependant, à moins de s'offrir pour épousseter le bureau du journal et scier du bois dans la cour, l'auteur des *Mémoires d'un bourgeois de Paris* ne pouvait faire davantage.

j'ajouterai qu'il en a fait trop. Il est bien difficile, en effet, de partager la satisfaction sans mélange du docteur Véron quand on vient de lire dans tous les journaux qu'une femme, condamnée l'année passée à huit ans de réclusion comme incendiaire, vient encore d'être reconnue innocente, à la suite d'aveux faits officiellement par le coupable.

« Catherine Vinet, a dit le jeune homme qui a commis le crime, n'était pas aimée dans le pays où elle avait eu un enfant. Sa maisonnette ayant été brûlée dans l'incendie, elle en réclama le prix à la Compagnie d'assurances. Les habitants l'accusèrent d'avoir mis elle-même le feu à sa maison, et le 12 avril 1865 elle fut condamnée à huit ans de réclusion. »

Voilà une femme dont la maison a été brûlée, et qui, au lieu de toucher de la Compagnie d'assurances l'argent qui lui était dû, a été condamnée à la prison pendant que son enfant mourait probablement de misère. Et dans les cinq ou six juridictions par lesquelles cette victime a passé, personne n'a été assez clairvoyant pour comprendre qu'elle n'était pas coupable ! Et les jurés sont rentrés dîner tranquillement chez eux après l'audience, et la *Gazette des Tribunaux* a trouvé moyen de faire des réclames à l'avocat impérial qui venait de demander et d'obtenir la condamnation d'une innocente.

Tant pis pour elle, dirait le docteur Véron, pourquoi avait-elle fait assurer sa maison? Elle aurait dû savoir que dès que le feu prend dans un appartement assuré, le premier devoir de la Compagnie qui assure est d'essayer de prouver que vous avez vous-même allumé l'incendie afin de toucher la prime. Tout cela est très-juste, mais cette revanche prise sur Lapommerais n'en est pas moins épouvantable. Quant à moi, mon système est celui-ci : mieux vaut acquitter Dumollard que de condamner un homme à un franc d'amende pour une contravention qu'il n'a pas commise. Quelque grand, quelque compliqué que soit un forfait, il n'égalera jamais en horreur la condamnation d'un innocent. Aussi, puisqu'on est en train de rebâtir Paris, je demanderais qu'on construisît à l'endroit le plus sain, le plus gai et le plus aéré de la capitale, non pas une maison, mais un palais avec des colonnades de marbre et d'or. Une fois le palais achevé, je voudrais qu'on y logeât à perpétuité les condamnés reconnus innocents et qu'on les y entourât de tous les soins et de tous les hommages. Je voudrais en outre qu'ils fussent servis par ceux-là mêmes qui les ont condamnés et à qui on dirait :

— Vous n'avez pas eu assez d'intelligence pour être jurés, soyez domestiques.

Je voudrais que, vêtus d'habits bleus barbeau, avec des galons sur les coutures, ils se tinssent constamment prêts à obéir aux moindres caprices de leur victime, le condamné fût-il sorti des couches les plus basses de la société ; eût-il été autrefois équarisseur ou graisseur de locomotives.

Nous n'en sommes pas encore là, hélas ! et si une chose est probable, c'est que nous n'y arriverons jamais. Quand une malheureuse, comme Catherine Vinet, peut enfin revoir la clarté du jour, on la fait venir devant plusieurs hommes graves qui, après s'être adressé à eux-mêmes quelques compliments, lui annoncent qu'elle peut retourner chez elle.

Catherine Vinet pourra répondre, il est vrai :

— Comment voulez-vous que je retourne chez moi puisqu'on a brûlé ma maison, et que j'ai même été condamnée à huit ans de réclusion pour cet incendie que je n'ai pas allumé et qui me ruine de fond en comble ?

Mais Catherine Vinet, émue jusqu'au fond de l'âme par majesté du spectacle qu'elle aura devant elle, se contentera évidemment de répondre en faisant une révérence :

— Je vous remercie bien, mes bons messieurs.

O société moderne ! que tu dois paraître imposante à ceux qui ont le courage de te prendre au sérieux.

XX

12 juin 1866.

J'ai lu dans un journal dont l'enthousiasme quotidien jauge environ deux mille tonneaux que nous avions un nouveau sujet de nous réjouir. Notez que si nous écoutions ces journaux-là, nous passerions notre vie en réjouissance. Heureusement nous ne les écoutons pas, sans quoi il ne nous resterait plus une minute pour écrire nos articles. Ce motif de satisfaction immodérée vient tout bonnement de ce qu'on a enfin trouvé le moyen de rendre à peu près insensible à la population parisienne la prochaine suppression du Luxembourg.

Des ouvriers terrassiers, en pratiquant des fouilles dans la banlieue, ont, paraît-il découvert un parc connu au temps du roi Clovis sous le nom de parc Montsouris, et qui réunit toutes les conditions désirables d'aération et de salubrité. Ceux qui regrettent le Luxembourg auront donc désormais le droit de remplacer leur promenade habituelle à la pépinière par un bain d'air pur qu'ils iront prendre au parc Montsouris. Le journal dont j'ai énuméré les tonneaux d'enthousiasme ajoutait, avec une conviction qui désarme, car elle fait bien rire:

« Ce but, si connu des pérégrinations parisiennes va ainsi acquérir une popularité nouvelle. »

Moi qui regrette le Luxembourg, et bien autre chose encore, je n'ai pas cessé depuis trois jours, de demander où pouveit bien être situé ce parc *si connu*. Mais, phénomène remarquable, surtout à propos d'un parc aussi connu, personne au monde ne le connaît. Des cinq ou six parisiens auxquelles je me suis adressé, en leur disant aussi poliment que me le permettait ma nature abrupte :

— Monsieur, pourriez-vous me dire où est Montsouris ?

Le premier m'a répondu avec l'air absorbé d'un homme qui remonte le cours de ses souvenirs :

— Montsouris ? attendez donc : c'est un nom de vaudeville, ça. Est-ce qu'Arnal n'a pas joué autrefois un monsieur Montsouris dans une pièce de Duvert et Lauzanne ? Il me semble même me rappeler qu'il chantait sur l'air : *J'en guette un petit de mon âge*, deux couplets dont les premiers vers commençaient par...

— Vous n'y êtes pas. Il ne s'agit en aucune façon d'Arnal. Montsouris est un parc qui doit remplacer le Luxembourg ; et un journal déclare même qu'il est extrêmement connu.

— Montsouris !... Parc Montsouris ?... je n'ai aucune idée de ce que vous voulez me dire. Etes-vous bien sûr que ce soit en Europe ?

Le second monsieur que j'ai arrêté au passage croyait savoir que le parc Montsouris était situé entre Etampes et Orléans.

Le troisième n'hésitait pas à placer Montsouris dans les provinces danubiennes, sur les confins de l'Herzégovine.

Bien qu'il soit imprudent de nier quoi que ce soit dans un pays où deux négations ont valu si souvent une affirmation (voyez les discours du gouvernement à propos du Mexique), j'ai pris sur moi de lui soutenir qu'il se trompait. Remplacer le Luxembourg par un jardin planté en Herzégovine, je maintiens que c'est impossible. Ce serait à peu près comme si on affichait l'avis suivant :

« L'église de la Madeleine qui gênait la circulation et provoquait de nombreux accidents de voitures, vient d'être définitivement supprimée. Toutefois, que les fidèles se rassurent : elle sera prochainement rebâtie dans le département des Deux-Sèvres. »

Le fait est qu'à l'heure où j'écris, je ne sais pas encore sur quel emplacement fleurit ce fameux parc dans lequel je dois aller m'ébattre d'ici à peu de temps. Je n'ai jamais tant regretté la mort du capitaine Franklin qui, à force d'audace et de persévérance, eût peut-être réussi à le découvrir et à me l'indiquer. Quel que soit cependant le degré de latitude sous lequel le créateur de toutes choses a placé ce parc mystérieux, j'engagerais fortement le préfet de la Seine à en changer le nom; Montsouris, il faut le reconnaître, manque de distinction et d'élégance. Si jamais je me livre à la confection d'un roman sentimental, j'éprouverai quelque répugnance à débuter par la phrase suivante :

« Par une belle soirée d'août, deux hommes, l'un jeune encore, l'autre déjà courbé par une vieillesse précoce, traversaient le parc Montsouris... »

En outre, si le journal enthousiaste, que j'ai cité plus haut, tient absolument à ce que cette promenade *si connue* devienne véritablement populaire, il fera bien d'user de son influence pour qu'on rajeunisse à cette intention la formule de nos codes nationaux, et qu'on ajoute en tête du pacte fondamental ces mots essentiels :

NUL N'EST CENSÉ IGNORER LE PARC MONTSOURIS.

Autrement j'ai bien peur que les étudiants ne continuent à remplacer le parc Montsouris par le jardin Bullier.

Il y a, du reste, toute une classe de citoyens auxquels les parcs ne réussissent pas, ce sont les jockeys. Ainsi, dimanche dernier, à Vincennes, le jockey Holman s'est à peu près tué dans un steeple-chase. Ce n'est ni le premier ni même le vingtième accident de ce genre provoqué par les steeple-chases. Les courses de Vincennes, en particulier, semblent accorder au suicide des primes d'encouragement. Si elles ont été instituées pour propager le goût du cheval dans la population ouvrière, au moins aurait-on pu s'arranger pour qu'elles ne fussent pas absolument mortelles. Dans celle où est tombé le jockey Holman, sur sept chevaux partis, cinq se sont abattus en route, et deux seulement sont arrivés au poteau ; c'est-à-dire que cinq hommes sur sept sont, dans une seule course, exposés à la mort. C'est, comme vous voyez, une aimable proportion.

A la dernière course, neuf chevaux sont partis et tous sont arrivés sans accident. Mais ce fait est tellement rare que parmi les plus vieux turfistes, personne ne voulait le croire. On se regardait avec une surprise mêlée de doute.

— Quelle belle course, disait-on de toutes parts, sur neuf chevaux, pas un ne s'est dérobé ; c'est vraiment extraordinaire.

On a discuté longtemps au point de vue moral l'opportunité des courses de Vincennes. Il s'agissait de savoir si l'introduction dans les faubourgs des *suivez-moi, jeune homme* de nos mangeuses d'écrevisses n'était pas d'un funeste exemple pour la jeunesse laborieuse. Au point de vue matériel, la discussion n'est même pas possible, et puisqu'on vient d'interdire dans les cercles le baccarat comme dangereux, il est certain que les steeple-chases de Vincennes ne peuvent subsister plus longtemps, attendu qu'ils offrent des dangers bien autrement graves.

Il est certain que le jockey Holman aurait infiniment mieux aimé avoir affaire à un grec qui lui aurait volé son argent qu'à la banquette irlandaise qui l'a tué du coup.

Ah ! si nous vivions en Amérique, où tout est laissé à la fantaisie de chacun, où, quand un homme se plaint d'avoir été dévalisé au jeu, l'autorité lui répond :

— Pourquoi jouez-vous avec des gens qui trichent ?

Je dirais : C'est bien. Il faut absolument laisser les gens se casser les reins à leur aise puisque la loi ne permet pas d'interdire ce genre de distraction. Mais nous n'en sommes pas là en France. Quand une chose est jugée dangereuse, on la défend et tout est dit. Il me semble que jamais plus belle occasion ne s'est présentée. Cinq jockeys sur cinq ! Je comprends très-bien les courses du bois de Boulogne et celles de la Marche, dont les obstacles sont faciles ; mais Vincennes étant dans des conditions impossibles, on nous doit de remédier à cet état de choses. Il serait assez singulier qu'on fît pour notre existence moins que pour notre porte-monnaie. Que dirait-on d'un père qui craindrait de permettre à son enfant de manger des cerises et qui l'autoriserait à boire du vitriol ?

XXI

15 juin 1866.

Tous les journaux publient le fait-Cayenne suivant :
« *Audouy*, dit *l'Hercule*, condamné aux travaux forcés à perpétuité comme complice des assassinats du château de Baillard, est mort à la Guyane le 10 décembre 1865. »

L'un deux a même ajouté :

« Ce n'est pas une grande perte. »

Je conviendrai, si l'on veut, qu'en effet ce n'est pas une grande perte. Il est certain qu'Audouy mort, le faubourg Saint-Germain ne prendra pas le deuil, fût-ce pour quarante-huit heures, mais comme il n'y a guère de condamné un peu célèbre dont on n'apprenne la mort dès son arrivée à Cayenne, il faut en conclure qu'on ne va à Cayenne que pour y mourir. Or la Guyane française a été, il me semble constituée par décret lieu de déportation et non succursale de l'échafaud. Le voyage est plus long et peut-être plus agréable de Paris à Cayenne, que de la Conciergerie à la place de la Roquette, mais si le point d'arrivée est le même, je ne vois pas à quoi sert d'avoir deux établissements consacrés aux exécutions capitales. Il est bien plus simple et plus économique d'écrire dans notre code déjà si riche en additions intelligentes :

Toute condamnation aux travaux forcés sera commuée en une heure de guillotine.

Les grands hommes d'État à qui nous devons tout, et qui ne nous doivent pas moins, se draperont dans leurs appointements et répondront que la transportation à la Guyane est un moyen de moralisation inspiré par la plus pure philanthrophie, mais nous autres, gens sans place, qui tenons aux droits de de chacun, même aux droits des criminels, nous ne pouvons admettre que ceux qui appliquent nos lois soient encore plus sévères que nos lois elles-mêmes, lesquelles sont tout simplement draconiennes.

La philanthropie est une belle chose qu'il faut éviter de tourner en férocité, et on a toujours tort de confondre moralisation avec cannibalisme.

Au moment où j'allais me laisser envahir par la mélancolie, mon cœur tout français a repris son assiette à la nouvelle qu'un aigle avait été vu sur la charpente en chêne qui entoure depuis quelque temps le dôme des Invalides, qui est en réparation. Le roi des oiseaux, après s'être reposé un instant au sommet de cette glorieuse charpente, a pris son vol vers le nord-est. Il n'y a que les aigles pour se livrer à ces manifestations patriotiques. Ce n'est pas un sansonnet ou un canari qui, après s'être reposé sur les Invalides, prendrait son vol vers le nord-est. Je ne veux pas chercher une querelle d'Allemand (c'est le mot) à la feuille naïve qui a enregistré ce fait, d'ailleurs douteux, avec une satisfaction mal contenue ; mais il est évident que la présence de cet aigle au cœur de Paris, où les aigles sont si rares, a une signification ou n'en a pas.

Si elle n'en a pas, pourquoi essayer de lui en donner une et troubler ainsi des cerveaux si faciles à bouleverser ? Si l'apparition de cet aigle a une signification, je voudrais bien savoir laquelle.

Du moment où les aigles s'amusent à remplir chez nous l'emploi des somnambules, je demande qu'on nous rende le système de prophéties usité chez les anciens et qu'on se remette à consulter les entrailles des victimes comme au bon temps de Scipion l'Africain et de Manlius Capitolinus. Nous aurions chez nous chacun un mouton sur les intestins duquel nous ferions des expériences avant d'acheter de l'Italien ou de parier au bois de Boulogne pour *le Florentin*, que nous ne serions pas de beaucoup plus extraordinaires que le journal auquel nous devons l'histoire de cet aigle, et qui, pourquoi ne le nommerions-nous pas ? s'appelle le *Constitutionnel*.

Ce sont de pareilles anecdotes éditées et souvent imaginées par des feuilles graves qui excusent le *Tintamarre* de s'intituler le seul journal sérieux de notre époque. Un de ses principaux rédacteurs, celui qu'on pourrait nommer son chef de train, M. Léon Rossignol, vient de publier un volume sous cette étiquette ultraparisienne : *Lettres d'un mauvais jeune homme à sa Nini*. C'est de la folie, non furieuse, mais amusante. On y trouve des nouvelles à la main comme celle-ci :

On met aux enchères, dans une salle de l'Hôtel des ventes, la toile d'un Galimard quelconque.

— Il y a marchand, à trois francs, hurle le crieur Jean.

Personne ne répond.

— Messieurs, faites attention, dit à son tour le commissaire-priseur ; je vais adjuger... c'est le tableau d'un maître.

— Oui, d'un mètre vingt-cinq, répond Jean qui n'a pas compris.

Avouez que si c'est plus gai que l'histoire de l'aigle, ce n'est pas beaucoup plus insensé.

Léon Rossignol, qui est excessivement connu à Paris, appartient à une école littéraire qui ne recule devant rien. Il aime à déchirer tous les voiles et il se joue des réputations les plus solides. Tantôt il s'écrie en prose :

— Voulez-vous une pensée d'emballeur? me dit dernièrement Auguste Renan.

— Volontiers.

— La voici : Si j'étais modiste, j'aimerais mieux monter les tours de ma patronne que celles de Saint-Sulpice.

Et Rossignol ajoute :

— C'est idiot, mais quand on est de l'Institut !

Tantôt il lance aux difficultés de la vie cette poétique apostrophe :

>Si j'avais trois francs cinquante
>Je courrais à Bobino,
>Bien qu'il faille passer l'eau.
>J'irais où Thérésa chante,
>Mais je fuirais le guichet
>Du théâtre Déjazet,
>Si j'avais trois francs cinquante.
>
>Si j'avais trois francs cinquante,
>Avec Nini chez Bignon,
>D'un bon potage à l'oignon.
>De ceux que Monselet vante,
>Carrément je souperais
>Et me gaudirais après,
>Si j'avais trois francs cinquante.

Ce qui me plaît dans les *Lettres d'un mauvais jeune homme à sa Nini*, c'est qu'en avouant qu'il n'est pas sérieux, l'auteur déclare aux gens les plus boutonnés qu'ils ne le sont pas non plus. Léon Rossignol regarde l'humanité à travers une lorgnette spéciale, que lui a prêtée Commerson. Il a succédé dans le genre renversant à Hipolyte Pervillé, son ancien au *Tintamarre*, journaliste mort il y a quelques années, et qui, peu de temps avant de disparaître avait osé publier cet article extraordinaire :

DE LA MANIÈRE DE SE CONDUIRE A UN ENTERREMENT.

» On ne doit pas aller à l'enterrement d'un ami, ou même d'un parent, vêtu d'un habit de chasse, d'un pantalon à carreaux et d'une cravate rouge.

» Si vous êtes héritier du défunt, réprimez avec soin les excès d'une joie bruyante.

» On doit suivre le corbillard à pied au moins jusqu'à l'église, jamais à cheval, ni à âne, ni en omnibus.

» Il ne faut pas se mettre en marche avec une pipe à la bouche, surtout si l'on tient la tête du convoi.

» Ne faites jamais servir à vos plaisirs les carrosses des pompes funèbres.

» On a vu des gens en revenant de rendre les derniers devoirs à un ami se faire conduire, soit chez un marchand de vin traiteur, soit à l'Hippodrome, soit au Casino. Cette conduite n'est pas seulement légère, elle est sacrilége.

» Le seul endroit où l'on puisse se rendre en voiture de deuil, c'est l'Odéon.

» Aller aux Délassements-Comiques quelques heures après l'inhumation d'un être cher, est l'indice d'une grande fermeté d'âme unie à une sécheresse de cœur très-remarquable. »

Voilà sous quels auspices Léon Rossignol a fait son apprentissage littéraire. Aussi je suis convaincu que les lecteurs amis de la gaieté folle lui pardonneront, en lisant les *Lettres d'un mauvais jeune homme*, d'être à peine plus sérieux que le *Constitutionnel*.

XXII

18 juin 1866.

Un fait que nous n'avons pas le droit de laisser passer inaperçu paraît actuellement donner raison aux adversaires de la propriété littéraire :

« On répète activement au Théâtre-Français le *Don Juan d'Autriche*, de Casimir Delavigne, dit la *Gazette des Etrangers*. Sur la demande de l'administrateur, M. Casimir Delavigne fils a consenti à ce que l'œuvre de son glorieux père fût abrégée d'un acte. »

Je me suis étonné dernièrement, dans un article, que les directeurs de théâtres s'achetassent de bons paletots avec le produit de certaines œuvres dont les auteurs morts depuis trente ans avaient laissé des enfants qui se hâtaient de suivre leurs pères au tombeau, faute d'avoir quoi que ce soit à se mettre sous la dent. J'ai reçu, à ce sujet, des lettres de nature différente, en ce sens que les unes me disaient que j'étais plein de cœur, tandis que les autres me déclaraient que mon raisonnement méritait les galères à perpétuité.

Cependant, je dois l'avouer : quand j'ai demandé, à la première page du *Soleil*, qu'on pût hériter d'un livre comme d'une maison sise à Ville-d'Avray, je désirais mentalement qu'il fût interdit aux nouveaux propriétaires de dégrader leur façade, c'est-à-dire que le public eût le droit de défendre un ouvrage contre les mutilations qu'essayeraient de lui faire subir ceux qui en touchaient les produits.

J'aurais voulu en un mot que toute création dramatique ou littéraire fût un capital dont le pays tout entier eût la nue propriété et dont l'héritier n'eût jamais que l'usufruit.

Ainsi, en admettant que j'eusse embrassé l'état de législateur, à aucun prix je n'eusse permis au fils de Casimir Delavigne de retrancher un acte d'une pièce de son père. M. Casimir Delavigne fils, à mon avis, est là pour jouir de l'héritage paternel et non pour apprécier une pièce qu'il n'a pas composée et qui, par conséquent, échappe à sa juridiction. Si M. Delavigne fils a le droit de couper un acte dans *Don Juan d'Autriche*, il a également le droit d'en modifier le dialogue, ou même de remplacer le rôle du grand inquisiteur par celui d'Isabelle la bouquetière.

Vous comprenez où nous allons : pour peu que les héritiers aiment à rire et qu'ils rencontrent un directeur également en veine de gaieté, on arriverait facilement à remplacer le monastère du premier acte par un décor entièrement neuf, représentant le jardin Bullier ;

Le palais de la reine par une vue de l'usine Cail au moment de l'incendie ;

Le tableau du bal par le café du Grand-Hôtel ;

Et la scène de la prison par la cage du dompteur Batty.

Don Juan d'Autriche, lui-même, pourrait substituer à son costume Louis XIII le justaucorps de Clodoche.

Jamais le mot « enfant » n'a été plus justement appliqué qu'à propos d'une production du cerveau. Si Epaminondas a pu dire en mourant sur le champ de bataille :

— Je laisse deux filles, Leuctres et Mantinée.

A plus forte raison, Dumas fils, Barrière et Sardou peuvent-ils s'écrier :

— Nous laissons des enfants qui s'appellent le *Demi-Monde*, les *Faux Bonshommes*, et les *Intimes*.

Eh bien ! que penseriez-vous d'une note ainsi conçue que vous liriez dans la *Gazette des Étrangers* :

« M. X... étant mort, en laissant une fille de quatre ans et demi, sa veuve, sur la demande de l'administrateur du Théâtre-Français, a consenti à ce qu'on coupât à la charmante enfant sa jambe droite qui faisait longueur. »

Je n'admets pas plus que le fils de Casimir Delavigne consente à la suppression du dernier acte de *Don Juan d'Autriche*, que je n'admettrais que le fils de Rubens eût fait deux morceaux d'un tableau de son père sous prétexte qu'il avait peine à tenir dans sa salle à manger. Ce qui est surtout remarquable dans l'affaire du *Don Juan d'Autriche*, c'est que les ennemis de la propriété littéraire ont accordé trente ou cinquante ans au plus aux droits des héritiers en se fondant principalement sur ceci, que les ouvrages pourraient péricliter dans des mains ennemies ou simplement inintelligentes. On citait à ce propos les œuvres de Voltaire qui, avec la perpétuité de la propriété, pouvaient échoir à un ultramontain, dont le premier soin serait de les faire disparaître.

Ces antipropriétaires peuvent se convaincre maintenant que les cinquante ans qu'ils demandent n'offrent guère plus de garantie au point de vue de l'intégrité de l'œuvre littéraire, puisque Casimir Delavigne est mort depuis dix-huit ans à peine, et qu'on met déjà le ciseau dans ses comédies. Remarquez que je ne défends pas du tout le dernier acte de *Don Juan d'Autriche*. La pièce gagnera peut-être énormément à ce qu'il soit retranché, mais personne autre que l'auteur n'est juge du plus ou moins d'opportunité de ces amputations.

Un héritier intelligent retranche aujourd'hui un acte superflu, demain un héritier à cerveau étroit ou malade retranchera un acte absolument nécessaire. C'est pourquoi, moi qui ne demande jamais rien à personne, je demande qu'on substitue au régime pénitentiaire de cinquante ans, la perpétuité dans les droits avec cette clause restrictive que l'ouvrage pourra toujours être exproprié pour cause d'utilité publique ou d'imbécillité particulière.

Tel est le sens de la pétition que je voudrais voir adresser au Sénat, car nous avons en France un grand nombre d'individus dont l'unique récréation est d'adresser des pétitions au Sénat. Quand ils ont achevé leur travail de la journée, ils se disent :

— J'ai encore trois heures devant moi avant de me livrer à un sommeil réparateur. Vais-je aller jouer une partie de dominos ou vais-je rédiger une pétition au Sénat ?

J'ai entendu une dame faire un jour le plus tranquillement du monde cette déclaration fantastique :

— Mon mari est un homme qui aime à s'occuper : tantôt il ratisse le jardin, tantôt il s'amuse à tourner des pieds de table, tantôt il adresse des pétitions au Sénat.

Ce besoin d'expansion que possèdent certains hommes, explique comment les journaux ont pu raconter qu'un ingénieur des ponts et chaussées avait, entre la construction de deux tunnels, demandé au Sénat qu'on appliquât des peines disciplinaires à M. de Boissy. Étrange ! étrange ! En quoi M. de Boissy peut-il bien gêner ce constructeur de viaducs ? Voyez-vous d'ici un ingénieur en train de percer le Simplon et arrêtant tout à coup ses travaux pour écrire une pétition dans laquelle il demande que M. de Boissy soit condamné à des peines non infamantes, mais afflictives.

Pendant que le cœur lui en disait, il n'en coûtait pas plus à l'ingénieur en question d'indiquer le genre de supplice auquel il désirait que fût soumis l'honorable marquis de Boissy. Veut-il, par exemple, qu'il soit obligé après chaque séance d'aller casser des pierres sur les routes ou de promener le long des boulevards extérieurs un rouleau à écraser le macadam ? Aime-t-il mieux qu'au-dessus de son fauteuil de sénateur on établisse un aqueduc, lequel lui déverserait de l'eau sur la tête pendant toute la durée de la session sénatoriale ? Que cet étonnant ingénieur s'explique, et s'il veut être chargé des travaux de l'aqueduc dont nous parlons, qu'il présente un devis.

Les ponts et chaussées ne contiennent heureusement que peu d'ingénieurs atteints de cette monomanie bizarre et pétitionnante. S'il en était autrement, voyez donc à quels épouvantables accidents seraient exposés les voyageurs des chemins de fer ! On apprendrait tout à coup que si le train n° 4 a déraillé, c'est uniquement parce que l'ingénieur chargé de la réparation de la voie, était occupé à rédiger une pétition au Sénat sur une réforme à apporter dans la casquette des conducteurs d'omnibus.

XXIII

22 juin 1866.

En ce qui me concerne, la défense faite aux journalistes non politiques de donner des nouvelles de la guerre est vraiment superflue. D'une part, je suis à Paris et les choses se passent en Allemagne. D'autre part, je ne connais en fait de Prussiens et d'Autrichiens que ceux que j'ai aperçus quelquefois à Bade autour des tables vertes où ils combattaient à coup de râteau avec MM. les croupiers, lesquels finissaient toujours par remporter une éclatante victoire.

Il faudrait donc, pour que je me crusse le droit de mêler ma voix à celle du canon, que les belligérants, à court de munitions, vinssent charger leurs fusils avec les billes de la roulette; qu'on ratissât l'argent des joueurs pour le convertir en mitraille; ou qu'une bombe inattendue éclatât tout à coup dans le cylindre, ce qui serait, du reste, pour faire sauter la banque, un moyen autrement sûr que tous les systèmes essayés jusqu'à ce jour.

Quoi qu'il en soit, chers confrères de la presse non cautionnée, surveillons-nous comme jamais! Tant de gens sont intéressés à notre perte! Hier, par exemple, sans remonter plus haut, un homme qui devait être un émissaire des journaux politiques réunis, est venu sournoisement et cauteleusement me conseiller de raconter à mes lecteurs que Clovis avait juré de se faire chrétien s'il gagnait la bataille de Tolbiac, et que, l'ayant gagnée en effet, il se décida à recevoir le baptême. Heureusement j'étais sur mes gardes :

— Je vous vois venir, lui dis-je ; vous voulez que je raconte la bataille de Tolbiac, afin qu'on m'accuse de donner des nouvelles de la guerre et que je reste ainsi exposé aux plus sérieux désagréments.

J'ignore même jusqu'à quel point je puis exprimer ma satisfaction de l'arrivée à Paris du musée de Dresde que la plus vulgaire prudence conseillait en effet d'abriter contre les obus et les baïonnettes. Un homme guérit d'une blessure, mais quand un Paul Véronèse a seulement reçu cinquante coups de sabre, Nélaton en personne ne le remettrait pas sur pied. J'avais depuis longtemps, quant à moi, l'intention d'aller visiter le musée de Dresde et j'étais loin de me douter que c'est lui qui viendrait me trouver. Il est probable que ce déballage en amènera d'autres. Pourquoi alors, à l'instar de l'exposition rétrospective qui se tient dans les salles du Palais de l'Industrie, n'ouvrirait-on pas une galerie, spécialement destinée aux chefs-d'œuvre des musées allemands que vont bientôt nous apporter les trains express ?

Croyez-vous qu'en demandant un franc d'entrée au profit des familles des morts et des blessés, on ne réaliserait pas des sommes respectables ? Ce projet me sourit d'autant plus qu'il nous permettrait indirectement de renseigner notre public sur la situation. Lorsque l'abonné lirait les entre-filets suivants :

« Le duc régnant de Belboulstadt vient de se décider à envoyer à Paris le fameux Galimard, qui composait à lui seul le musée de sa capitale. »

Ou :

« On attend à la gare du chemin de fer de Strasbourg une

tabatière à musique d'un grand prix que le prince de Gambillarden-Croquignolengen a tenu à mettre en sûreté. »

— Tiens ! tiens ! se dirait naturellement l'abonné en question, il paraît que ça ne va pas très-bien dans le duché de Belboulstadt, et que Croquignolengen lui-même est en péril.

On sait en outre que plusieurs petits souverains d'Allemagne ne vivent guère que du produit de la banque des jeux. Leurs listes civiles se composent des refaits du trente et quarante et des doubles zéros de la roulette. En même temps qu'ils mettent leurs tableaux sous la protection de l'honneur français, ils feraient prudemment de nous envoyer leurs tapis verts. Au lieu d'aller là-bas perdre annuellement son argent, la jeunesse parisienne aurait tout avantage à le perdre ici, ce qui lui épargnerait des frais de voyage et lui assurerait le retour que les décavés ont souvent tant de peine à effectuer.

Puisque nous cherchons, en vue de l'exposition universelle de 1867, à attirer à Paris le plus grand nombre possible d'étrangers, je crois que ce moyen serait encore le plus efficace, parce que, soyons sincères, des machines à vapeur, des modèles de charrue, des échantillons de papier peint, c'est très-attrayant, mais il y a pour MM. les Russes et MM. les Anglais quelque chose d'infiniment plus émotionnant c'est la voix d'un chef de partie criant au milieu d'un religieux silence :

— Dix-sept ! noir impair et manque !

Je rougirais de voir mon pays bénéficier en quoi que ce soit de cet or mal acquis, mais en adressant tous les soirs au duc de Bade et à celui de Hesse-Darmstadt la recette de la journée, nous tirerions probablement ces deux puissants monarques d'un grand embarras, en même temps que nous attirerions à l'exposition de 1867 une innombrable clientèle.

J'ai même quelque idée que les horreurs de la guerre en seraient adoucies et que de temps en temps les officiers des deux armées rivales concluraient une trêve afin de venir à Paris poser quelques florins sur la couleur de leur choix.

Il est certain que les châtelaines de Mabille et autres lieux circonvoisins n'attendant que l'exposition universelle pour pratiquer en grand tous les jeux de l'amour, on se demande pourquoi ceux du hasard ne jouiraient pas aussi de quelques immunités.

Jusque là, et puisque nous ne pouvons pas donner de nouvelles du théâtre de la guerre, nous nous contenterons d'en donner du théâtre des Variétés où une certaine Isabelle, bouquetière du Jockey-Club, a bien voulu figurer dimanche, dans une représentation au bénéfice d'un artiste.

Qu'espérait Mlle Isabelle, je le demande, en s'exhibant ainsi devant toute une salle? La profession de cette gitana consiste uniquement à vous faire payer cinq francs un bouton de rose qui lui revient à un quart de centime; c'est là une industrie voisine de la mendicité, mais ce n'est pas de l'art dramatique. Si encore, en sa qualité de familière de l'enceinte du pesage, elle avait consenti à sauter quelques haies, on aurait pu engager des paris à l'orchestre, mais elle ne nous a pas offert le moindre steeple-chase. Elle s'est probablement dit :

— Je me montrerai tout simplement, et il ne sera plus jamais question de Mlle Mars.

Je ferais une féerie, et j'y introduirais un tableau intitulé le *Royaume des abrutis* où l'on verrait la foule envahir une salle de spectacle uniquement pour regarder une bouquetière de trente-quatre ans, que tous les directeurs me refuseraient cet important travail sous prétexte d'invraisemblance. Il paraît cependant que ce qui passerait pour invraisemblable dans le *Royaume des abrutis*, Mlle Isabelle a trouvé très-naturel de l'essayer à Paris, la cité-mère. Au nom de mes concitoyens et au mien propre, je remercie cette négociante en feuilles de rose de l'opinion flatteuse qu'elle a de notre intelligence.

Il n'y a pas encore bien longtemps, quand Lamartine, Hugo, Balzac, ou Musset entraient dans un lieu public, tout le monde se précipitait sur leurs pas, afin de les voir de plus près. Aujourd'hui c'est Mlle Isabelle, bouquetière en chambre, qui monte sur les planches en disant au public :

— Me v'là !

Ce qui fait surtout gémir les gens mélancoliques, c'est que tout a baissé dans la même proportion.

Rien n'est comique comme de songer que maintenant une vendeuse de bouquets compte sur sa célébrité pour faire des recettes à un théâtre; et Mlle Isabelle s'exposait, par son outrecuidance, à ce que les spectateurs, au lieu de lui acheter ses fleurs, lui jetassent des fruits. Il est vrai, me dit-on, que Mlle Isabelle n'est pas tout-à-fait une bouquetière comme une autre, attendu que, s'il faut en croire la chronique scandaleuse, la seule du reste qui rapporte exactement les faits, ladite Isabelle serait toujours restée honnête fille. Même en naviguant dans cette hypothèse, je ne vois pas ce qu'elle allait faire dimanche aux Variétés. Le Sacré-Cœur est rempli de jeunes filles de famille qui sont toutes, quand le diable y serait, au moins aussi honnêtes que la bouquetière du Jockey-Club. Or, jamais leurs parents n'ont eu l'idée de les faire paraître dans des représentations à bénéfice.

Les âmes naturellement sensibles et celles qui le sont artificiellement, essayeront de me faire comprendre qu'il s'agissait d'une représentation au profit d'un intéressant artiste nommé Josse, et que, sous l'égide de la charité, on peut se permettre bien des choses. Quand on joue la comédie, j'admets très-bien qu'on paraisse dans un spectacle donné au bénéfice d'un camarade, mais il est aussi étonnant de voir Mlle Isabelle, qui est bouquetière, jouer la comédie au profit de M. Josse, qu'il le serait de voir M. Josse, qui est acteur, vendre des bouquets au profit de Mlle Isabelle.

Puisque j'ai eu la funeste idée d'embrasser le métier de journaliste et qu'il est trop tard maintenant pour apprendre celui de serrurier, je consentirais encore à écrire un article dont le montant serait distribué aux victimes de la catastrophe de la Villette ; mais si on me disait :

— Voulez-vous, au profit d'une grande infortune, paraître à l'Hippodrome dans le *Camp du drap d'or?*

Je me hâterais de répondre par un refus énergique. La première fois que Mlle Isabelle aura l'occasion d'exercer sa générosité native, qu'elle retienne, seulement pendant deux jours, trois francs sur chacun de ses boutons de rose, elle restera alors dans son rôle, tout en réalisant encore un joli bénéfice. Mais, au nom du ciel, qu'elle ne se lance pas aussi étourdiment sur une scène française. Si les étrangers apprenaient que nous nous dérangeons pour des spectacles aussi inférieurs, ils concevraient immédiatement pour nous un mépris dont les conséquences sont incalculables surtout au moment d'une guerre comme celle qui se prépare.

XXIV

25 juin 1866.

Il paraît que MM. les pèlerins de la Mecque ont encore fait leurs farces. Ils ont, comme à l'ordinaire, attendu les grandes chaleurs pour aller recueillir là-bas les émanations les plus pestilentielles qu'ils s'occupent aujourd'hui de nous revendre dans des conditions exceptionnellement avantageuses. Il est prouvé que lorsque cinq cent mille pèlerins se trouvent réunis dans la même plaine, où chacun d'eux égorge plusieurs brebis, on obtient des miasmes de qualité tout à fait supérieure. Nulle part ailleurs on ne trouverait mieux dans ce genre-là.

On annonce, en effet, que la Syrie et le Liban sont de nouveau en proie à un choléra asiatique, grâce auquel les hommes, selon la formule populaire, meurent comme des mouches, expression d'ailleurs fort insuffisante, car étant donné la guerre européenne, les pèlerins de la Mecque, les torpilles et les nouveaux boulets de huit cent cinquante kilogrammes, il est évident que les mouches, comme mortalité, resteront prochainement bien au-dessous des hommes.

Voilà donc le choléra recommençant, comme la troupe de M. Got, à donner dans toutes les villes où il passe des représentations de la *Contagion*. Il n'est encore qu'en Syrie, abattant surtout des chrétiens qu'Abd-el-Kader ne peut sauver cette fois, ce qui est fâcheux pour lui; attendu qu'avant de les arracher à la fureur des Druses, il en avait livré un si grand nombre à celle des Arabes que, malgré tous ses efforts, il ne doit pas être encore parfaitement au pair.

Je me demande maintenant à quoi songent ceux qui sont chargés de faire notre bonheur. Il était bien démontré, l'année dernière, que nous devions nos trois cents morts par jour à la Mecque et à ses pèlerins, et cette année on a tranquillement permis à ces commis-voyageurs en parfums délétères de recommencer leur promenade sentimentale et méphitique. Des brochures ont pullulé dans Paris, des commissions internationales ont été nommées; mais si on arrête quelquefois les brochures, en revanche les brochures n'arrêtent jamais rien, voyez le Luxembourg. D'autre part, les commissions ne servent généralement pas à grand'chose, et, quand elles sont internationales, elles ne servent à rien du tout. On a pris enfin, en vue du fléau, toutes les résolutions, sauf la bonne, qui était d'envoyer des chasseurs d'Afrique disperser les pèlerins et les forcer, pour cause de santé publique, soit à rentrer chez eux avec leurs moutons, soit au moins à prendre quelques bains au savon noir.

Les commissions internationales n'ont pas osé, dit-on, ordonner cet attentat à la liberté de conscience, outre qu'elles ont eu peur de désobliger la Sublime-Porte. Franchement cette réserve me semble singulièrement exagérée à une époque qui ne brille pas précisément par le scrupule. Quand Mahomet lui-même ne pourrait pas chanter à une heure du matin une tyrolienne dans les rues de Paris sans être arrêté pour tapage nocturne, on a lieu d'être surpris que ses fanatiques aient le droit d'empester l'Europe. Les religions sont des institutions excellentes à condition toutefois qu'elles n'auront pas d'odeur.

Je comprends très-bien que les mahométans soient enchanté

de mourir pendant leur pèlerinage. Aussitôt décédés, ils grimpent par une échelle de fleurs dans les régions translunaires, où entourés de femmes dont la profession unique est de procurer aux élus du prophète des satisfactions de toute espèce, ils habitent pour l'éternité des apothéoses comme celles de la féerie du Châtelet.

Qu'ils propagent entre eux des moyens de destruction qui leur permettent d'aller voir là-haut si elles y sont, c'est leur affaire. Mais moi, par exemple, qui, ayant fait, depuis ma sortie du collège, à peu près tout ce que l'aumônier m'avait défendu, n'ai d'autre perspective que de finir sur un gril, je tiens essentiellement à ne pas avancer mon heure. Les musulmans pourraient nous objecter, il est vrai, que certains bons moines, qui traversent les rues de Rome et quelquefois celles de Paris, ont fait également vœu de malpropreté ; et que saint Labre s'est laissé mourir de faim comme ils se laissent mourir du choléra. Je leur répondrai que la situation n'est pas la même. Pourquoi? Je serais bien embarrassé de le dire, mais elle n'est pas la même.

En tout cas, à qui fera-t-on accroire que sous des gouvernements où l'on empêche tant de choses, on ne peut pas empêcher les pèlerinages à la Mecque. A mon avis, on eût fait de l'autorité un usage bien plus hygiénique si, au lieu de défendre pendant six mois le *Mangeur de fer*, qui est une œuvre très-morale, les nations européennes s'étaient entendues pour défendre aux fils du prophète d'aller faire leur récolte annuelle de choléra asiatique.

Mais on donne généralement tant de place aux questions minimes qu'il n'en reste plus pour les grandes. Il y aurait lieu, je crois, de bâtir à côté du Panthéon un temple nain avec cette inscription qui résumerait la vie de nos gouvernants :

AUX PETITS HOMMES LA PATRIE RECONNAISSANTE.

Il faut avouer aussi que les choses comme les hommes ont

quelquefois des côtés bien surprenants. Je ne crois pas qu'il se soit jamais présenté un argument plus concluant contre la peine de mort, que la situation de ce maître d'équipage du *Fœderis-Arca* convaincu d'avoir tué son capitaine, après avoir autrefois sauvé, au péril de sa vie et au prix d'efforts héroïques, un navire en détresse. Comme cet exemple vient en aide à la théorie de Victor Hugo, soutenant dans les *Misérables* que l'homme n'est pas tout d'une pièce et que la nature de tel coupable est quelquefois absolument étrangère au crime qu'il a commis!

Les plus farouches partisans des exécutions capitales n'ont jamais osé prétendre que l'échafaud fût une punition proprement dite. Leur raisonnement se borne à ceci :

— Cet individu est dangereux, supprimez-le, et le danger disparaît.

La position singulière de ce maître d'équipage que ceux-là même à qui il a si généreusement sauvé la vie, sont exposés à voir marcher à la mort, retourne terriblement la question. Car enfin si quelqu'un dit :

— Il faut le détruire parce qu'il tue les capitaines,

Quelque autre peut parfaitement répliquer :

— Il faut le conserver parce qu'il sauve les navires.

Ce sauvetage lui a valu une médaille d'or, c'est-à-dire la plus haute récompense qui pût être accordée pour les actes de ce genre. On voit d'ici ce qu'il a fallu à cet homme d'intrépidité, d'audace et d'abnégation pour mener à bien une telle entreprise. Qui peut dire avec certitude que le jour où il a contribué au meurtre de son capitaine il a déployé plus de férocité qu'il n'avait déployé de dévouement quand il a préservé le navire d'un engloutissement imminent? C'est le cas ou jamais de s'écrier : Dieu seul le sait! Mais comme Dieu sait ainsi une foule de choses qu'il se garde bien de nous raconter, nous en sommes souvent réduits aux conjectures les plus vagues. Or, si on accorde une médaille d'or à un homme qui a fait une belle action et qu'on lui coupe la tête quand il en commet une mauvaise, il est évident que la partie n'est pas égale.

Je suppose que Lénard ait tué le capitaine avant de sauver le navire. Il est certain que les dix personnes qu'il a sauvées en même temps seraient aujourd'hui la proie des requins. Il est certain aussi que si l'avocat qui l'aurait défendu avait débuté par cette phrase :

Messieurs les jurés :

« L'homme qu'un épouvantable forfait amène devant vous est capable de donner l'exemple de l'héroïsme le plus pur. Je suis sûr que dans une circonstance donnée il n'hésiterait pas à lutter seul pendant cinq heures contre la tempête pour arracher à l'Océan de malheureux naufragés... »

Il est certain, dis-je, que les jurés se demanderaient si l'avocat n'est pas un fou ou un blasphémateur, en supposant qu'un misérable souillé de sang est susceptible d'une pareille grandeur d'âme et d'une aussi admirable persévérance. Les jurés se tromperaient cependant. N'y a-t-il pas là un puits de réflexions douloureuses, et n'est-on pas tristement amené à cette conclusion : ou qu'on peut commettre des crimes, sans être nécessairement pervers, ou qu'on peut être pervers sans en commettre ?

Remarquez que je voulais, dès le début de mon article, vous parler du nouveau livre de M. Jules Vallès, et qu'avec le *Fœderis-Arca* je suis maintenant aussi loin d'une revue bibliographique que l'Océan est loin de la *Rue* : c'est sous ce titre à la fois poétique et brutal que l'auteur des *Réfractaires* a traité beaucoup de problèmes sociaux avec cette forme neuve et ce style vivant, qui sont en littérature ce qu'en escrime on appelle *les coups droits*. La rue ! ce mot éveille bien des idées, les unes roses; les autres plus foncées; toutes à peu près ont passé sous la plume de M. Vallès, qui leur a donné sa couleur ordinaire et sa vigoureuse estampille.

XXV

29 juin 1866.

Je ne le cache pas : Philippe a trompé mon attente. Quand un homme a seulement commis une quinzaine d'assassinats on a bien tort de compter sur lui. Je lui supposais beaucoup plus de crânerie et d'originalité. Avoir perpétré des quantités de crimes tellement épicés que la reproduction en serait interdite même dans *la Chambre des horreurs* du musée Tussaud, et une fois devant la cour d'assises essayer des ergotages sur le plus ou moins d'argent contenu dans une armoire à glace ; c'est là une mesquinerie indigne d'un gredin qui se respecte.

Que diable pouvait espérer ce rasoiromane en se défendant ? Puisque la loi qui se dit toute puissante, ne peut faire que le même individu soit mis à mort deux fois dans la même journée, avouer deux femmes ou en avouer dix, donnait pour lui un résultat absolument adéquat. L'intérêt de sa gloire lui commandait de tout déclarer au contraire, d'en raconter même trois fois plus qu'on n'en soupçonnait, afin qu'il pût au moins avoir une place numérotée dans le calendrier des bandits célèbres. Quelle que soit la partie dans laquelle on *travaille*, autant y laisser un grand nom qu'un petit.

Au lieu de prendre, dès la première audience, ce que nos principaux comédiens appellent une attitude, il a louvoyé dans les eaux des circonstances atténuantes. Son grand souci paraissait être de ne pas passer pour un voleur. C'est là franchement une préoccupation assez inexplicable. Un vol de plus ou de moins ne peut modifier beaucoup sa situation. C'est l'histoire d'un homme qui, après avoir lampé des carafons d'absinthe, refuserait de boire un verre d'anisette de peur de se faire du tort dans l'opinion publique.

Il semble que des êtres aussi profondément pervers que Philippe, ont toujours été désignés pour un dénoûment sinistre; et on se sent remué douloureusement quand on songe qu'il a été, jusqu'à ces derniers temps mêlé à la vie des autres et cotoyé par d'honnêtes gens qui lui racontaient leurs petites affaires et lui demandaient les siennes. Quand on songe que ses patrons disaient probablement de lui :

— Ce garçon là va bien : il a quelquefois une petite pointe, mais les ouvriers qui se grisent de temps en temps sont souvent les meilleurs.

On a peine à s'imaginer Philippe ayant eu une jeunesse et surtout une enfance. On se représente difficilement son père et sa mère allant le promener au Luxembourg, lui répétant avec les inflexions les plus tendres :

— Où donc est-elle, ta nou nou ?

Disant à ceux qu'ils rencontraient :

— Il est un peu capricieux comme tous les enfants, mais il est bien gentil et malin ! vous ne vous figurez pas comme il est malin.

Rentrés chez eux, le soir, ils se disaient probablement après l'avoir couché et bien couvert dans son berceau :

— Qu'est-ce que nous en ferons de notre fils ?

Et rien ne leur a indiqué qu'ils ne pouvaient en faire qu'un condamné à mort. Il a eu, comme tout le monde, ses cerceaux, ses polichinelles et ses petits bateaux qui vont sur l'eau.

seul peut-être a de bonne heure soupçonné qu'il était destiné à une fin précoce, puisqu'il s'était tatoué sur le bras cette légende « *Né sous une mauvaise étoile.* » Il est vrai que les malheureuses qu'il a violemment supprimées n'étaient pas nées sous une étoile beaucoup meilleure que la sienne.

Cette terrible affaire Philippe me vaut, sans préjudice du courant, une lettre d'un monsieur qui signe « Bernard, » et qui me reproche non-seulement d'être partisan de l'abolition de la peine de mort, mais encore d'avoir, dans mon dernier article, demandé à mots couverts la grâce du maître d'équipage du *Fœderis-Arca*.

En admettant que je l'eusse fait à mots couverts ou même décolletés, demander la grâce de quelqu'un ne me paraît pas un crime tel que je me croie obligé d'aller me constituer prisonnier. L'implacable Bernard ne me tient pas quitte.

« Eh bien, m'écrit-il, j'espère que vous allez être conséquent avec vous-même, et que si Philippe est condamné, vous allez entreprendre une campagne en sa faveur. »

Quelque ironie qui perce à travers les pattes de mouches de Bernard, je suis obligé de le lui déclarer : loin d'ébranler mes convictions en ce qui touche la question de la peine de mort, les épouvantables crimes de Philippe serviraient au contraire à les fortifier. Il est en effet bien évident que le plus coupable des matelots du *Fœderis-Arca* est un ange descendu du ciel si on le compare à ce monstre qui repassait un rasoir avant d'aller faire sa cour aux femmes. Or, comprends-moi, Bernard : qu'on arrive à prouver que Philippe en a tué, non pas trois, mais cinquante, il sera puni exactement comme le maître d'équipage dont j'ai parlé, et qui n'a peut-être cédé qu'à une surexcitation alcoolique.

Cette fameuse peine de mort que tant de gens, à commencer par Bernard, considèrent comme la sauvegarde de la société n'est donc au résumé que l'aveu implicite de l'impuissance des hommes, puisqu'ils l'appliquent indistinctement à l'homme qui a commis cent crimes et à celui qui n'en a commis qu'un seul. Si l'idée de l'échafaud arrête souvent un misérable sur le bord d'un assassinat, une fois cet assassinat commis, il n'a plus aucune raison pour n'en pas commettre d'autres. Il est à peu près certain qu'après sa première victime Philippe s'est dit :

— Je puis tuer maintenant toutes celles qui me tomberont sous la main, attendu que, devant la cour d'assises, une ou cinquante c'est le même prix.

Voilà comment, ami Bernard, la peine de mort, qu'on représente comme la suprême justice, n'est pas juste du tout, et comment, tant qu'elle subsistera, il sera impossible de soutenir que tous les Français sont égaux devant la loi.

J'ai remarqué, du reste, que la société possédait ainsi une foule de sauvegardes qui ne la sauvegardaient pas le moins du monde, comme l'Odéon et le Théâtre-Français par exemple, qui, au dire de l'honorable M. Glais-Bizoin, sont loin de remplir leur mission sur cette terre. Ce n'est pas un reproche, mais tous les trois mois on reprend la discussion à propos de l'abaissement du niveau dramatique. Les gens les mieux situés pour fouiller la question, plongent la tête dans leurs mains en se demandant pourquoi le théâtre moderne est en décadence.

Les uns découvrent alors que la censure n'est pas assez sévère et quelle laisse passer des mots et des situations capables de démoraliser la France et une partie de l'Angleterre.

Les autres prétendent, au contraire, que la censure est trop minutieuse, et que les bâtons qu'elle jette dans les manuscrits, empêchent l'essor des talents naissants.

La question ainsi tenue en équilibre comme le tombeau de Mahomet entre deux raisonnements contraires, reste dans un état d'immobilité remarquable jusqu'à ce que les hommes spéciaux se remettent la tête dans les mains et se demandent de nouveau :

— Pourquoi diable le théâtre moderne est-il en décadence?

Il me semble que rien n'est cependant plus simple : le théâtre, aurait dit l'auteur du *Dépit amoureux* est en décadence, parce que nous sommes en décadence. Si nous n'étions pas en décadence, le théâtre ne serait pas en décadence. Les vaudevillistes dont c'est l'état de sonder le goût du public font les pièces immorales, tout simplement parce qu'ils veulent plaire à des spectateurs qui n'ont aucune moralité. Ils ont commencé par écrire des comédies où la délicatesse des expressions s'alliait à la droiture des sentiments. Ils se sont aperçu bientôt que les théâtres qui jouaient les œuvres recommandables faisaient en hiver des recettes de trente-trois francs et qu'au lieu de se frotter les mains les directeurs se brossaient le ventre.

Ils se sont alors attelés à des ouvrages un peu plus poivrés, et les recettes ont monté immédiatement. Ils ont finalement poussé jusqu'à la cantharide, et les recettes ont atteint le maximum.

De même qu'un pied de chardons ne peut pas produire des ananas, une société ravagée par les plus mauvais instincts ne peut développer un théâtre honnête. Quand un monsieur a passé sa journée à répandre à la Bourse des nouvelles qu'il savait fausses, allez donc lui montrer Polyeucte mourant pour ce qu'il croit être la vérité. Le susdit s'écriera instinctivement à la fin du quatrième acte :

— En voilà un imbécile, briser des statues et de jolis vases d'or qui se seraient si bien vendus à l'hôtel Drouot !

Quand des jeunes gens sont restés jusqu'à neuf heures du soir attablés au Café Anglais avec de belles filles qui ont écrit sur leur drapeau : Montjoie et Saint-Lazare ! essayez de les mener tous voir un drame-vaudeville dans lequel une jeune demoiselle, ruinée par la Révolution, fait de la couture pour soutenir le marquis son père, devenu aveugle à force d'avoir pleuré Vous vous figurez aisément les sucres d'orge à l'absinthe qui voltigeraient dans l'air.

Il faut être de son temps ; le nôtre est désastreux, mais il faut que nous en soyons et nous en sommes.

Il est vrai que j'ai beau examiner nos comédies actuelles, avec tous les microscopes de la critique, je ne les vois pas beaucoup plus dangereuses que celles de Molière dont il a été fort question ces jours-ci entre gens qui ne paraissaient pas le connaître beaucoup, et qui est à coup sûr un grand démoralisateur.

Quand on a épuisé envers les auteurs toutes les formules d'accusation on leur dit :

— Pourquoi ne prenez-vous pas exemple sur Molière ?

Si les auteurs avaient la faculté de répondre, leur défense serait bien facile :

Nous ne prenons pas exemple sur Molière, objecteraient-ils parce que Molière a passé sa vie à outrager la paternité, le mariage, la famille, la vieillesse, et en général ce qu'il y a de plus sacré ici-bas, parce que de Scapin voleur, menteur et paillard, il fait le personnage sympathique de sa pièce; parce que dans *le Médecin malgré lui*, il a placé entre la nourrice et le faux médecin une scène d'une telle crudité, que la censure donnerait aujourd'hui sa démission en masse plutôt que de la laisser passer. Voilà pourquoi nous ne prenons pas exemple sur Molière.

Chaque fois que les hommes gourmés feindront de vouloir ramener le théâtre dans la voie légale, ils n'en citeront pas moins Molière, dont pas un probablement ne pourrait dire couramment deux hémistiches. Mais il y a en France deux leviers irrésistibles : l'inintelligence et la mauvaise foi.

XXVI

2 juillet 1866.

Bellone,

> Une blonde
> Qui s'habille toujours pour aller dans le monde
> Avec le casque d'un pompier.

a dit le poëte, Bellone est décidément bien encombrante. Il est devenu impossible d'ouvrir un journal cautionné, sans le voir littéralement moucheté de proclamations. Tout homme qui commande un corps d'armée se croit forcé au début d'une campagne d'adresser à ses soldats, dont les deux tiers ne savent pas lire, une proclamation destinée à prendre place un jour dans les recueils de littérature. Ces proclamations, dont le nombre croît nécessairement en raison de la quantité des corps d'armée mis en présence, sont signées de noms différents, mais au fond elles disent toutes la même chose :

« L'ennemi relève la tête, mais son audace s'humiliera bientôt devant nos armes victorieuses. »

L'ennemi relève la tête est une image très-saisissante, je ne le conteste pas. On voit cet ennemi qui, ayant depuis longtemps la tête dans une position horizontale, la remet tout à coup verticalement. Mais quand tous les commandants de tous les corps de toutes les armées se seront écriés que l'ennemi relève la tête, c'est absolument comme si aucun n'avait ouvert la bouche.

Il en est des proclamations comme des navires cuirassés, la nation qui, la première, a pu se servir de ces formidables engins de destruction a écrasé ses adversaires en moins de temps qu'il ne faut pour l'écrire, mais aujourd'hui que tout le monde en a, un navire cuirassé annihile le navire cuirassé correspondant et les choses restent dans l'état où elles étaient avant l'invention de la cuirasse.

Outre l'inconvénient d'être à la fois inutiles et prétentieux, ces factums guerriers présentent celui-ci : que sur deux proclamations parties de deux camps opposés, une au moins ne dit pas un mot de vrai, puisque toutes deux annoncent la victoire, et qu'une armée est obligatoirement battue par l'autre ; à moins cependant qu'elles ne soient victorieuses toutes les deux, ce qui s'est vu nombre de fois. Je ne sais plus à quelle bataille du premier empire, quatre puissances se trouvaient engagées, et, tout compte fait, le lendemain matin on reconnut qu'on avait chanté cinq *Te Deum*.

Les plus forts mathématiciens se réunirent afin de chercher d'où pouvait bien provenir ce cinquième *Te Deum*, puisqu'en mettant les choses au mieux, il était impossible de constater plus de quatre victoires. Enfin, après les calculs algébriques les plus ardus, il fut établi que c'était un vieux *Te Deum* de l'année précédente qui, après être resté longtemps en arrière, était venu inopinément rejoindre ses camarades.

J'estime donc que les proclamations ont fini leur temps; d'autant plus que les généraux qui les rédigent ont assez de se creuser la tête pour asseoir un plan de campagne, sans être encore obligés de se livrer entre eux à une lutte littéraire dont les résultats sont nuls. Quand on est prêt à monter à cheval, je comprends qu'il doit être extrêmement fastidieux d'aller s'asseoir à un bureau, et d'y faire ronfler des phrases au moment où on voudrait entendre ronfler le canon. Jusqu'à un certain point ils auraient le droit de faire cette déclaration à leurs gouvernements.

— Vous m'avez pris pour livrer des batailles et non pour faire de la copie, si j'avais voulu me lancer dans les lettres, je serais entré à l'école normale et non à l'école militaire.

Moi qui, dans mon petit coin, essaye volontiers de me rendre utile, tout en tâchant de n'être pas trop désagréable, voici ce que e proposerais aux belligérants tant du Nord que du Midi.

Chaque fois que des chefs de corps seront sur le point de livrer un combat de quelque importance, je m'engage à leur fournir en deux heures, par voie télégraphique ou autre, une proclamation pleine d'enthousiasme quoique à des prix très-modérés. Comme je travaillerais indistinctement pour la Prusse, pour l'Autriche ou pour l'Italie, on serait rassuré d'avance sur mon impartialité. Je m'engage en outre par traités à promettre à tout le monde un triomphe définitif. Et afin qu'on ne m'accuse pas de mieux servir ceux qui me payeraient plus cher, je consens dès aujourd'hui à publier un tarif maximum à l'instar des voitures de place.

Soldats ! je suis content de vous...............	2 fr.	25 c.
En quinze jours vous avez pris cinq drapeaux, quarante-deux canons et fait quatre mille prisonniers..................................	10	»
Regardez ces plaines luxuriantes où l'ennemi campe en ce moment, nous y coucherons ce soir......................................	»	75

Je suppose, par exemple, qu'un général soit battu à plates coutures, il n'aurait qu'à m'écrire ces quelques mots :

« J'ai reçu ce matin une danse indigne, veuillez par des artifices de langage la transformer en éclatante victoire. »

Je me mettrais immédiatement à la besogne, et il ne serait

pas surprenant de me voir exalter les Allemands une heure après avoir exalté les Italiens, dans un pays comme le nôtre, où tant de gens aiment à traîner dans les eaux du grand collecteur ceux qu'ils ont adorés autrefois en prenant des positions japonaises.

Telle est ma proposition : à ne pas me monter la tête, je crois qu'elle sera repoussée. Je le regrette pour les belligérants dont je me serais efforcé de varier un peu les éternelles formules. Je le regrette aussi pour moi, attendu qu'aujourd'hui il est déjà très-honorable d'essayer de gagner sa vie, même par des moyens déshonorants...

Je meurs d'envie de m'arrêter ici, en faisant simplement précéder ma signature de ces mots commodes aux plumes paresseuses ; *interrompu par l'Affaire Clémenceau*. En effet, dès qu'on a fourré les deux yeux dans ce diable de livre (c'est e mot, car il est à la fois admirable et diabolique), on a une peine inouïe à reprendre son assiette et à se replonger dans les idées courantes. Je vois bien que je vais proférer une bêtise, mais j'éprouve un besoin irrésistible de constater que rien ne ressemble moins à un homme sans talent qu'un homme qui en a. Tout est neuf, tout est original, tout est inédit dans cette *Affaire Clémenceau*, et cependant tout y est vrai. Qui donc a prétendu qu'il n'y avait rien de nouveau sous le soleil ? Tout est nouveau au contraire. Il s'agit tout bonnement de faire comme M. Dumas fils, c'est-à-dire de ne pas ramasser ce qui est vieux.

Si j'étais femme — je ne le suis pas et je m'en applaudis tous les jours, j'aurais peut-être déshonoré ma famille par mon inconduite — si j'étais femme, je n'oserais réellement pas regarder en face l'auteur de cet effroyable mémoire, où la justification de l'accusé est une si terrible accusation contre la victime. Je me rappelle être entré un jour dans le foyer des acteurs d'un théâtre de genre au moment où une jeune artiste était grossièrement interpellée par un de ses camarades à propos d'une réplique manquée.

— Comment ! ne pus-je m'empêcher de dire à la demoiselle apostrophée, vous supportez qu'on vous parle sur ce ton-là ?

— Oh ! me répondit-elle avec un air fin qui me frappa, nous ne nous disputons jamais avec lui *parce que c'est un homme qui dit tout.*

M. Dumas fils est l'homme qui dit tout, et ce tout, hélas, n'est probablement encore qu'une partie de la vérité. L'*Affaire Clémenceau* est, à mon avis, une œuvre de premier ordre où les idées les plus saines sont évoquées dans le style le plus séduisant et le plus énergique, mais la conclusion ou plutôt la moralité, en est véritablement épouvantable. Si, en effet, comme M. Jules Claretie avait déjà essayé de le prouver dans son livre intitulé *un Assassin*, celui qui tue la femme qui le trompe commet un meurtre excusable, c'est à peu près la reprise des massacres de septembre que vous réclamez.

Un fils dénaturé ayant tué son père, les Spartiates furent obligés de l'acquitter, attendu que les lois n'avaient pas prévu la possibilité d'un pareil crime. Aujourd'hui, quand une femme trompe son mari, les juges français sont presque aussi embarrassés que les juges de Lacédémone. Seulement, c'est parce qu'ils ne voient pas de raison pour appliquer à une femme en particulier une peine que toutes les autres, à peu d'exceptions près, méritent à dose égale, à une époque tout à fait hors ligne, comme démoralisation féminine, où on ne peut voir passer l'amant d'une femme sans demander comme renseignement banal :

— Est-ce qu'elle n'a que celui-là ?

Quand une jeune fille est réputée *avoir mal tourné*, seulement lorsqu'elle arbore son sixième protecteur, il est bien cruel de vouer ainsi au poignard ces créatures sorties des mains de Dieu et dont le plus grand tort, est au résumé, de se faire instinctivement ce raisonnement :

— Puisque les Orientaux ont plusieurs femmes, pourquoi nous autres Occidentales n'aurions-nous pas plusieurs hommes ?

Le mémoire de M. Dumas fils en appelle un autre où il sera

établi que les femmes n'étant pas sérieuses, les hommes qui les prennent au sérieux sont de naïfs bébés, et qu'étant comme les Kabyles, essentiellement nomades, elles ne sont pas plus coupables pour changer de passions que ceux-ci pour changer de paysages.

J'en suis fâché pour le héros de M. Dumas fils, mais l'homme digne de ce nom, et conséquemment l'artiste vraiment grand, est au-dessus des désastres de ce genre. Voyez Garibaldi : le jour même de ses noces il s'est aperçu qu'il était trahi pour un autre. Le lendemain matin il a renvoyé dans sa famille l'épouse qui s'était trompée de lit et, après avoir secoué ce mauvais rêve, il est allé tranquillement conquérir les Deux-Siciles. Voilà l'homme vraiment fort. En revanche le sculpteur Clémenceau est l'homme vraiment faible.

En mettant à part l'énorme talent déployé par l'auteur, le dénoûment du livre m'a reporté malgré moi à ce chocolatier qui, pour se garer des concurrences déloyales, avait naïvement écrit sur chacune de ses tablettes :

LE CONTREFACTEUR SERA PUNI DE MORT.

L'héroïne de l'*Affaire Clémenceau* étant, de l'aveu même de l'auteur, un véritable monstre moral, il est à craindre que les femmes ne tirent du roman, d'ailleurs si puissant, de M. Alexandre Dumas fils, cette conclusion que la qualité de monstre moral n'empêche pas celle qui la possède d'être aimée à l'adoration, d'être épousée par un homme supérieur, et de trouver ensuite une ou plusieurs têtes couronnées dont on fait le bonheur contre remboursement. J'étais trop jeune du temps de l'abbé Prévost pour apprécier les ravages qu'a pu faire l'exemple de Manon Lescaut parmi la génération féminine d'alors ; mais, il y a peu de temps encore, un étudiant ne pouvait pas surprendre sa maîtresse en conversation intime avec un garçon limonadier, sans qu'elle lui opposât cette justification littéraire :

— Que veux-tu ? je suis comme la Musette d'Henry Murger.

Je te reviendrai toujours, sois en sûr; mais j'ai besoin de varier mes émotions.

Elle se gardait bien de se dire tout bonnement :

— Je suis une pas grand'chose. Voilà un jeune homme qui se prive de tout pour m'habiller et me nourrir et je le trompe avec des garçons limonadiers.

Non, elle préférait de beaucoup s'écrier :

— Je suis comme la Musette d'Henry Murger.

Aujourd'hui les femmes ne seront plus comme la Musette d'Henry Murger, elles seront comme Iza Clémenceau. D'autant plus que cette terrible Iza, qui est un monstre au moral, est une divinité au physique. Or les dames, et notamment celles qui trompent leurs maris, ont l'habitude, quand elles se comparent à une héroïne de roman, de la choisir aussi jolie que possible, afin de pouvoir se répéter à elles-mêmes

— J'ai tous les instincts d'Iza Clémenceau, je dois en avoir la figure.

Attendons-nous donc à voir prochainement les mormonnes de la Chaussée-d'Antin revendiquer la qualification de « monstres » comme les hommes de 92 réclamaient pour eux celle de « brigands. » La fin tragique de la jeune Iza devrait peut-être les faire réfléchir. Mais il est prouvé que les femmes ressentent un certain plaisir à être assassinées par amour.

Il n'est presque pas une cocotte, fût-elle privée de toute éducation qui, dans le délire d'une nuit vénitienne, n'ait demandé à son vainqueur :

— Est-ce que tu me tuerais si tu me trouvais avec un autre ?

Si vous voulez vous faire de cette femme passionnée une ennemie mortelle, répondez-lui simplement :

— Mais non, je ne te tuerais pas.

Il est certain que tout ce qui pouvait donner à l'amour une saveur plus prononcée ayant été mis en œuvre, je ne vois plus que le poignard qui soit capable d'en élever le niveau.

C'est déjà chez nos principales princesses de la rampe un

axiome banal qu'une femme ne peut être sérieusement cotée qu'autant qu'on s'est battu pour elle. Elles n'ignorent pas, les fines mouches, combien un coup d'épée reçu à leur intention les grandit dans l'opinion publique. Je ne sais plus quel auteur, montant en voiture pour aller sur le terrain, est accosté par une actrice d'un petit théâtre qui se rendait à sa répétition :

— Où donc allez-vous vous promener si matin ? demanda la belle enfant.

— Vous le voyez, fit l'auteur en sortant les deux épées enveloppées dans une serge verte, je vais me battre.

— Est-il possible ! Et pourquoi donc ?

— Pour peu de chose ! Une querelle que j'ai eue hier soir à la Porte-Saint-Martin.

— C'est absurde ! se récria la jeune fille ; si vous alliez être blessé ?

— Je n'y peux rien, répliqua l'auteur.

— Eh bien ! insista l'actrice, puisque vous voulez absolument pousser l'affaire jusqu'au bout, rendez-moi au moins le service de dire que vous vous battez pour moi.

J'ai oublié le nom d'une fille qui était non-seulement de marbre, mais encore de joie, et pour laquelle un jeune goîtreux s'est brûlé la cervelle il y a quelques années. Je n'essayerai pas de vous donner une idée de la position exceptionnelle que ce brûlage de cervelle avait valu à la promeneuse en question parmi ses camarades. On se levait à son entrée, afin d'aller examiner de près cette coureuse qu'on appelait *celle pour qui Léopold s'est brûlé la cervelle*, et un soir qu'elle balayait de son jupon festonné les allées de Mabille, j'entendis une voix murmurer sur son passage :

— En a-t-elle une veine ! Dire qu'Alphonse m'avait promis de se laisser mourir de faim si je ne lui cédais pas. Je ne lui ai pas cédé, et il engraisse tous les jours.

Au reste, le temps vient où nous ne pourrons plus *nous périr* même par les liqueurs fortes pour l'objet aimé, puisque les journaux annoncent que l'absinthe vient d'être interdite au camp de Châlons. Je comprends très-bien que l'absinthe soit poursuivie et traquée à l'instar des bêtes les plus fauves. M. le docteur Alfred Fournier a publié dernièrement sur l'alcoolisme une remarquable étude dans laquelle il fait à propos de l'absinthe des révélations foudroyantes. On s'est demandé souvent pourquoi la chanson était morte, j'oserai émettre l'avis que l'absinthe pourrait bien l'avoir tuée. L'ivresse purement vineuse de nos pères leur laissait un fond de gaieté d'où sont sortis les diners du Caveau. On y disait en rimes croisées que le vin était un jus divin, qu'il donnait du courage aux plus poltrons et qu'il nous faisait voir tout en rose.

Aujourd'hui le vin est au troisième plan. On ne boit plus ou on boit de l'absinthe. Levez-vous donc à la fin d'un repas pour célébrer sur l'air ; *Restez, restez, troupe jolie*, les douceurs du vertige alcoolique ou les agréments du *delirium tremens*. J'admets donc jusqu'à un certain point qu'on s'attaque à la liberté de l'absinthe comme aux autres. Mais pourquoi favoriser spécialement le camp de Châlons et non les autres parties du territoire ? Il faut toujours épuiser un raisonnement. Si l'absinthe est aujourd'hui reconnue comme un toxique mortel, on agit sagement en l'interdisant au camp de Châlons, mais on agit imprudemment en l'autorisant chez les liquoristes et dans tous les cafés des boulevards. Si je demandais dans un établissement public un petit verre de belladone, il y a tout à parier qu'on me le refuserait. Puisque l'absinthe est d'autant plus dangereuse que les palais usés s'y habituent plus volontiers qu'à la belladone, pourquoi ne reléguerait-on pas ce corrosif dans les flacons des pharmaciens, qui n'en délivreraient que su ordonnance ?

Il me semble que si cette mesure a été prise à l'égard des soldats, qui supportent généralement la boisson mieux que les civils, il serait urgent de l'appliquer promptement aux simples pékins qui ont besoin de leur tête et de leur imagination beaucoup plus que les militaires, à qui on a de bonne heure enseigné que la discipline tient lieu de tout.

Je sais bien que l'habit noir n'a jamais rendu aux hommes d'Etat les même services que l'uniforme. Moi, par exemple, qui me déciderais difficilement à mourir pour les gens que je connais, je serais des plus surpris si on me priait d'aller me faire tuer pour ceux que je ne connais pas et qui ne me connaissent pas non plus, du reste. Néanmoins, nous sommes encore assez intéressants pour qu'on prenne des mesures afin d'éloigner de nous le calice qui nous fait voir tout en vert.

Si on craint d'attenter à notre libre arbitre en nous défendant, comme aux soldats du camp de Châlons, l'usage de cette boisson désorganisante et délétère, on pourrait nous garantir à l'aide de moyens moins radicaux, mais peut-être aussi efficaces. Le législateur, je suppose, inscrirait l'absinthe dans le Code parmi les peines afflictives et infamantes ; au lieu d'être condamné à cinq ans de travaux forcés, un malfaiteur le serait à cinquante litres d'absinthe. Et peut-être en le voyant marcher sur la tête dans les rues, et gambader avec des gestes d'épileptiques, ceux qui considèrent cette intoxication comme un plaisir, finiraient-ils par reconnaître que c'est le plus odieux des supplices.

J'ignore quel carme, chaussé ou non, nous a gratifiés de ce spiritueux, mais je le prie de ne pas compter sur moi le jour où ses confrères ouvriront une souscription pour lui élever une statue, ce qu'on est en train de faire pour Emile Chevé, l'inventeur de la musique chiffrée. Pour ceux qui, comme moi, ne distingueraient pas en musique un soupir d'un éléphant, il est bien difficile de se créer une opinion exacte sur la valeur d'Emile Chevé. Des gens sérieux m'ont affirmé que c'était un des plus grands hommes du siècle. D'autres gens non moins sérieux ont soutenu devant moi que c'était un vulgaire charlatan. Essayez de vous tirer de là.

Sans essayer de prendre une moyenne entre deux arpentages

aussi opposés, je regrette que, pendant toute la durée de son enseignement, il n'ait pas produit, soit comme chanteur, soit comme compositeur, un élève qui démontrât à coups de succès la supériorité de sa méthode. Ce qui paraît incontestable, quoique également contesté, c'est qu'il a simplifié et réduit à sa plus facile expression l'étude du solfége. Des individus dont l'intelligence n'est pas plus cultivée que la plaine Saint-Denis arrivent en quelques jours à déchiffrer à livre ouvert les morceaux les plus compliqués. Il y a certainement un résultat magnifique, mais toute la musique n'est pas là. Ce n'est en somme que du temps de gagné, puisque par l'ancien système on arrivait, plus lentement, je le veux bien, mais on arrivait aussi au déchiffrage. Si les découvertes d'Émile Chevé se bornent à ce simple procédé d'abréviation, il me semble qu'une statue c'est bien grave. Je ne souscrirai à la sienne que le jour ou nous aurons, grâce à lui, de meilleurs ténors et des opéras plus réussis. Jusque-là, je demande la permission de flotter; l'essentiel n'étant pas qu'on chante beaucoup en France, mais qu'on y chante bien. Si on doit continuer à y chanter mal, autant qu'on n'y chante pas du tout. J'ai en grande estime la réponse de ce père, à qui l'inventeur d'une nouvelle méthode pour enseigner le piano en trois semaines venait offrir ses services :

— Vous êtes bien bon, fit le père, si je fais apprendre le piano à ma fille, c'est à la condition qu'elle ne le saura jamais.

XXVII

9 juillet 1866.

Depuis le commencement de la semaine, nous vivons sur les aiguilles : cette position est insupportable. On ne remarque pas assez, d'ailleurs, que cet enthousiasme pour des fusils est bien humiliant pour les hommes. C'est dire franchement aux soldats que l'héroïsme, le courage, la vertu guerrière sont devenus des objets inutiles, qui auront à grand'peine leur étiquette dans les musées Campana de l'avenir. Prenez, en effet, le poltron le plus avéré ; formez un régiment de tous ceux qui, depuis dix ans, ont jonché d'excuses écrites les journaux du soir, du matin, du midi et de l'après-dîner (on sait qu'aujourd'hui tout journal qui se respecte a ses cinq éditions dans les vingt-quatre heures). Armez de fusils à aiguilles, ces vétérans de la couardise, et opposez leur Roland avec son cor d'ivoire, Renaud de Montauban et ses trois frères, Achille multiplié par Patrocle, enfin tous les héros de toutes les légendes, il est évident maintenant que les premiers, avec leur fusils à aiguille, culbuteront les seconds s'ils n'ont que des fusils à épingle.

La guerre a été presque toujours absurde et souvent odieuse. A cette heure, elle est déloyale. La première précaution que prennent les témoins d'un duel, est de mesurer les épées afin de constater qu'elles sont de même longueur. Si vous donnez à l'un des combattants une rapière et à l'autre un clou, celui-ci, fut-il Gatechair pour l'adresse et le maréchal Ney pour la valeur, devra nécessairement succomber. Il est extrêmement cruel, lorsqu'on ne sait déjà pas au juste au nom de qui on se bat, de n'avoir même pas les moyens de se défendre.

Interrogez un des soixante mille décédés qui émaillent actuellement les plaines de la blonde Germanie, et demandez-lui pourquoi il est mort. Si ce cadavre est sincère, il vous répondra probablement :

— Monsieur, je ne pourrais pas vous renseigner là-dessus. Adressez-vous à mon capitaine. Je n'ai reçu qu'une éducation fort incomplète : je sais bien que j'ai été tué, mais mes moyens ne me permettent pas de vous dire pourquoi.

Dans ces circonstances, il serait urgent d'instituer pour les batailles comme pour les faillites un syndic qui empêchât qu'un soldat tirât six coups de fusil pendant qu'un autre soldat a tout juste le temps d'en tirer un. Il est assez extraordinaire que les nations considèrent comme une chose parfaitement légale ce que des particuliers dénonceraient avec indignation à l'opinion publique. Puisqu'il est convenu que la guerre est le jugement de Dieu, Dieu doit être singulièrement flatté de la façon dont on biscaute ses jugements.

L'aiguilleur qui a inventé les fusils en question ne se doutait probablement pas que ses aiguilles feraient un jour monter la rente française à des hauteurs d'où elle aspire malheureusement à descendre. C'est en constatant le soir dans les journaux ces écarts à effrayer les clowns du cirque Déjean, qu'on a le droit de se frotter les mains, les joues et les autres parties du corps de n'être pas entré dans la finance. Quel drame ne ferait-on pas sous ce titre :

LES NUITS D'UN AGENT DE CHANGE.

A l'heure où le laboureur lassé repose ses membres alourdis, figurez-vous ce à quoi peut rêver un homme qui se trouve à la veille d'une hausse de vingt francs sur l'Italien, quand il a des millions engagés sur le turf pécuniaire. Comme au moindre assoupissement il doit apercevoir les fantômes de ses clients voltigeant dans ses rideaux et lui disant d'une voix étranglée :

— Je perds sept cent mille francs ce mois-ci ; je n'ai pu en réunir que soixante-quatre, vous seriez bien aimable de payer le reste à ma place !

Comme il doit se lever toutes les cinq minutes pour ouvrir sa fenêtre et arpenter sa chambre à coucher d'un pas fiévreux ! Comme il doit à tout bout de champ réveiller sa femme qui s'est tranquillement endormie en songeant au jeune homme d'en face :

— Adélaïde ! crois-tu que nous monterons demain ?

— Je ne sais pas, je dors.

— C'est que si ça monte nous sommes perdus. Fournachon m'a chargé de vendre pour lui soixante mille de rente, et si la hausse vient, je le connais, il ne payera pas.

— Alors il faut espérer que nous aurons de la baisse ; tu devrais bien fermer la fenêtre et te recoucher.

— Oui, mais Trinquemalé m'a donné ordre de lui acheter soixante-dix mille, et si nous avons de la baisse, il ne payera pas non plus.

— Quand tu passeras ta nuit à te promener les jambes nues, tu ne changeras rien à la situation. Viens te refourrer dans le lit, nous causerons de tout ça demain matin.

— La seule combinaison pour que tout s'arrangeât, ce serait qu'on baissât un peu, mais pas assez pour que le Trinquemalé fît un pouf ; ou encore qu'on haussât dans une proportion médiocre, afin que Fournachon ne perdît qu'une somme raisonnable et pût encore payer ses différences.

— C'est cela ! et maintenant il ne faut plus risquer une affaire sans exiger une couverture.

— Une couverture ! j'exigerai un tapis des Gobelins.

La position d'agent de change n'en est pas moins une des plus enviées qui soient au monde. On la compare volontiers à celle des anciens fermiers généraux, quoique les deux charges n'aient entre elles aucun rapport. Quant à moi, j'ai beau chercher, je ne découvre rien d'aussi douloureux qu'une profession dont on ne peut vivre qu'à la condition :

Que les Italiens ne seront pas vainqueurs ;

Que les Prussiens ne seront pas vaincus ;

Que les Autrichiens passeront tel fleuve au lieu de tel autre fleuve ;

Que les Espagnols se tiendront tranquilles et que les Russes ne se mêleront de rien.

Il est difficile de mettre la main sur un métier plus étrange que le nôtre, qui consiste principalement à raconter au lecteur affamé de scandale, que Mlle Cornélia, du théâtre Beaumarchais, est dernièrement entrée en scène avec des bas roses. Mais, à tout prendre, j'aime encore mieux ramer sur la galère de la chronique que me réveiller tous les matins en me demandant, comme les matelots du *Fœderis-Arca*, si je ne serai pas exécuté dans la journée.

Lorsque nous faisons des différences, c'est en écrivant un jour un article moins réussi que celui de la veille, comme par exemple mon dernier courrier, où je traitais en passant de la statue d'Emile Chevé, ce qui a provoqué de la part de mon collaborateur et ami Francisque Sarcey une réponse émue.

Je n'ai pas cru dépasser les pouvoirs qui m'ont été confiés en parlant d'une souscription qui ne peut avoir rien de particulier, puisque c'est une souscription publique. Comme je ne connais aux questions musicales que ce que les ténors et les compositeurs veulent bien m'en apprendre, je suis dans l'affaire Chevé impartial comme l'ignorance. Tout ce que je constatais, c'est que la méthode enseignée par l'apôtre à qui on taille actuellement une statue, n'avait jusqu'ici rien produit de décisif dans l'art musical et puisqu'Emile Chevé était révolutionnaire au premier chef, je demandais qu'il fît au moins une révolution.

Si mon honorable confrère et ami Sarcey connaît dans un coin des chanteurs qui doivent leur talent à Emile Chevé, il rendrait au théâtre moderne un énorme service en donnant leurs adresses, attendu que le vrai chanteur se raréfiant tous les jours, je suis convaincu que les directeurs les enlèveront à tout prix sans leur demander leurs passe-ports.

Tout le monde, comme l'établit parfaitement Francisque Sarcey, a le droit de souscrire pour élever une statue à l'homme de son choix. Aussi, n'ai-je jamais eu l'intention de m'adresser à l'autorité pour faire interdire la souscription Chevé. Je faisais simplement observer que, comme hommage national, cette statue me paraissait quelque peu prématurée. Il ne suffit pas qu'une souscription soit couverte, encore faut-il qu'elle arrive à son heure. Si les camarades d'Hamburger, des Variétés, se réunissaient pour lui élever une statue sur la place de la Concorde, je suis sûr que beaucoup de gens réclameraient, même s'il demeurait prouvé que le gouvernement est resté étranger à cette fête de famille.

XXVIII

15 juillet 1866.

Ceux de nos lecteurs qui habitent la campagne ignorent probablement qu'à Paris l'amour est une entreprise colossale qui a ses docks, ses agents d'affaires, ses courtiers marrons et ses coulissiers. On a commencé par aimer ferme et on a fini par aimer à prime, par aimer fin courant et même par aimer dont deux sous. Il s'est jugé avant-hier à la police correctionnelle un de ces procès qui établissent d'une façon irrécusable que nous sommes, comme intelligence et comme moralité, bien inférieurs aux sujets de la reine Emma, souveraine de toutes les Sandwichs. Douze femmes âgées, devant lesquelles je m'incline avec tout le respect qu'on doit aux cheveux blancs, même quand ils sont teints, étaient accusées d'avoir détourné des mineurs des deux sexes en favorisant entre eux, moyennant un prix variable, des entrevues auxquelles la politique était par trop étrangère.

Il est à peu près impossible d'assister à ces sortes d'affaires sans que les bras vous tombent. Quand ce n'est pas devant la naïveté des jeunes gens, c'est devant la précocité des jeunes filles ; et quand ce n'est pas devant la précocité des jeunes filles c'est devant le cynisme des vieilles femmes. Quoi qu'on fasse donc, les bras vous tombent toujours. Mais le procès d'avant-hier était de force à vous faire tomber également les jambes. Les demoiselles compromises, qui pour la plupart prenaient la qualification parfois justifiée d'artistes dramatiques, y ont fait preuve en effet des plus sérieuses dispositions à jouer la comédie. Je sais que la rampe émancipe. Ainsi, prenez une jeune fille de seize ans, modeste, innocente, et ne quittant pas madame sa mère d'une semelle, faites-la engager dans un théâtre subventionné ou non et vous serez tout étonné, deux mois après, de l'entendre exprimer en plein foyer cet axiome de physique expérimentale :

— Les vieux ça ne vous bat jamais, et ça vous fait un sort.

Mais quelque soit le développement qu'imprime l'habitude de la scène aux facultés intellectuelles, on ne peut s'empêcher d'admirer la nature, qui permet à certaines femmes de connaître le cœur humain bien avant l'orthographe. Le procès dont nous parlons a été un puits de révélations dont l'auteur de l'*affaire Clémenceau* eût certainement tiré un parti considérable. Par les soins des honorables intermédiaires que la police correctionnelle couvre aujourd'hui de sa protection, le candide provincial de passage à Paris voyait un matin entrer chez lui une jeune et timide enfant qui lui racontait ses malheurs d'une voix mourante :

— Monsieur, disait-elle, excusez ma démarche; je vous suis adressée par une vieille amie de notre famille qui m'a fait espérer que vous voudriez bien m'aider à trouver une place qui me permette de vivre honnêtement de mon travail. Mon père en mourant ne m'a absolument rien laissé qu'un sabre de cavalerie. J'ai bien une vieille tante qui veille sur moi, mais si elle savait que j'ai osé me présenter ainsi chez un monsieur seul, elle me tuerait, oh! oui, elle me tuerait.

Le bon provincial débutait en rassurant l'orpheline sur ses intentions, puis il finissait par lui offrir un joli billet de cinq cents francs qu'elle acceptait en levant les yeux au firmament comme pour invoquer son père. Une fois en tête-à-tête avec sa conscience, le bon provincial s'arrachait les cheveux :

— Qu'ai-je fait? se disait-il : cette jeune fille venait à moi pleine de confiance et d'honneur, et moi, infâme, j'ai abusé lâchement de sa pauvreté; j'ai exploité sa misère. Ah! je suis un être bien abject.

Et, comme tous les grands criminels ont la rage de noyer leurs remords dans l'orgie (c'est même presque toujours ce qui les fait pincer), il allait passer la soirée suivante à Mabille où il retrouvait son orpheline se disloquant devant l'orchestre aux applaudissements d'une foule ivre de joie.

Le provincial retournait chez lui soulagé quant à la conscience, mais douloureusement affecté, quant au porte-monnaie, en songeant qu'au résumé il avait payé cinq cents francs ce dont les autres ne voulaient probablement pas pour vingt.

Quelquefois la pilule n'était même pas dorée par ce procédé Ruolz : un cocodès, en rupture de conseil judiciaire, allait trouver discrètement une de ces mères non repenties.

— Madame, disait-il à la sorcière avec toutes les marques de la plus haute considération, on m'assure que vous avez des relations excessivement étendues. J'éprouve pour Mlle X..., la ravissante jeune première du Gymnase, une passion violente. Est-ce que vous ne pourriez pas lui faire part de cet amour que j'aurais quelque peine à exprimer moi-même? Aucun sacrifice ne me coûtera.

— Lui avez-vous déjà parlé? demandait la duègne.

— Je ne l'ai jamais vue que de l'orchestre; mais son éclat m'a vivement frappé.

Le lendemain, le cocodès était surpris et charmé de recevoir une lettre au patchouli qui lui assignait le plus mystérieux des rendez-vous, et deux heures après il se trouvait en présence d'une femme petite et boulotte aux cheveux rares et à la voix rauque.

— C'est singulier ! pensait l'amoureux, de ma stalle elle me paraissait svelte, élancée et douée d'une abondante chevelure. On me l'avait bien dit : rien n'est trompeur comme l'optique du théâtre.

C'est seulement au tribunal que plusieurs d'entre-eux ont appris que les célèbres jeunes premières dont la facilité les avaient stupéfaits, étaient de simples déesses du macadam qui acceptaient de temps en temps le rôle que Mme de Lamothe avait jadis fait jouer à une inconnue dans la fameuse affaire du Collier.

La condamnation de ces douze femmes si nécessaires va supprimer violemment les relations internationales entre les jeunes gens de bonne et les jeunes filles de mauvaise famille. Le commerce va ainsi se trouver suspendu comme au lendemain de la déclaration de la guerre. Quoi qu'il arrive, il restera toujours des débats une réponse ingénue qui, dans un procès de cette nature, est à la fois le mot de la situation et celui de la fin.

— Vous vous dites artiste dramatique, demandait le président à une des jolies filles appelées comme témoins : dans quelles pièces et à quel théâtre avez-vous donc joué ?

— Un soir, répondit l'enfant avec le calme d'une conscience impure, j'ai joué à la salle de la Tour-d'Auvergne une comédie de M. Marivaux intitulée : *les Jeux de l'amour et de Saint-Lazare*.

La pauvre petite était convaincue qu'elle mentait, et elle n'avait jamais été plus près de la vérité. La Providence nous joue parfois de ces tours.

La Providence a été du reste fort occupée cette semaine. Elle a eu à recevoir les remerciements des Prussiens qui l'avaien invoquée avant de commencer leur campagne ; elle a dû subir les reproches des Autrichiens, qui l'avaient invoquée également ; car au moment du combat, les deux adversaires invoquent presque toujours la Providence chacun dans leur petit coin, et comme il n'y a de vainqueur qu'autant qu'il y a un vaincu, il faut en conclure qu'un des deux, au moins, aurait aussi bien fait de supprimer son invocation.

Il en est un peu de la Providence qu'on invoque en partie double, comme du soleil d'Austerlitz dont Napoléon a tant parlé à Sainte-Hélène. Un des lieutenants de l'honorable exécuteur du duc d'Enghien aurait pu lui faire observer respectueusement que cette apparition subite du soleil n'avait aucun sens allégorique, attendu que, s'il avait brillé pour l'armée française qui fut victorieuse, il avait brillé en même temps pour l'armée coalisée qui fut battue.

A peine tranquillisée du côté des Prussiens, la Providence s'est trouvée convoquée pour l'inauguration du monument élevé dans l'église Saint-Germain-des-Prés, à la mémoire d'Hippolyte Flandrin. Je n'ai pas à discuter le talent gris, mais incontestable de cet artiste, aimé de M. Ingres. Ce qui m'a paru le moins sérieux, dans cette cérémonie, c'est le discours du curé de Notre-Dame-des-Champs, qui a annoncé, en prenant la parole, qu'il allait faire l'éloge d'Hippolyte Flandrin non comme peintre, mais comme chrétien. Tuez-vous donc à étudier la nature sur le nu; réveillez-vous donc la nuit, afin de retenir sur le papier une composition ingénieuse ou un raccourci à effet; donnez-vous donc enfin les cent mille et une émotions du chercheur, pour qu'après votre mort on vienne vous vanter non comme peintre, mais comme chrétien.

On donnait à Hippolyte Flandrin des chapelles à décorer. Il était évident qu'il n'allait pas y peindre le portrait de Gil Pérès dans le *Myosotis* ni celui de Paulin Ménier dans le *Courrier de Lyon*. La décoration d'une chapelle se composant surtout de saints, de saintes, de christs et d'archanges, Hippolyte Flandrin, qui était fort en faveur, peignait des saintes et des archanges, mais il est probable qu'il n'était pas plus chrétien qu'un autre. Prenez un rapin qui use ses coudes dans les soucoupes de la brasserie des Martyrs, et commandez-lui une sainte Véronique, il vous fera votre sainte Véronique et il retournera à sa brasserie.

Je crois que pour rester dans le vrai le curé de Notre-Dame-des-Champs n'aurait pas dû s'écrier :

— Hippolyte Flandrin était surtout un chrétien !

Mais :

— Hippolyte Flandrin avait beaucoup de travaux du gouvernement.

XXIX

16 juillet 1863.

Après avoir détaillé avec amour un assaisonnement composé de champignons et de tomates, Brillat-Savarin s'écrie dans un accès de lyrisme :

« A cette sauce-là on mangerait son père. »

J'ignore si, en effet, il est une sauce à laquelle on mangerait son père ; mais le procès entamé à propos de la succession Caderousse prouve qu'il est des héritages pour lesquels on éreinte volontiers ses parents. Je croyais que lorsque le descendant d'une grande famille s'était compromis par des faiblesses plus ou moins coupables, les alliés et consanguins faisaient, en vue de l'honneur du nom, des sacrifices surhumains pour étouffer les fâcheux souvenirs. Il s'agit, il est vrai, d'une somme de deux millions, et pour deux millions l'opinion publique vous permet de renier bien des hommes et bien des choses ; mais les héritiers naturels du brillant Caderousse n'en auraient eu que plus de bon goût à empêcher que maître Allou ne parlât de ce héros d'avant-scène comme d'un homme qui passait ses journées à boire des canons sur les comptoirs des marchands de vin.

Les gens du peuple d'ailleurs, tout sceptiques qu'ils deviennent, ont le tort grave de reconnaître encore certaines vertus à la particule. Le plus grand nombre d'entre eux s'imaginent qu'il y a, comme pour les arbres, des essences différentes pour les individus et que si eux sont simplement en hêtre ou en sapin, un comte est en acajou et un marquis en palissandre. Ceux qui ont intérêt à laisser se propager ces utiles erreurs ne devraient donc à aucun prix, même au prix de deux millions, apprendre au gros de la population, par des débats solennels, que dans les sphères aristocratiques on peut s'envoyer, dans des circonstances données, des épithètes dont les dictionnaires refusent l'insertion.

Le lendemain de la mort du duc de Gramont-Caderousse, la plupart des journaux fondirent en larmes, et éclatèrent simultanément en éloges tellement babyloniens, que je ne pus me retenir de publier dans le *Figaro* un article modérateur, où je demandais qu'on ne mît pas un soupeur de profession absolument sur la même ligne que Washington ou Caton d'Utique.

Cette réclamation, qui n'avait rien d'exagéré, m'attira d'amers reproches sillonnés de quelques compliments. Je reçus des monceaux de lettres anonymes qui toutes à peu près s'étaient entendues pour débuter par la phrase suivante :

« Misérable !
» Est-ce que tu ne rougis pas de cracher ainsi sur une tombe à peine fermée?... »

J'aurais pu, dans un second article, expliquer à mes anonymes que si j'avais apprécié M. de Gramont-Caderousse c'était précisément parce qu'il venait de mourir, attendu que dans quinze ans son souvenir avait des chances pour être effacé de bien des mémoires. Mais je me résignai, en songeant que de tout temps on a écrasé les journalistes avec l'histoire de *la tombe à peine fermée*. S'ils se permettent de juger un défunt de date récente, mille voix s'écrient :

— Une tombe à peine fermée ! quelle horreur !

S'ils laissent écouler un temps raisonnable entre les obsèques et l'oraison funèbre, mille autres voix (ce sont quelquefois les mêmes) entonnent cet ensemble :

— Ah ! çà, de qui nous parle-t-il donc ? Voilà qu'il se met à nous servir ses vieux articles ?

Quoique la tombe du duc de Gramont soit un peu plus fermée que l'année dernière, je le reconnais, la plaidoirie des avocats des héritiers dépossédés établit surabondamment que mes critiques d'alors étaient restées bien en deçà de la vérité, et que moi, étranger, j'ai bien pu dire dans le *Figaro* ce que les parents répètent aujourd'hui avec de nombreux développements devant le tribunal. Il est vrai que pour moi il ne s'agissait pas de deux millions. Mais, laissez-moi me donner ce gant dont la couleur me plaît, s'il se fût agi de deux millions, je crois que je me serais tu

Il me paraît d'ailleurs douloureux d'arracher ces mânes à l'oubli pour les faire passer à nouveau devant le conseil de guerre, comme le général autrichien Clam-Gallas et ses collègues, dont le grand tort est d'avoir été battus, ou plutôt tricotés, par les aiguilles prussiennes. Si l'Autriche fait passer ainsi tous ses généraux devant les conseils de guerre, on ne voit pas trop comment elle continuera la guerre, à moins qu'elle ne confie à des caporaux le commandement de ses divers corps. Heureusement le général Clam-Gallas a une défense toute tracée. Depuis huit jours, on saisit de tous côtés des pigeons voyageurs qui portent sous les ailes des lettres faciles à traduire, mais que tout fait supposer venir du théâtre de la guerre. Des paysans ont attrapé avant-hier dans les environs de Strasbourg un ramier porteur d'un billet ainsi conçu :

« Viens, ma Catherine ; la position n'est plus tenable. Aussitôt ton arrivée, le mariage se fera. »

Notre grande supériorité à deviner les rébus a permis aux

lettrés de l'endroit de donner immédiatement le sens exact de cette mystérieuse dépêche. Catherine, c'est l'armée d'un des archiducs, car vous savez qu'il n'y a pas de pays comme l'Autriche pour produire des archiducs. « La position n'est plus tenable. » Lisez : Je suis sur le point d'être enveloppé. « Aussitôt ton arrivée le mariage se fera. » Il est clair, comme seize et sept font quatre, que c'est une façon adroite d'écrire : Accourez pour que nous opérions notre jonction.

Voilà ce que signifie cette dépêche qui doit provenir d'un chef de corps à moins qu'elle n'ait été tout bonnement tracée par un amoureux pressé de publier ses bans. Quoi qu'il en soit, si le général Clam-Gallas est le moins du monde intelligent, il peut tirer un grand parti des nombreux pigeons qu'on récolte depuis quelques jours. Si au lieu de porter à destination les messages qu'on leur confie, ces oiseaux chers à Vénus s'amusaient à organiser des parties fines avec des colombes entretenues, il est évident que ce sont eux et non les généraux autrichiens qui devront passer en conseil de guerre. Comment condamner un accusé qui ferait cette déclaration :

— J'avais placé sous l'aile d'un pigeon voyageur des instructions précises que j'adressais à mes collègues de l'armée du Sud et qui devaient assurer le succès de nos opérations. Est-ce ma faute si cet officier d'ordonnance a été pris et vendu à la criée pour être ensuite, lui et ses dépêches, mis à la casserole avec des carottes nouvelles ?

Mais les pigeons ayant été dévorés se trouvent hors d'atteinte, et on s'en prend aux hommes, ce qui prouve qu'il est rare qu'on soit récompensé selon ses mérites. Quand un général s'empare d'une demi-lune grande comme un Camembert, il n'y a pas assez de titres, de pensions, de dotations et de croix pour reconnaître ce mince fait d'armes. Quand il est battu, on le traduit devant un conseil de guerre. Voilà encore une profession où la tenue des livres serait trop compliquée pour moi.

XXX

20 juillet 1868.

« Pour réussir, nous écrit un abonné, il ne suffit pas de s'adresser à un certain monde, il faut s'adresser à tous les mondes. Voyez la *Liberté* : sous la rubrique : *Le monde politique, Le monde parisien, Le monde religieux, Le monde thermal*, etc., elle publie tous les jours trois ou quatre colonnes d'informations variées. Aussi, quoiqu'elle n'ait encore que trois mois d'existence tire-t-elle à un nombre considérable d'exemplaires. »

Je pourrais objecter à notre abonné que le succès de la *Liberté* vient moins de ce qu'elle découvre tous les jours de nouveaux mondes, que de ce qu'elle se vend dix centimes quand elle en coûte douze à son fondateur. Je pourrais lui répondre aussi que M. de Girardin ayant annoncé, il y a quelque temps à l'Europe en larmes, qu'il était mort, le public un peu fatigué de ce qu'on écrit sur la terre, est naturellement curieux de savoir ce qu'on peut écrire dessous. Mais pour montrer que nous n'avons aucun parti pris, et que le bonheur de la France est notre seule et unique préoccupation, je prends sur moi de tenter aujourd'hui le système inauguré par la *Li-*

berté. Je vais tâcher d'en mettre pour tous les mondes connus, et même pour ceux qui ne le sont pas. Si cependant j'oubliais un monde, je le prie instamment de ne pas m'en vouloir. Ce serait ignorance et non méchanceté.

Quoique depuis quelques jours il nous soit interdit de discuter la Constitution, je n'hésite pas à commencer par

LE MONDE POLITIQUE.

Un fait considérable s'est produit avant-hier sur les deux heures, deux heures et demie. Un jeune homme d'environ vingt-sept ans est entré au bureau de poste de la place de la Bourse et a demandé à l'employé qu'il voulût bien lui affranchir une lettre pour la ville de Venise. L'employé lui passa à travers son guichet un timbre de quatre-vingts centimes.

— Pardon, fit le jeune homme d'environ vingt-sept ans, Venise appartient à la France. Or sur tout le territoire français le tarif n'est que de vingt centimes, veuillez me donner un timbre de quatre sous.

— Monsieur, répliqua l'employé, je ne connais que le règlement. Le règlement dit seize sous pour Venise, voilà votre timbre, passez-moi vos seize sous.

— Monsieur, insista le jeune homme, si vous aviez lu la note du *Moniteur*, comme c'était votre devoir, vous ne tiendriez pas ce langage antinational. Je trouve odieux que, salarié comme vous l'êtes, vous fassiez ainsi une opposition sourde au gouvernement. On vous ferait passer devant un conseil de guerre comme Jean la Poste, que vous auriez tout au plus ce que vous méritez.

— C'est possible, balbutia l'employé; mais je n'ai que douze cents francs d'appointements et soixante-quinze francs de gratification seulement tous les six ans. Si je vous donne un timbre de quatre sous, et qu'après, on me retienne douze sous sur mes émoluments personnels, je vous demande un peu à quoi m'aura servi mon patriotisme ?

Le jeune homme d'environ vingt-sept ans n'en démordit pas ; l'employé en démordit encore moins. L'affaire, qui était restée quelque temps une simple question de guichet, devint bientôt une question de cabinet : le général Lamarmora, instruit du fait, déclara que si l'employé avait délivré le timbre de quatre sous, c'était la guerre européenne ; et en remercîment de sa neutralité, il vient, dit-on, de faire promettre à l'intelligent bureaucrate qu'aussitôt la lutte terminée, il serait nommé bibliothécaire des lagunes de Venise, et conservateur adjoint du Pont des Soupirs.

LE MONDE RELIGIEUX

L'abbé Liszt vient d'accepter le grand cordon de l'ordre de Saint-Michel de Bavière. Cet acte d'abnégation et de désintéressement de la part de ce prêtre à musique a vivement ému la chrétienté. L'abbé Liszt est du reste l'Européen le plus décoré de notre époque. Commandeur de la Légion d'honneur, officier de l'Aigle noir d'Autriche, de l'Aigle jaune de Saxe et de l'Aigle chamois de Mecklembourg, ce cordon vivant collectionne les croix comme Lablache collectionnait les tabatières. Saint-Vincent de Paul ramassait les enfants abandonnés, l'abbé Liszt ramasse les décorations. Les mécréants, dont la plaie du scepticisme a rongé le cœur, prétendent qu'une fois la collection complète, il est résolu à faire sa vente comme Mademoiselle Fleur-des-Pois.

Dors-tu content, Voltaire ?

LE MONDE PARISIEN.

Si nos informations sont exactes, un mariage serait sur le point de se conclure entre M. Perdrivol marchand de meubles au Faubourg Saint-Antoine et mademoiselle Tournedos, fille d'un pâtissier établi depuis longtemps rue Saint-Martin. Les Tournedos sont dans la pâtisserie depuis 1740. Du reste, les Perdrivol les priment encore comme ancienneté, attendu qu'ils sont dans l'ébénisterie depuis 1679.

Si nos informations sont toujours exactes, les témoins seraient déjà désignés. Ce sont pour le futur : M. Cabasson, plumassier, et M. Faubourdon, bombeur de verres. Pour la jeune fille : M. Chiffremann, ancien fabricant de baldaquins, et M. Camus, nettoyeur de laine.

On nous écrit pour rectifier l'annonce que nous avons faite du mariage prochain de M. Destourteaux, le fabricant de produits chimiques. M. Destourteaux est veuf et ne songe nullement à se remarier. On nous fait observer aussi que M. Destourteaux appartient à la famille des Destourteaux de Charonne et non à celle des Destourteaux de Gennevilliers, comme nous l'avions imprimé par erreur.

Nous accueillons cette réclamation avec empressement.

LE MONDE ANECDOTIQUE.

On attribue à la spirituelle princesse de M... un mot charmant et plein d'actualité. On ne prête qu'aux riches :

— Quelle différence y a-t-il, demandait quelqu'un, entre un juge et un escalier?

— Rien de plus simple, répondit la spirituelle princesse de M..., c'est qu'un juge fait lever la main et qu'un escalier fait lever le pied.

Le mot fait fureur. Il est arrivé jusqu'à l'empereur d'Autriche, qui, malgré ses préoccupations incessantes, en a beaucoup ri.

LE MONDE DU SPORT

Un match vient d'être engagé dans la plaine de Montsouris (la même qui est destinée à remplacer le Luxembourg) entre deux gentlemen riders, le comte de l'Embossoir et le duc de Vieuxtonneau. Après une course des plus émouvantes, le comte de l'Embossoir est arrivé premier. Le duc de Vieuxtonneau a été ainsi battu deux fois dans la même journée : par son concurrent d'abord de trois longueurs de cheval, et ensuite par sa maîtresse, la petite Charlotte, de quatre longueurs de parapluie.

LE MONDE LITTÉRAIRE.

Vendredi a eu lieu la séance annuelle de l'Académie des sciences immorales et impolitiques.

Le principal intérêt de la journée se résumait dans la distribution des prix et des mentions honorables. Le sujet proposé était celui-ci : *Un individu qui mangerait une quantité considérable de raisin pourrait-il mourir de l'oïdium?*

Un prix de quinze cents francs, plus une table en acajou, a été décerné à l'auteur du mémoire n° 4 portant cette épigraphe : *La casse est personnelle.* Une mention très-honorable a l'auteur du mémoire n° 9, dont l'épigraphe est : *Le grand tort des peintres modernes est de ne pas faire des tableaux anciens.*

LE MONDE GASTRONOMIQUE.

Le menu de demain.

Consommé de cheval.
Sabot de cheval sauce hollandaise.
Tête de veau à l'huile de requin.
Terrine de foie de canard.

Beignets d'acacias.

Charlotte russe aux pelures d'oranges.

Les haricots valent soixante centimes la livre les plus beaux. Si vous allez vous-même faire votre marché à la Halle ne payez pas les tomates plus de un franc vingt-cinq centimes la douzaine. Défiez-vous des marchandes qui vous diront d'une voix tendre :

— Viens donc par ici, mon amour, nous nous arrangerons toujours ensemble.

Elles ne vous flattent que pour mieux vous enfoncer. Choisissez de préférence celles qui vous accablent d'injures et qui même à la moindre observation de votre part, vous flanquent leur marchandise à la tête. On a remarqué que ces dernières étaient beaucoup plus consciencieuses que les autres. Mais quoi qu'il arrive, ne payez jamais les haricots flageolets au-dessus de soixante-dix centimes le litre.

Il y a encore ici-bas plusieurs mondes dont nous ne pouvons parler aujourd'hui, comme *le monde des coiffeurs, le monde des fumistes, le monde des omnibus*, etc. Nous en ferons le sujet de notre prochain article si cette première tentative réussit auprès de notre lecteur. Si au contraire elle échoue, eh bien! nous chercherons autre chose.

XXXI

23 juillet 1866.

Si je ne craignais d'effaroucher mes lecteurs en rangeant tout à coup en batterie devant eux des alexandrins de ma composition, je céderais à l'envie de concourir pour le prix de poésie académique, dont le sujet est : *La mort du président Lincoln*. Mes vers se marcheraient réciproquement sur les pieds, et mes rimes seraient inscrites au bureau de bienfaisance ; mais j'eusse volontiers prié le bon Apollon de me prêter quelques instants sa lyre, afin de dire son fait à cet ancien bûcheron qui, devenu le chef suprême des deux Amériques, s'était permis de rester honnête homme comme si c'était la chose la plus naturelle du monde.

« Ah ! lui aurais-je jeté à la face dans la première strophe, vous avez cru que tant de témérité resterait impunie, vous vous êtes imaginé que Dieu, à qui rien n'échappe, vous laisserait ainsi bouleverser, à vous tout seul, tous les usages adoptés et toutes les idées reçues ! Cette outrecuidance appelait un châtiment exemplaire. Votre fin déplorable, mais méritée, ayons le courage de le reconnaître, aura eu du moins pour effet de faire rebrousser chemin aux imprudents qui tenteraient de marcher sur vos traces. Désormais si un homme ose nourrir le dessein invraisemblable de rester honnête, il saura à quoi il s'expose et le jour de la catastrophe il n'aura pas le droit de répéter le mot de tous les gens qui sont punis pour avoir fait leur devoir :

— Ah! si j'avais su!

— Les exemples ne vous ont pourtant pas manqué, aurais-je continué dans la seconde strophe. Vous aviez Socrate, Aristide, Jésus-Christ et nombre d'autres justes qui ont payé cher leur culte pour ces mauvaises plaisanteries qu'ils appelaient leurs convictions. Vous deviez pourtant savoir que les drames mentent effrontément, quand ils prétendent que la vertu finit toujours par être récompensée. Mais ces Américains sont d'un entêtement! Il vous était si facile de descendre de temps en temps du char de l'État pour aller tripotailler à la Bourse de New York. Vous qui aviez les nouvelles de première main, vous pouviez y gagner des sommes énormes, et une fois votre mandat terminé, vous vous seriez retiré comme les hommes politiques d'ici dans un joli château, que vous auriez quitté de temps en temps pour venir à Paris demander des distractions aux douze vieilles femmes qui ont passé ces jours-ci en police correctionnelle.

— Lincoln, aurais-je ajouté dans la strophe n° 3, vous avez été cruellement frappé, mais aussi vous avez été bien coupable. Le respect de votre parole, la pureté de vos mœurs, le désintéressement de toute votre vie auraient été trop humiliants pour nous si les événements n'avaient pas heureusement prouvé que faut d'la vertu, mais pas trop n'en faut. Continuons donc, ô mes amis, à contracter des dettes jusqu'à extinction de la contrainte par corps, à faire des coups d'État, à tenir nos serments le moins possible, et faisons en sorte que le bonheur de l'humanité ne nous coûte guère et nous rapporte beaucoup. »

La grande leçon qui, en effet, ressort de la mort du président Lincoln, c'est qu'on a bien tort d'être honnête lorsque l'on peut faire autrement. Les candidats auprès de l'Académie vont très-probablement essayer la thèse opposée, mais ils arriveront difficilement à conclure. Je sais bien que les candidats pourraient à la rigueur supposer qu'il a reçu là-haut sa récompense finale. Mais ils n'auront même pas cette ressource, attendu que Lincoln était protestant, et que l'Académie française qui, à l'exception de l'honorable M. Viennet, est ultramontaine, n'admettra jamais qu'un luthérien puisse trouver miséricorde devant Dieu.

M. Guizot seul pourrait accepter ce dénoûment, mais on sait que cet ancien ministre est beaucoup plus catholique que ceux de ses collègues qui ne sont pas protestants.

En y réfléchissant, je ne puis que m'applaudir de ne pas m'être laissé aller à la tentation de caresser la muse, d'autant plus qu'en apprenant qu'une nouvelle décoration exclusivement réservée au sexe faible allait être probablement fondée, un grand nombre de dames voudront prendre part au concours de l'Académie. Or, si j'avais le prix, on dirait tout de suite que j'ai battu des femmes. Cette décoration exclusivement féminine revient si souvent sur le tapis, qu'elle finira quelque jour par être convertie en décret. Je cherche seulement à qui on la donnera. Ce n'est pas à Rosa Bonheur, puisqu'elle a déjà la croix exclusivement destinée aux hommes. Ce n'est pas à George Sand qui répondrait, dans son amour-propre justement froissé :

— J'ai plus de réputation que la plupart des écrivains du sexe opposé au mien, je ne vois pas pourquoi j'aurais une décoration inférieure, lorsque je leur suis supérieure par le talent.

Si l'on ne peut offrir ce nouveau ruban à George Sand qui le refuserait, à quelle classe de femmes le réserverait-on ? Est-ce aux marchandes de modes qui réussiront le mieux les corsages froncés ? Est-ce aux cuisinières qui seront reconnues les plus fortes sur le haricot de mouton ou l'artichaut à la barigoule ?

Le point intéressant et original pour une femme, c'est de

recevoir une décoration qui, d'ordinaire, n'est accordée qu'aux hommes. Comme les femmes n'occupent chez nous aucune position officielle ni dans la magistrature, ni dans le clergé, ni dans l'armée, le nombre des services rendus à l'État par les petites et les grandes dames est nécessairement fort restreint. On serait obligé d'accorder des brevets de chevalières, d'officières ou de commandeuses aux mères de famille qui ont le plus d'enfants, et aux jeunes filles qui en ont eu le moins. Mais une femme, même sur le retour, quand on lui demanderait :

— Pourquoi êtes-vous décorée ?

Serait médiocrement flattée d'être forcée de répondre :

— C'est parce que j'ai eu dix-huit enfants, dont seize garçons.

Il s'en suivrait que, par mesure de coquetterie, plus on aurait donné de soldats à la France, plus on mettrait de soin à éviter une décoration qui deviendrait une enseigne.

D'ailleurs, comment se porterait-elle cette fameuse décoration ? Serait-ce sous forme de *Suivez-moi, jeune homme ?* Cette supposition seule fait monter à mon front le vieux fond de pudeur qui s'agite encore en moi. La porterait-on en jarretière ? Ce serait peut-être admis par les décorées douées d'une jolie jambe, mais les autres protesteraient avec rage. Mettons que ce soit comme le ruban de la Légion sur le côté gauche de la poitrine. Il est inutile d'avoir dessiné d'après la bosse pour savoir que certaines dames, très-respectables du reste, ont été arrondies par la nature, par la main des Grâces si vous voulez, de telle façon que leurs décorations auraient vraiment une saillie exagérée. En outre, au milieu des cinq cent mille cocardes, chaînes, colliers et ceintures Benoiton qui composent aujourd'hui une toilette féminine, on essayerait vainement dans le tas de distinguer le ruban de la Légion d'honneur de celui de leur chapeau.

A toutes les époques où les hommes ont manqué, on a essayé de donner aux femmes une importance sociale ou politique qu'elles n'ont jamais pu prendre, et qu'en tout cas elles n'auraient pas su garder. Je crois que, quant à présent, l'essentiel n'est pas de décorer les femmes, mais de s'arranger pour qu'elles puissent vivre de leur état, ce qui est naturellement impossible dans une société où certaines ouvrières ont gagné trente sous au bout de quinze heures de travail.

Tout bien considéré, il me semble que la vraie place de cette décoration est au musée de Cluny, à côté de la jambe en argent du prince de Hohenzollern. J'allais m'apitoyer sur l'avenir de ce brave jeune homme, qui a courageusement payé de sa personne comme un simple sergent ; mais franchement la dépêche de MM. Havas-Bullier, qui annonce qu'on a commandé à Paris une jambe en argent pour remplacer celle que cette jeune Altesse vient de perdre, a fortement ébréché ma commisération. On connaissait bien les nez en argent, mais jusqu'ici les jambes en argent ne paraissaient destinées à ne jouer un rôle que dans les féeries du Châtelet. Avouons que ce doit être beaucoup plus lourd et infiniment plus incommode que les jambes en simple bois blanc. Ce genre de coquetterie exposera probablement le prince de Hohenzollern à des désagréments de nature diverse. Il suffit qu'un de ses domestiques ait la conscience un peu large pour qu'il constate un matin qu'on lui a volé pendant la nuit sa jambe qu'il avait posée sur la cheminée.

Ce ne sont certes pas les femmes qui lui manqueront. Un homme qui a une si jolie jambe est sûr d'être aimé pour ses agréments personnels, mais le jour où je m'apercevrais dans un café que j'ai oublié mon porte-monnaie, j'aurais une frayeur atroce qu'on ne me forçât à déposer ma jambe au comptoir. Ce luxe princier, appliqué à un objet si difficile à monter en épingle, ôtera évidemment au jeune de Hohenzollern une grande partie des sympathies qu'il mérite. Nombre de gens que l'or fascine ne pourront s'empêcher de se dire, qu'au résumé, troquer une jambe en chair et en os contre une jambe en bon argent contrôlé à la Monnaie, n'est pas un échange si désavantageux, et beaucoup de petits employés, en le regardant passer, trouveraient encore moyen de s'écrier avec une jalousie mal contenue :

« Ces jeunes gens riches, ça ne se refuse rien. Est-il possible de manger sa fortune à des choses pareilles ? On devrait lui nommer un conseil judiciaire. »

A ce point de vue, le prince de Hohenzollern aurait eu raison de s'argenter ainsi jusqu'au genou, car, dit la sagesse des nations, mieux vaut encore faire envie que pitié.

XXXII

30 juillet 1866.

« Les individus réunis sur la place de la Roquette pour assister à l'exécution de Philippe poussaient de telles clameurs et de tels cris, que les agents durent opérer plusieurs arrestations. Un jeune homme de vingt et un ans, qui avait menacé d'un coup de couteau un sergent de ville, a été conduit au poste. »

Ce fait-Paris, que tous les journaux répètent depuis quatre jours, me paraît avoir une grande portée philosophique. La plupart des jurisprudents soutiennent qu'il faut à tout prix maintenir la peine de mort, surtout à cause de la terreur salutaire qu'elle exerce sur les âmes perverses. Chanter la *Femme à barbe* et appeler feu Mangin, le marchand de crayons, est une façon aussi neuve qu'inattendue d'exprimer sa terreur. Je suppose qu'un auteur dramatique prenne au sérieux les opinions des jurisprudents cités plus haut, il arriverait à écrire des scènes comme celle-ci : Au moment où le traître tirerait son poignard pour le plonger dans le cœur de la victime, ladite victime, pleine d'effroi, se mettrait à jouer des variations sur le cor de chasse.

Voilà, d'autre part, un jeune homme de vingt et un ans qui, au pied même de l'échafaud, menace de mort un sergent de ville. Comme exemple de terreur salutaire, je crois qu'il n'y a pas mieux.

Aussi, dans ma conviction intime, loin d'être arrêté par le spectacle d'une exécution, un malfaiteur se sentirait plutôt poussé en avant. La nature, qui a ses faiblesses comme tout le monde, a créé des excitants de diverses espèces. Il y a pour certains individus l'odeur du sang, comme il y a l'odeur de la poudre pour certains autres. Les gens qui voient plus loin que le bout de leur nez sont très-rares; beaucoup même ne dépassent pas la naissance des narines. Est-ce le nez que nous avons trop long ou la vue que nous avons trop courte? je ne saurais préciser, mais le fait est là. Il est cependant bien clair que si le chiffre des condamnations à mort augmente sans que le nombre des meurtres diminue, c'est que celles-ci sont impuissantes à réprimer ceux-là. Chaque fois que cette question, toujours palpitante, est remise sur le tapis, des voix fougueuses s'écrient :

— Ah! si l'on abolissait la peine de mort, vous verriez!

Je verrais évidemment quelque chose; mais comme nous avons eu sous le régime de la peine de mort le couple Dumollard, qui a assassiné une vingtaine de bonnes, et Philippe, qui a traité avec le même sans-gêne une autre vingtaine de femmes libres, il est probable que ce que je verrais ne serait pas plus fort que ce que je vois.

Un journaliste qui, sous François Iᵉʳ ou même sous Henri IV, le prétendu bon roi, eût réclamé l'abolition de la torture, se la serait vu immédiatement appliquer comme ayant tenté par articles et maléfices de renverser le plus indispensable pilier de la monarchie. On vous donnait la question comme on vous donne aujourd'hui un bureau de tabac. Quelquefois même des personnes munies de billets pris à l'agence Sari de cette époque, étaient invitées à assister aux contorsions d'un malheureux dont les tibias éclataient comme des noix. Le soir, au dîner, on devisait de la mine du patient, comme nous parlons du jeu de Mélingue ou de la dernière ascension de M. Delamarne.

Aujourd'hui nous frissonnons d'horreur quand un journal nous apprend qu'une mère dénaturée corrige son enfant à l'aide de pelles rougies au feu. Si cette mère qui, la plupart du temps est blanchisseuse ou regrattière, avait été élevée à Sainte-Barbe, elle pourrait présenter cette défense :

— Je ne vois pas pourquoi on s'offusque de ce que je me suis cru permis d'appliquer à un enfant coupable les procédés que nos pères employaient sans le moindre remords envers tant d'individus qui étaient presque toujours innocents.

On n'a pas assez remarqué en outre que la peine de mort, telle qu'elle est appliquée par les nations chrétiennes et catholiques, est la négation la plus complète de l'immortalité de l'âme. Les sociétés européennes font profession de croire à la vie éternelle, et elles agissent absolument comme si elles n'y croyaient pas. En effet, elles prennent la tête, mais elles tiennent essentiellement à sauver l'âme, puisqu'elles entretiennent des prêtres spécialement chargés de réconcilier au dernier moment le condamné avec Dieu. Quand l'abbé qui accompagne un homme jusqu'au pied de l'échafaud lui demande :

— Êtes-vous prêt à paraître devant le souverain juge?

Le condamné n'aurait qu'à répondre :

— Non je ne suis pas prêt.

Et puisque la société n'a aucun droit sur l'âme de ce monsieur, l'exécution devrait être suspendue jusqu'à ce que le coupable se supposât assez repentant pour ne pas être, après sa mort, envoyé en enfer par le premier train. Vous me direz que certains criminels, et même tous, passeraient leur temps à proférer les jurons les plus exécrables afin de s'entretenir dans une continuité de péché mortel qui leur permît d'arriver à la plus extrême vieillesse. Je partage vos craintes à cet égard. Il faut cependant être logique. Or, ce qui prouve que la peine de mort est contre nature, c'est qu'elle ne peut même pas avoir la logique pour elle.

Mais, continuerez-vous, quand on envoie mourir sur les champs de bataille cent mille hommes en quinze jours, on ne s'occupe guère de savoir s'ils sont en état de paraître devant Dieu. Cette observation est assez juste, aussi, est-il probable qu'il y a entre l'Être suprême et les gouvernements des traités particuliers à ce sujet-là. Les gouvernements lui écrivent le matin :

« Nous vous enverrons dans la journée vingt-cinq ou trente mille hommes, que nous nous disposons à faire massacrer entre dix heures et midi, et qui monteront au ciel par file à droite. Tâchez de les y recevoir le mieux possible. Ils ne sont pas tous absolument en état de grâce, mais, dans leur situation, il serait cruel d'y regarder de trop près. »

Ce qui s'explique moins, c'est cette législation que les Français toujours ironiques ont intitulée le DROIT de la guerre, lequel droit consiste à massacrer les gens en bataille rangée et à leur demander ensuite l'argent nécessaire pour payer la poudre et les aiguilles qui ont servi à les tuer. Autrefois, ceux qui vous prenaient la bourse vous laissaient ordinairement la vie. C'était l'un ou l'autre; avec le droit de la guerre, l'un n'empêche pas l'autre. Je suis surpris que dans un pays comme le nôtre, où l'étude du droit romain, du droit administratif et même du droit commercial est poussée aussi loin, on n'ait pas songé à instituer un cours du droit de la guerre. Ce serait une joie bien douce pour une mère, de savoir que son fils a été reçu avec trois boules blanches, pour avoir répondu à des questions comme celles-ci :

Demande. — Quand une ville occupée par des troupes ennemies refuse de payer les contributions qu'on lui impose, à quoi sont autorisés ceux qui l'occupent?

Réponse. — Ils sont autorisés à monter dans les maisons

particulières, à forcer les caisses, les secrétaires, les armoires à glace et généralement tous les meubles pouvant contenir le magot du particulier.

D. — En cas de refus dudit particulier d'ouvrir sa porte ou de laisser fouiller dans sa paillasse, que peuvent faire les visiteurs?

R. — Ils peuvent incarcérer le propriétaire, emmener avec eux ses filles quand elles sont jolies, et les fusiller simplement si elles ne le sont pas.

D. — Si, malgré la modération de cette conduite, les habitants s'obstinent à refuser la contribution exigée?

R. — Le mieux est alors de passer au fil de l'épée, hommes, femmes, enfants et vieillards, à moins qu'on ne préfère mettre le feu à la ville; mais ce moyen est rarement employé parce qu'il a l'inconvénient d'empêcher le pillage.

J'aime à croire que mon appel sera entendu, et que prochainement toutes les grandes capitales auront des chaires de droit de la guerre, comme elles ont des chaires d'éloquence. Outre que dans ces temps troublés ce droit-là est peut-être plus utile à étudier que les autres, il y va de l'honneur de tous les peuples civilisés de ne pas laisser cette lacune dans l'éducation de la jeunesse.

XIX XIII

3 août 1866.

Je me pavanais dernièrement sur l'impériale d'un omnibus. Tous les journalistes ne peuvent pas avoir des coupés au mois. Tout à coup le cocher de *ma voiture*, interpellant un grand monsieur qui traversait la rue, et qu'à son chapeau planté sur le haut de la tête on reconnaissait facilement pour un fils de la libre Angleterre, lui cria avec cette exquise urbanité qui fait du cocher parisien une classe à part :

— Gare donc ! animal ! est-il bête, ce voleur-là !

L'affaire n'aurait probablement pas eu de suites, si parmi les habitants de l'impériale (mes confrères), quelqu'un n'avait dit tout haut :

— Tiens ! c'est un Anglais !

Tous les voyageurs se mirent alors à faire débouler sur la tête du malheureux passant une avalanche d'épithètes dans lesquelles revenait souvent le mot *english*. En thèse générale, chaque fois que vous rencontrerez un Anglais appelez-le *English* et des familles entières en riront pendant trois semaines.

Cet incident généralisa la conversation dans laquelle l'Angleterre fut naturellement fort maltraitée. Un marchand de vinaigre et un fabricant de chaussures à vis se firent principalement remarquer par leur violence. L'abstention des Anglais pendant la guerre d'Allemagne fut jugée avec une sévérité excessive. Il fut définitivement convenu que c'étaient des poltrons, des *propres à rien,* bons tout au plus à envoyer à Sainte-Hélène les gens qui leur faisaient peur.

Si l'English — va pour English — avait eu un peu de temps à perdre, il aurait pu renvoyer cette réplique à mon voisin le marchand de vinaigre :

— Aujourd'hui que les aiguilles tiennent lieu de bon droit, de courage et de combinaisons stratégiques, la guerre est non-seulement une infamie, mais encore une bêtise. En conséquence, au lieu de nous conduire comme des coquins ou des imbéciles, nous avons trouvé plus intelligent de remplacer les coups de baïonnette par la pose du câble transatlantique.

Le marchand de vinaigre eût probablement répondu par des invectives à cet homme de bon sens; car nous serons toujours les mêmes, ô mes stupides compatriotes! Comme les cocottes de bas étage, c'est par les coups qu'il faut nous traiter. Qu'un homme inconnu la veille accomplisse avec succès le bombardement d'une ville, qu'il en fasse sauter la poudrière et qu'il en extermine trois mille cinq cents habitants, son nom se grave immédiatement dans toutes les mémoires et personne n'est surpris de le voir arriver au faîte des honneurs. On se dit partout :

— C'est bien juste ; un homme qui fait sauter des poudrières et qui trouve moyen d'exterminer trois mille habitants dans une seule ville, ne peut pas être un individu ordinaire.

En revanche, le pêcheur Rémy, l'inventeur de la pisciculture, à laquelle nous devrons peut-être un jour la véritable extinction du paupérisme, est mort sans que son nom ait seulement franchi les fossés de nos fortifications. Quel est l'homme qui, le premier, a eu l'idée d'appliquer aux voitures la vapeur qui ne servait encore qu'aux navires? Vous ne le savez pas, et je ne saurais vous renseigner à ce sujet, attendu que je l'ignore également. A qui doit-on le télégraphe électrique ? vous seriez bien aimable de me le dire, afin que je puisse l'apprendre aux autres.

On commence à se demander d'où vient que les Français n'attachent plus depuis longtemps leurs noms à des découvertes sérieuses, tandis que ces Anglais, dont nous rions comme de petits fous quand nous les voyons passer, posent des câbles transatlantiques et retrouvent tous les jours des pays perdus. C'est bien simple : en France, tout homme qui n'a pas en lui l'étoffe d'un guerrier étant destiné à végéter, les gens se disent qu'il est bien dur d'user sa vie, et de se casser la tête de six heures du matin à huit heures du soir, pour arriver, après vingt ans de travail, à être beaucoup moins connu que Lesueur, du Gymnase, qui joue actuellement le roi Hurluberlu dans la féérie du Châtelet.

En Angleterre on procède autrement. En lisant le dernier et si remarquable roman de M. Jules Verne, *les Anglais au pôle nord*, vous avez vu que le conseil de l'Amirauté avait offert une prime de cent vingt-cinq mille francs au marin qui approcherait du pôle à une distance désignée. Cinq millions sont en outre promis à celui qui trouvera ce fameux passage du pôle, qui est la toison d'or de tous les marins anglais. La gloire que nous distribuons si généreusement aux preneurs de villes, ils la réservent pour ceux qui explorent les contrées ignorées, et non pour ceux qui déciment les pays déjà connus. Voilà la différence.

Je suppose que l'idée audacieuse de relier par un câble l'ancien et le nouveau continent ait germé dans le cerveau d'un Français. Le premier devoir de notre concitoyen eût été d'aller trouver à son bureau quelque haut fonctionnaire et de lui exposer son plan. Or, voici probablement le dialogue qui se serait engagé entre ces deux hommes :

— Monsieur, depuis longtemps je nourris un projet dont la réussite peut contribuer puissamment à la grandeur de ma patrie. Je viens donc demander si, au besoin, l'État consentirait à me prêter un navire.

— Il s'agit sans doute de quelque nouveau canon portant à deux mille mètres, et tirant vingt-cinq coups à la minute ? Donnez-vous donc la peine de vous asseoir.

— Monsieur, vous vous trompez ; il s'agit seulement d'un câble au moyen duquel je mets en communication l'Europe et l'Amérique.

— Comment, un câble ! quelle longueur a-t-il donc, votre câble ?

— Une longueur d'environ dix-huit cents lieues.

— Joseph ! crierait le fonctionnaire, en sonnant vivement son garçon de bureau, Joseph ! Voici monsieur qui prétend avoir dans sa poche un câble de dix-huit cents lieues de long. Mettez le vite dehors, et à l'avenir tâchez de ne plus laisser entrer les aliénés.

Les Anglais pensent qu'il est tout aussi glorieux de risquer sa vie, comme le capitaine Parry et le commandant Franklin, dans des expéditions périlleuses, mais profitables, que d'aller tuer de gaieté ou plutôt de tristesse de cœur des malheureux qu'on ne connaît pas, pour des motifs qu'on ne connaît pas non plus. Nous n'en continuerons pas moins à considérer les fils d'Albion comme des êtres très-inférieurs, et à nous tenir les côtes quand nos omnibus feront mine de les écraser. Ce qui ne nous empêchera pas, bien entendu, d'envoyer et de recevoir toutes nos dépêches d'Amérique par l'entremise de ce câble transatlantique que nous devons à leur esprit d'initiative et à leur persévérance.

Au reste l'injustice a ses bons côtés, puisque ce dont les uns souffrent, les autres en profitent. L'Institut (section de sculpture), par exemple, vient de nous donner, à propos de la dernière élection, une de ces représentations académiques qui étonnent toujours, quelque habitude qu'on en puisse avoir. Parmi les candidats à la succession de M. Jaley se trouvait

Barye, l'illustre Barye, qui n'est pas encore de l'Institut, uniquement parce qu'il devrait en être depuis vingt ans. Barye est l'auteur de la *Lionne* et du *Tigre royal*, qu'on ne cesse d'admirer aux carreaux de Barbedienne. Il a, au Luxembourg, sous ce titre, *Panthère dévorant un lapin*, un groupe magnifique; l'antiquité n'en a ni laissé, ni probablement produit de plus beau. On parle continuellement du niveau de l'art qu'on cherche à élever. C'est au point qu'un individu arrêté l'autre jour pour vagabondage a cru devoir répondre au juge qui l'interrogeait sur sa profession :

— Monsieur le président, je suis éleveur.

— Éleveur, c'est un excellent métier; et qu'est-ce que vous élevez?

— J'élève le niveau de l'art.

Il me semble que si un homme a jamais élevé le niveau de l'art, c'est Barye, qui a mis si souvent dans les jambes d'une chevrette ou dans la tête d'un lion, plus d'âme et de vérité que l'Institut tout entier dans toutes ses statues réunies. Pourquoi donc les électeurs du pont des Arts ont-ils nommé M. Bonnassieux? Ou ils ont été sincères en préférant cet artiste de septième ordre à Barye, dont l'énorme talent n'est pas contestable, et alors il est impossible de laisser le sort de la sculpture entre les mains de gens dont le cerveau est évidemment ramolli; ou ils savent très-bien en donnant à M. Bonnassieux les voix qu'ils refusent à M. Barye qu'ils commettent un acte de trahison artistique, et alors n'est-on pas fondé à croire que les médiocrités qui s'agitent sous ce dôme, craignent avant tout, parmi eux, la présence d'un homme supérieur? Incroyable ineptie ou bas cabotinage, nous avons le choix entre ces deux substantifs. Peut-être ferions-nous bien de les choisir tous les deux.

Rien ne bouleverse la conscience comme le spectacle de l'injustice. Je suppose un tribunal qui rendrait des jugements ainsi conçus :

« Considérant que le sieur Philippe a été reconnu coupable d'une vingtaine de meurtres consécutifs qui avaient le vol pour mobile,

» Déclare le sieur Philippe acquitté de toutes les accusations portées contre lui et condamne aux dépens les familles de ses victimes. »

Ou encore :

« Considérant qu'il résulte de l'instruction et des débats que le sieur Baliveau est complétement innocent de la tentative d'escroquerie dont on l'accuse,

» Le Tribunal,

» Vu ses excellents antécédents,

» Le condamne à dix ans de travaux forcés. »

Il est bien certain qu'en lisant le lendemain matin, dans la *Gazette des Tribunaux*, des jugements ainsi formulés, la France entière bondirait d'indignation. Eh bien! il est douloureux de le constater, la plupart des choix de l'Institut, et notamment celui de la semaine dernière, sont à peu près aussi rationnels que le serait cette justice de haute fantaisie.

XXXIV

6 août 1866.

Comme toutes les natures d'élite, j'aime à bien manger, à boire et à ne rien faire. Confiant en Celui qui donne la pâture aux petits des chroniqueurs, je me disais : Dieu m'enverra quelque bonne idée pendant mon sommeil. Quand je me suis réveillé ce matin, j'ai constaté que Dieu ne m'avait rien envoyé du tout. Voyez-vous, le mieux est encore de chercher ses articles soi-même. J'ai rencontré mon ami Léo Lespès, à qui j'ai conté ma cruelle position.

— J'ai à faire pour ce soir mon courrier du *Soleil*, lui ai-je avoué, et je ne me suis pas suffisamment préparé à ce grand acte ; je n'ai plus qu'une espérance : c'est que le Seigneur, qui ne m'a pas envoyé d'idées, me frappe subitement de mort ou au moins de paralysie. J'aurais alors une excuse toute prête.

— N'y comptez pas, me répondit Lespès, avec la philosophie d'un homme qui a beaucoup vu et beaucoup observé. Le ciel est excessivement contrariant. Quelquefois, il supprime violemment un homme qui, ayant gagné la veille le lot de cinq cent mille francs de l'emprunt mexicain, ne demandait qu'à vivre. Mais jamais il n'a envoyé un coup de sang à un condamné à mort, qui l'aurait accueilli avec reconnaissance. Vous vivrez, et vous ferez votre chronique. Je suis loin de prétendre qu'elle sera bonne, mais vous la ferez.

J'eus alors la pensée coupable (que celui de nous qui ne l'a pas eue également me jette la première décoration), j'eus alors la pensée de servir à mes lecteurs un vieil article. J'avais, quelques jours auparavant, mangé chez un ami un excellent gigot et j'avais été vivement impressionné par ces mots du maître de la maison, disant à sa cuisinière :

— Augustine, avec les restes du gigot, auxquels vous annexerez quelques pommes de terre, vous pouvez nous fabriquer pour demain un miroton très-présentable.

Au moment où je retournais mon cerveau comme un gant pour y chercher un thème, le miroton de mon ami se dressa devant moi. Je réfléchis que moi aussi, en les accommodant avec des légumes de la saison, je pouvais offrir au public quelques tranches adroitement fricassées d'une chronique déjà parue. Après plusieurs minutes d'hésitation, j'abandonnai ce projet. Je pourrais dire que la voix de la conscience s'était fait entendre. Le fait est que j'eus peur d'être pincé par mon rédacteur en chef.

J'avais cependant pour ce rôle de journaliste fainéant une atténuation toute prête. Alphonse Karr a raconté comment, après la tentative insurrectionnelle de 1839, toutes les affaires politiques et commerciales avaient cessé en France parce que tout le monde cherchait Blanqui. Cette semaine, ce n'est pas Blanqui qu'on a cherché, ce sont les deux magnifiques lions en bronze de Barye qui, après avoir gardé pendant longtemps l'entrée du jardin des Tuileries, avaient disparu tout à coup. M. Ranc, un des rédacteurs les plus autorisés du *Nain jaune*, a ouvert une enquête et, après des recherches minutieuses, on a fini par découvrir ces deux chefs-d'œuvre dans la cour de l'appartement qu'habite le directeur des Haras. Quelques personnes se sont demandé quel rapport des lions, et surtout des lions en bronze pouvaient avoir avec des chevaux. C'est pourtant bien simple : le directeur des haras a eu probablement besoin de comparer leur crinière avec celle de *Gladiateur*. Peut-être aussi voulait-il les essayer comme étalons, et voilà pourquoi il nous en a privés, pour les mettre dans sa cour.

J'aime à croire que cette explication victorieuse satisfera tout le monde.

D'autres grincheux de la même famille se sont permis de trouver étonnant qu'on enlevât de temps en temps des tableaux de la galerie nationale du Luxembourg pour les placer dans la nouvelle collection du Corps législatif, laquelle n'est ouverte qu'aux députés et aux personnes munies de permissions spéciales.

On ajoute, il est vrai, que ces permissions ne seront jamais refusées à ceux qui exprimeront par lettres le désir d'en obtenir ; mais les grincheux qui sont rageurs, mais contribuables, répondent que le musée du Luxembourg ayant été payé sur leurs deniers, personne n'a la faculté de disposer de leur bien, même en faveur des députés. Je prendrai sur moi de leur répondre que des faits analogues se sont déjà présentés, notamment à propos du musée de Sauvageot qui, après avoir été donné par son fondateur au Louvre, c'est-à-dire à la nation, resta exposé environ un an et demi dans les appartements particuliers de M. le directeur des beaux-arts.

Un jour que j'étais allé pleurer sur quelques Rubens fraîchement nettoyés, je pris l'extrême liberté de demander à un des gardiens s'il n'était pas possible de voir le musée Sauvageot.

— Rien n'est plus facile, me répondit le gardien, écrivez à M. le comte de Nieuwerkerke une lettre dans laquelle vous solliciterez une carte d'entrée, et vous avez de grandes chances pour qu'elle vous soit envoyée au bout de quelques jours.

— Pardon, répondis-je avec déférence, mais avec fermeté ; d'une part, je croyais que le musée Sauvageot m'appartenait comme à tout Français, jouissant de ses droits civils, et je trouve insupportable qu'il me faille solliciter l'autorisation de venir regarder ce qui m'appartient. D'autre part, M. de Nieuwerkerke, que je ne connais pas et que je n'ai aucune envie de connaître, peut craindre avec quelque apparence de raison que je ne sois un homme mal élevé, capable de cracher par terre, de décrotter mes bottines sur la barre de son garde-feu, de salir enfin ses appartements, qui doivent être fort beaux, si j'en juge par le chiffre de son traitement. Je serais donc obligé de le rassurer par une lettre dans ce genre :

Monsieur le comte,

Ne vous ayant jamais été présenté, je suis obligé de vous apprendre moi-même que vous pouvez, sans aucun danger me recevoir chez vous. Il est très-rare que j'emporte les pendules des personnes à qui je rends visite. En outre, quoique légèrement enrhumé du cerveau, je vous promets de ne pas m'essuyer le nez sur les manches des personnes présentes.

Veuillez agréer, monsieur le comte, etc., etc.

— Vous comprenez, continuai-je en m'adressant toujours au gardien, combien ce panégyrique de mon propre individu répugnerait à ma modestie native. J'aime mieux attendre que le musée Sauvageot brille pour tout le monde.

Le *sol lucet omnibus* n'eut lieu que longtemps après. Et puisqu'on demandait dernièrement où étaient les lions de Barye, moi qui, alors que je débutais dans la vie par la rage des tableaux et des curiosités, ai beaucoup connu Sauvageot, je demanderai, à mon tour, où sont les belles armes que j'ai admirées chez lui, et parmi lesquelles se trouvait un glaive de justice d'un intérêt incomparable ? Ces armes, Sauvageot m'a dit lui-même en avoir fait hommage au Louvre, comme de tout le reste. Or, il m'a été impossible de les retrouver dans la collection. Il faut qu'elles soient bien mal placées, car j'ai eu beau chercher sur tous les meubles, et même dessous, il m'a été impossible d'en découvrir la moindre trace.

J'ai un tel sentiment de mon peu d'importance littéraire, que je ne nourris pas le plus léger espoir d'obtenir une explication à ce sujet. Peut-être serai-je plus heureux avec le danseur Donato, ce fantoche qui, ne pouvant spéculer sur ses perfections, s'est imaginé de spéculer sur ses infirmités.

C'est ainsi qu'après avoir vainement essayé d'obtenir en France un café-concert où il pût faire exécuter à son unique jambe un solo de mazurka, il se décide à venir agiter son jarret d'acier sous les quinconces du Casino d'Asnières. La nouvelle de cette rentrée n'est pas absolument un fait capital et elle m'eût laissé moi même assez froid, si elle n'avait donné lieu à l'annonce suivante, que j'ai lue et que je ne puis m'empêcher de considérer comme le fusil à aiguille de la publicité :

« *M. Donato, le seul danseur espagnol, qui n'ait réellement qu'une jambe, donnera prochainement au Casino d'Asnières plusieurs représentations chorégraphiques.* »

Il appert évidemment de cette affiche que des intrigants, des unipèdes non estampillés ont essayé l'un après l'autre de se faire passer aux yeux du public crédule pour le vrai Donato. Mais celui-ci les a arrêtés à leur premier entrechat et il nous avertit qu'il est le seul danseur doué d'une seule jambe. Ses contrefacteurs en ont deux. Peut-être même en ont-ils trois.

Je ne voudrais à aucun prix passionner le débat, mais je chercherais inutilement, pendant quinze ans, comment un homme, fût-il six fois Espagnol, peut arriver à convaincre le public qu'il n'a qu'une seule et unique jambe, lorsqu'il en a plusieurs. Où diable peut-il les fourrer pendant la représentation ? Ce n'est pas dans son chapeau, encore moins dans son estomac, et je ne vois que la jambe en argent du jeune prince de Hohenzollern qu'on ait la faculté de déposer au vestiaire. Les craintes de Donato, au point de vue de la contrefaçon, me paraissent donc chimériques. En outre, peu d'hommes, quel que soit d'ailleurs leur goût pour le quadrille, seraient disposés à se faire enlever un membre dans le but d'exécuter le cavalier seul. Le seul danger, un peu menaçant pour Donato, c'est que, beaucoup de jambes ayant été emportées dans la dernière guerre, les amputés n'aient l'idée de se former en un corps de ballet uniquement composé d'unipèdes, ce qui serait, du reste, le résultat le plus fructueux des derniers événements militaires.

XXXV

10 août 1866.

Maxima debetur puero reverentia. Je n'imiterai donc pas les personnages plus ou moins importants qui, en présidant les distributions des prix dans nos différents colléges, ont profité d'une solennité purement littéraire pour vous faire des discours politiques. Je trouve particulier, quand il nous est interdit de parler politique à des hommes, que des ministres se permettent d'initier aux choses gouvernementales des enfants qui n'y comprennent pas un mot ; un père de famille (*pater familiàs*) aurait, jusqu'à un certain point, le droit de se lever et d'arrêter l'orateur par cette interruption :

— Pardon, monsieur, je pense tout le contraire de ce que vous dites à mon enfant ; vous lui racontez que la France est heureuse et forte, moi je la trouve faible et malheureuse. D'ailleurs, comme je l'ai mis au collége pour qu'on lui apprenne le latin, et non pour qu'on lui donne des nouvelles de la guerre, je vous prie de vouloir bien passer à un autre sujet, ou je le retire incontinent.

Il est certain que plus tard, quand l'élève Baguenaudin ou Fadinard demandera l'autorisation de fonder un journal, il pourra victorieusement répondre à ceux-là mêmes qui la lui refuseront :

— Puisque vous ne voulez pas que je traite des questions politiques, pourquoi, quand j'étais au collége, en avez-vous traité devant moi sous prétexte de latinité ?

La première année de mon entrée au collége Saint-Louis (c'était sous Louis-Philippe), le ministre d'alors trouva moyen de lancer son petit prospectus. A propos du *de Viris*, de *Rosa*, la rose, et de *Musa*, la muse, il glissa dans son discours cette phrase qui frisait la propagande :

« Ne perdez pas de vue, jeunes élèves, la main auguste et tutélaire qui vous protége en même temps qu'elle vous indique la route à suivre. »

Dans ma profonde ignorance des discussions de la Chambre des députés, je demandai vainement à moi d'abord, à mes camarades ensuite qu'elle pouvait être cette main tutélaire qui nous protégeait, qui nous montrait la route à suivre et qu'il ne fallait pas perdre de vue. Je regardais autour de moi, en l'air et même sous la banquette, pour tâcher de découvrir cette main tutélaire. Ne pouvant y arriver, je rentrai dans mon for intérieur, et après un bon quart d'heure de réflexion, je me dis que la vieille bonne qui était chargée de me ramener le dimanche soir au collége, me protégeait en effet contre les voitures et qu'elle m'indiquait également la route à suivre, sans quoi je me serais indubitablement perdu dans les rues.

A partir de ce raisonnement je fus convaincu que la main tutélaire dont il avait été question dans le discours du ministre, était celle de ma bonne. C'est quelques années après seulement que ce souvenir m'étant revenu tout à coup, je compris qu'il s'agissait de la main de Louis-Philippe. Mais à ce moment la révolution de février était venue et avait ôté à la malheureuse phrase une grande partie de sa raison d'être. Je songeai dès lors que les ministres d'alors comme ceux d'aujourd'hui sont bien mal avisés de parler de mains tutélaires à des enfants qui sont exposés à changer ainsi de tutelle.

Si le jour de la distribution des prix on se met sur le pied d'indiquer aux fils de famille âgés de moins de onze ans, la voie politique qu'ils doivent choisir, il n'y a aucun motif pour qu'on ne pousse pas jusqu'à ses dernières conséquences cette éducation prématurée. Qu'on leur donne alors en prix la *Vie de lord Seymour* ou les *Mémoires de Casanova*, et que le jour de la distribution on leur tienne des discours comme celui-ci :

« Jeunes élèves,

« Cicéron est un grand homme, mais il y a dans les théâtres de Paris de bien jolies petites dames. Quand vous les voyez passer dans de belles voitures en compagnie de petits messieurs à l'air plus bête que méchant, vous croyez peut-être qu'elles sont mariées légitimement? Détrompez-vous, jeunes élèves; c'est à peu près comme si elles l'étaient, mais elles ne le sont pas. Il y a là une nuance légère au premier abord, mais à laquelle la société attache une importance considérable.

« En outre, jeunes élèves, s'il vous prend la fantaisie de vous égarer dans un cercle, et que vous remarquiez un monsieur qui tire subrepticement de sa poche un paquet de cartes qu'il place sans rien dire sur celles qu'on lui a remises, dites-vous hardiment que ce monsieur est un grec, et, autant que possible, évitez de le présenter à votre famille. Les Hellénistes ne sont pas d'accord sur l'origine du mot « grec », appliqué ainsi aux gens qui trichent au jeu, mais la question d'étymologie est secondaire. Ce qui est capital, c'est de mettre ces jolis messieurs dans l'impossibilité de retourner continuellement le roi.

« Il me reste, jeunes élèves, à vous parler des courses où vous êtes appelés à parier dans quelque temps. On vous dira que ce genre de plaisanterie a été institué dans le but d'améliorer la race chevaline. C'est un pur mensonge. Les courses ont été établies pour faire gagner de l'argent aux malins, et pour en faire perdre aux imbéciles. Ainsi, bon nombre de propriétaires engagent leurs chevaux dans une course sachant très-bien qu'ils ne gagneront pas. Ils se mettent alors à ponter contre eux-mêmes, ce qui n'est pas de la dernière délicatesse, quoique ce système soit pratiqué dans les meilleures sociétés.

« J'aurais encore, jeunes élèves, bien des choses à vous raconter relativement aux femmes entretenues, à la nourriture des restaurants et à la musique d'Offenbach, mais je réserve ces différents sujets pour l'année prochaine. »

(*Fanfare à l'orchestre.*)

A mon avis, il n'est pas plus permis d'initier les élèves de huitième à la politique qu'à ces mystères de la vie parisienne, à moins que nous ne convenions entre nous qu'il n'y a plus d'enfants. Or, comme il n'y a déjà pas beaucoup d'hommes, on finira par se demander de quoi se composent les habitants de notre belle France.

Je calomnie mon pays. Oui, on y trouve encore des hommes, ne fût-ce que M. Paulin Limayrac, qui a offert généreusement à l'honorable M. de Riancey cent mille francs, destinés à fonder un asile pour les pauvres. L'architecte serait déjà choisi. Et quelle exquise humilité ! comme la bienfaisance a des habiletés charmantes ! M. Limayrac aurait pu dire ouvertement, comme c'était son droit :

— Voici cent mille francs. Je désire qu'ils soient employés à la construction d'un établissement pour les pauvres.

Ne voulant pas laisser planer sur ses actes de haute charité le moindre soupçon d'ostentation, il a mieux aimé proposer un pari qu'il savait devoir perdre, et paraître donner de force ce qu'il offrait avec tant d'élan. Je me rappelle avoir vu souvent aux vitrines des marchands d'images la gravure d'un tableau où saint Vincent de Paul va, par un temps de neige, recueillir dans la rue les enfants abandonnés. Le saint a déjà deux ou trois nourrissons sur les bras, et en en voit en outre quatre ou cinq sur le pavé. Ce tableau m'avait toujours paru ridicule. Je me disais :

— Il est impossible que les enfants soient si souvent abandonnés, qu'on en trouve ainsi des demi-douzaines dans un seul carrefour. D'ailleurs, si en effet saint Vincent de Paul n'avait qu'à se baisser pour en prendre, comment se fait-il qu'on en rencontre si rarement aujourd'hui ?

Tout m'est expliqué maintenant. Nous ne trouvons plus de nouveau-nés dans les rues, parce que M. Paulin Limayrac se lève la nuit et va les ramasser. Du reste, les cent mille francs offerts à M. de Riancey répondent suffisamment à ceux qui ont toujours considéré les journalistes comme des réprouvés sans feu ni lieu. Il me semble qu'elle n'est pas absolument à dédédaigner cette profession qui permet à un homme de donner cent mille francs aux pauvres avec cette facilité et cette gentilhommerie. Quelle différence entre la conduite si discrète et si réservée de M. Paulin Limayrac et celle des marchands d'habits qui écrivent sur des affiches de sept pieds de haut :

ON OFFRE

CENT MILLE FRANCS

à celui qui prouvera que notre marchandise se vend meilleur marché dans un autre magasin.

Cependant, le public, qui ne comprend pas toutes les grandeurs d'âme, est surpris du silence obstiné que M. Limayrac continue à garder au sujet des cent mille francs. On disait même hier, dans les cercles, que mardi à minuit M. de Riancey n'avait encore rien reçu. Tel que nous connaissons M. Limayrac, cette accusation ne peut être que mensongère. Si M. de Riancey n'a pas encore reçu les cent mille francs, c'est qu'ils sont déposés chez un notaire. Toute la question est de savoir lequel. En tout cas si, ce qui arrive quelquefois, la calomnie disait vrai, il y aurait pour M. Limayrac un moyen de tenir sa parole sans écorner sensiblement son budget ; ce serait de porter les cent mille francs à destination, et d'aller immédiatement après, se faire inscrire au bureau de bienfaisance afin de rattraper, comme pauvre, une partie de ce qu'il aurait donné comme rédacteur en chef, en s'adjoignant dans ce rôle ses collaborateurs qui, vêtus de costumes de circonstance, iraient à la porte des principales mairies murmurer d'une voix chevrotante :

— Prenez pitié d'un pauvre père de famille qui n'a pas mangé depuis l'année dernière.

Peut-être récupérerait-il une respectable portion de la somme versée. Ce moyen est mauvais, mais il a pour lui d'être le seul.

XXXVI

13 août 1866.

Toute la semaine, l'ange de la faillite a plané sur nos têtes. Ce n'est pas la Belgique qu'on a annexée à la France, mais la France qui s'est elle-même annexée à la Belgique. Des journaux spéciaux parlent continuellement de notre prospérité financière. Je suis fondé à croire que la prospérité financière d'un pays se mesure au nombre de faillites qui s'y déclarent. Plus on dépose de bilans, plus le pays est heureux. Or, comme jamais les syndics provisoires n'ont autant travaillé, il est certain que nous devons être, cette année, infiniment plus heureux que l'année dernière, ce qui ne nous empêchera probablement pas, au train dont va le chemin de fer du Nord, d'être encore plus heureux l'année prochaine.

Les revues de fin d'année ne devraient avoir d'autre préoccupation que l'actualité la plus palpitante. Eh bien, vous verrez que pas un auteur ne songera à donner à la faillite un rôle digne d'elle. Les trois-quarts du temps tout le génie des vaudevillistes se borne à dire à une jeune fille, innocente, quoique ayant figuré au procès des douze vieilles femmes du mois dernier :

— N'oubliez pas que nous sommes dans l'île de la Parfumerie, et que vous jouez le rôle du Savon noir.

Ils pourraient cependant trouver dans les récents désastres le prétexte d'une scène bien autrement originale. La Faillite en robe vert pomme (les faillis ne vivent guère que d'espérance), appuyée d'un bras sur sa sœur la Banqueroute, et de l'autre sur son petit cousin le Concordat, viendrait devant la rampe amuser le public par des promesses fallacieuses, tandis qu'on verrait passer dans le fond du théâtre des hommes mystérieux qui, armés de sacs de nuit et cachés dans de fausses barbes, cingleraient vers Bruxelles.

Un monsieur délabré viendrait alors reprocher à la Faillite de l'avoir ruiné, et lui demanderait les moyens de sortir de cette horrible situation, en lui chantant sur un air de Barbe-Bleue, ces paroles qui y sont également :

> Madame, madame,
> Plaignez mon tourment, etc.

— J'ai trois filles, répondrait alors la Faillite à ce gémisseur : la première s'appelle *cinquante pour cent*. Elle est grassouillette, dodue, elle a la jambe ronde, la poitrine garnie, et peut faire parfaitement le bonheur d'un homme. La seconde s'appelle *vingt-cinq pour cent*. Elle est moins forte et moins plantureuse que son aînée ; mais enfin, avec de l'ordre, en mangeant peu et en vous couchant de bonne heure afin de vous lever plus tôt, vous pourrez encore joindre les deux bouts. La troisième est rachitique, tousse beaucoup, crache énormément, surtout en liquidation, et ne peut rien prendre, sans le rendre quelques heures après. C'est *cinq pour cent* qu'on la nomme. Laquelle des trois veux-tu épouser ?

— *Cinquante pour cent*, l'adorable *cinquante pour cent* ! s'écrierait le monsieur délabré.

— Tu l'en ferais mourir ! répliquerait la Faillite ; je t'offre *cinq pour cent* ; et estime-toi encore bien heureux, car je l'ai souvent refusée à des gens qui valaient mieux que toi. Quant à mes deux autres filles, *cinquante* et *vingt-cinq pour cent*, je les montre quelquefois, mais je ne les donne jamais.

Après ces paroles mémorables, le décor changerait brusquement et représenterait le *bal des faillis*, qui se terminerait par des flammes du Bengale et des différences à la Bourse.

Les auteurs n'en continueront pas moins à représenter le Savon noir dans l'île de la Parfumerie, sans vouloir comprendre que si cette fameuse prospérité financière ne s'arrête pas, un jour viendra où tout le monde aura fait faillite, et quand un commerçant persistera à payer ses règlements à bureau ouvert, on se répétera autour de lui en le regardant d'un œil plein de défiance :

— Voilà cinq ans qu'il est établi, et il n'a pas encore déposé son bilan une seule fois ! Cet homme doit être une canaille.

Le seul avantage incontestable des dernières catastrophes, c'est de rendre les jeux de Bourse de plus en plus impraticables. Aujourd'hui, quand vous perdez on vous prend votre argent, et quand vous gagnez on ne vous paye plus. Quelque place qu'un homme occupe parmi les potirons de son époque, il lui est impossible d'accepter une cote aussi mal taillée. Vous renonceriez promptement à toucher les cartes si, chaque fois que vous proposez un écarté, votre adversaire vous répondait :

— Je ne demande pas mieux, seulement je vous donne d'avance ma parole que, quoi qu'il arrive, jamais vous ne toucherez un sou de moi.

J'ai relu ces jours passés *Mercadet*. Ce prétendu faiseur est tout bonnement un saint. Si nous étions des gens de cœur, nous fonderions en son honneur une chapelle expiatoire, où nous irions à tour de rôle lui demander humblement pardon de la mauvaise réputation que nous avons tous contribué à lui faire. Aujourd'hui, quand un brasseur d'affaires manque de trois millions, c'est à peine si l'on dit qu'il est embarrassé. C'est seulement à vingt millions de déficit qu'il se décide à passer à l'étranger, et encore, à ce chiffre-là, il envoie à son cercle chercher sa queue de billard.

J'ignore combien de temps durera cette situation, mais je doute que la saisie du matériel de l'agence des Poules la modifie sensiblement. L'agence eût été interdite dès l'année dernière que le banquier Denechaux n'en eût pas moins emporté sa queue de billard. Essayer de sauver la société en supprimant les poules à cent sous, c'est tenter de guérir une sciatique avec un cataplasme de mie de pain. Quand vous aurez empêché un collégien de perdre quinze francs dans sa journée, la dignité nationale n'en sera pas relevée de beaucoup. Ces innocentes concessions à l'opinion publique effrayée, rappellent les économies des jeunes dissipateurs qui ont des appartements de 6,000 francs, des femmes de 60,000, des chevaux de 4,500 et qui, deux fois par an, se couchent à neuf heures du soir afin de ne pas user de bougie.

Les plaies financières et autres de la société moderne demandent à être brûlées non à l'alun, mais, au vitriol. Là peut-être gît la cause du demi-succès de la nouvelle pièce de madame George Sand et de son fils Maurice : *les don Juan de village:* Nous n'ignorons pas qu'il y a des villages, et nous admettons parfaitement que ces villages contiennent des don Juan, mais nos idées sont ailleurs. La saison des Champi est passée. Le peu de Berrichons que nous fréquentons encore, sont des paysans tellement pervertis qu'ils en remontreraient aux citadins. Les mots du terroir tels qu'à *la vesprée* et à *la revoyure* ont été généralement remplacés par : *et ta sœur?* On ne se doute pas du désordre que ce *et ta sœur?* a apporté dans nos habitudes de famille. Les passions calmes et les effets doux font maintenant partie du musée Campana. Il nous faut actuellement des situations qui tuent cinq spectateurs à la minute.

Les *Don Juan de village* n'en renferment pas moins plusieurs scènes charmantes qui eussent certainement porté sur des individus moins pressés d'aller savoir ce que la rente faisait sur le boulevard. La partie réussie de l'ouvrage a du reste été attribuée par tout le monde à madame Sand, et M. Sand le fils a naturellement encaissé toutes les observations et tous les reproches. Ce résultat était indiqué d'avance. Il y a même dans la conduite de M. Sand une preuve d'amour filial dont peu d'hommes me paraissaient capables. Supposez que demain Victor Hugo consente à faire un drame avec moi et que ce drame se trouve être un chef-d'œuvre, il est bien clair que Victor Hugo en aura toute la gloire et que les plus indulgents croiront faire beaucoup pour moi en me disant s'ils me rencontrent :

— Vous avez eu une fière veine de vous trouver dans cette affaire-là.

Les indulgents auront raison, et plus ils auront raison, plus ma position sera fâcheuse. Si M. Maurice Sand a appuyé de son nom celui de son illustre mère à seule fin d'attirer à lui l'orage en cas de succès contesté, il a réussi probablement au delà de ses espérances. Si, au contraire, il comptait sur la moitié du triomphe en prenant la moitié de l'affiche, il a fait un raisonnement essentiellement faux. La pièce fût-elle jouée trois cents fois, M. Maurice Sand n'en gagnerait pas un demi-mètre de valeur dans l'opinion du monde. En dehors, du reste, de l'immense disproportion qui existe entre l'une et l'autre comme situation littéraire, je trouve pour ma part un côté légèrement ridicule dans cette collaboration d'une mère et d'un fils. On a une peine extrême à se représenter celui-ci discutant avec celle-là sur la nécessité de faire entrer Delannoy par le côté cour plutôt que par le côté jardin. On se figure mal un homme reprochant à sa mère non de l'avoir trop gâté dans son enfance, mais d'avoir compromis le succès d'une œuvre commune, en persistant à maintenir la scène IV.

Le travail en outre doit être extrêmement ardu et pointilleux. Une mère ne peut se donner tort devant son fils, et la plus incroyable force d'esprit ne suffirait peut-être pas pour qu'elle consentît à s'avouer vaincue. Le fils pourrait immédiatement profiter de cette concession pour faire remarquer à sa mère qu'il a toujours eu la même pénétration d'esprit et qu'elle avait bien tort de le gronder étant petit lorsqu'il mangeait les abricots avant qu'ils fussent mûrs et les raisins quand ils étaient encore verts.

Entre nous, je crains que M. Maurice Sand ne fasse fausse route en essayant de continuer ainsi une dynastie aussi difficile à fonder en littérature qu'en politique. (Demandez à Soulouque, à Maximilien, et à la plupart des souverains.) M. Sand avait débuté par des tableaux, et surtout des dessins d'illustrations qui furent assez remarqués. Quel mauvais *conseilleux*, pour parler un peu berrichon, a pu le détourner de cette voie qui paraissait si bien être la sienne? Si j'étais le fils du Titien, je me ferais peut-être littérateur; mais quand on est le fils de George Sand, on ne saurait trop saisir l'occasion de se faire peintre.

XXXVII

18 août 1866.

Si des cinq cent mille cantates, qui nous rendront à jamais ridicules, il était sorti seulement un vers remarquable ou seulement une phrase musicale un peu réussie, je comprendrais qu'on persistât dans un exercice profitable à l'art français. Mais aujourd'hui, qu'après bien des expériences réitérées, il est bien et dûment établi que les auteurs et compositeurs les plus appréciés perdent subitement leurs facultés quand ils s'attaquent à la poésie officielle, je trouve que choisir dans l'année un jour spécial, pour étaler aux yeux du peuple, ce que nous avons de plus mauvais comme rime, de plus maigre comme pensée et de plus insupportable comme musique, est un singulier moyen de célébrer une fête nationale.

Par respect pour ceux mêmes que nous voulons chanter, il me semble qu'il serait urgent de rayer la cantate du programme de nos réjouissances. Si j'étais à la tête d'une grande nation, rien ne m'humilierait comme d'être obligé de me dire que les poëmes du *Châlet*, du *Pré aux Clercs*, du *Domino noir*, ont inspiré à mes compositeurs ordinaires des partitions adorables, et que les hémistiches scandés en mon honneur n'ont jamais pu évoquer que d'affreuses doubles-croches. Les hommes d'Etat, qui connaissent le cœur humain comme s'ils l'avaient fait, ont pensé que l'infériorité des cantates sur les autres morceaux de littérature, tenait en partie au module des médailles offertes en remercîment. Les récompenses ont donc été revues et considérablement augmentées. Rien n'y a fait. On a même remarqué que plus la médaille était lourde, plus la musique était difficile à digérer.

Si j'étais sûr d'enfanter une œuvre de la valeur de la *Marseillaise* ou seulement du *Chant du départ*, je me jetterais à corps perdu dans la cantate. Mais tout en consentant à passer pour un flagorneur, il me sourirait moins d'être en outre regardé comme un ramolli. De plus, on ne sait pas assez que ces poésies, quoique éminemment fugitives et anti-révolutionnaires, passent comme les autres ouvrages dramatiques devant la commission d'examen dont les membres sont salariés par l'État. Tout mot tiède, tout alexandrin à double entente est coupé ou redressé séance tenante.

— Avec quoi faites-vous rimer *France* ? vous demande la commission.

— Avec *souffrance*, répondez-vous, je suppose.

— C'est impossible, répond la commission, de toute éternité *France* a rimé avec *espérance*. Arrangez-vous pour que cette rime s'emboîte, ou nous interdisons votre machine. Maintenant quel est le mot qui correspond à *progrès* ?

— *Regrets*.

— Jamais de la vie. Nous vous permettons *congrès*, *agrès*, et même *engrais*. Quand à *regrets*, n'y comptez pas.

L'inspiration, qui est fantaisiste avant tout, s'accommode mal de ce baccalauréat ès-courtisannerie, et voilà pourquoi les cantates que nous avons entendues hier, valaient juste autant que celles de l'an passé, lesquelles ne valaient rien du tout comme celles de l'année d'avant.

Toutes les cantates, du reste, n'ont pas été mises en réserve pour le 15 août. On en chante depuis quelque temps un grand nombre en l'honneur de Jeanne d'Arc dont l'enthousiasme rouennais veut absolument racheter la tour.

En devisant l'autre soir avec Jules Noriac, nous nous demandions ce qui serait advenu si, au lieu de poignarder Marat, Charlotte Corday s'était laissé séduire par les charmes de sa conversation, et avait fini par lui offrir sa main. Je me demande aujourd'hui, où serait l'auréole qui entoure cette bergère si, au lieu de naître à Domremy, sous Charles VII, elle avait vécu au dix-neuvième siècle. Tous les matins, vers les sept heures, j'entends passer sous mes fenêtres, à la tête de son troupeau, une petite fille qui vend du lait d'ânesse aux égrotants du quartier. Qu'elle aille un jour trouver le ministre de la guerre, et qu'elle lui tienne ce langage insalubre :

— Votre Excellence serait bien bonne de me faire parler au souverain. J'ai depuis quelque temps des *voix* qui me conseillent fortement de lâcher mon lait d'ânesse pour me mettre à la tête d'une armée avec laquelle j'irais annexer les frontières du Rhin.

Vous n'aurez pas la mauvaise foi de le nier : cette pucelle de Belleville serait reçue avec tous les égards qu'on doit à la démence et envoyée d'urgence dans l'asile que M. de Riancey va prochainement faire bâtir avec les cent mille francs de M. Paulin Limayrac.

Nous retombons peut-être en enfance, mais à l'heure où j'écris nous ne sommes plus des enfants. Le moment est venu de déchirer les voiles, et de demander aux apparitions fantastiques leurs passe-ports et leurs extraits de naissance. Jeanne d'Arc gardant ses moutons dans les plaines de Vaucouleurs, et n'ayant jamais lu, puisqu'elle ne savait pas lire, l'école du fantassin non plus que celle du cavalier, il est certain que l'idée de faire lever aux Anglais le siége d'Orléans ne pouvait surgir dans son cerveau que si elle était hallucinée ou inspirée de Dieu. Si vous admettez l'inspiration divine, rien ne prouve que la petite fille aux ânesses, dont je parle plus haut, ne sera pas inspirée également, et vous devez, en conséquence, sous peine de vous déjuger, lui confier une armée pour conquérir le Rhin, comme Charles VII en a confié une à Jeanne d'Arc pour expulser les Anglais du territoire. Gagne, le bon prophète, qui court les bureaux de journaux en tournant sur lui-même, se dit aussi inspiré de Dieu. En songe-t-on plus à le nommer souverain-pontife en remplacement de Pie IX? Nous avons vu quelquefois des individus bien cocasses élevés à d'importantes fonctions, mais je ne crois pas encore Paulin Gagne mûr pour le souverain pontificat.

Au fond, personne en France ne croit que Jeanne a reçu de Dieu l'ordre d'aller combattre les Anglais. Pour admettre ces relations internationales, entre la créature et son créateur, il nous faudrait voir de nos propres yeux l'ordre en question, signé par le Seigneur lui-même; et, encore, demanderions-nous que la signature fût légalisée.

Incontestablement, rien n'est poétique comme cette jeune fille allant se jeter aux pieds du roi de France, qui la reçoit; ce qui, entre parenthèses, ne se ferait plus aujourd'hui, les souverains étant devenus inaccessibles depuis que tous les hommes sont égaux. Malheureusement pour le côté gracieux de la légende, la médecine, la science et le bon sens rangent tout simplement Jeanne d'Arc dans la catégorie des hallucinées ordinaires. Je suis allé un jour à la Salpêtrière et j'y ai assisté à une fête de famille qu'on y donne tous les ans et qui s'appelle le *bal des folles*. Parmi les aliénées, dont quelques-unes paraissaient plus raisonnables que moi, on m'en a montré un certain nombre qui avaient des *voix* absolument comme la vierge de Domremy. J'ai lu récemment un livre remarquable intitulé : *La Folie lucide*, dont l'auteur est le docteur Trélat, le savant aliéniste; le cas de Jeanne d'Arc s'y retrouve à chaque page. Voltaire, qui a eu le grand tort d'écrire contre elle un poëme insupportablement bête, a tout dit sur la paysanne de

Vaucouleurs excepté la seule chose qui pût véritablement nuire à sa mémoire, c'est-à-dire la vérité.

Entraînés par l'exaltation de cette jeune délirante, les Français d'alors, moins roués que ceux d'aujourd'hui, ont cru voir distinctement le doigt de Dieu sur cette bergère, et, comme rien, à la guerre, ne vaut la confiance, si ce n'est cependant le fusil à aiguille, ils ont accompli des prodiges. Mais de même qu'un visionnaire n'a pas la responsabilité morale du mal qu'il fait, de même il est injuste et même dangereux de lui tenir un compte trop sérieux des grandes choses que le hasard peut l'amener à accomplir. Le culte exagéré de Jeanne d'Arc est périlleux jusqu'à un certain point en ce qu'il représente, en somme, la glorification de la crédulité d'une époque, ainsi que l'encouragement à l'illuminisme et aux maladies mentales.

Rachetez, si vous voulez, la tour de Jeanne d'Arc (moi je n'en suis pas); mais rachetez-la au même titre que vous rachèteriez la tour de sœur Anne ou celle de madame Marlborough.

Peut-être dans le cours de cette discussion historico-médicale ai-je froissé quelques opinions, mais on a si souvent froissé les miennes qu'il est bien juste que je me venge sur celles des autres.

XXXVIII

20 août 1866.

Chacun prend son indignation où il la trouve : j'ai bondi comme un cheval de steeple-chase à la lecture d'une note onctueuse publiée par la plupart des journaux, et annonçant qu'en faveur des services rendus au catholicisme par M. de Montalembert, aujourd'hui très-malade, un bref spécial vient d'accorder à mademoiselle de Montalembert, religieuse recluse au Sacré-Cœur, l'autorisation de *sortir une fois par semaine* pour aller voir son père.

On ajoute que cette faveur est sans précédent, et que mainte famille a déjà sollicité en vain la permission de faire sortir d'autres jeunes recluses pour les conduire au lit de mort de leurs parents.

Voici donc qui est bien entendu ; nous avons en France des maisons spéciales où on enseigne aux jeunes filles qu'un des moyens les plus sûrs de plaire à Dieu, c'est de laisser mourir son père comme un chien, sans même chercher à savoir s'il succombe à un anévrisme ou à une fluxion de poitrine.

Toutefois, quand le moribond a rendu au catholicisme des services signalés, la supérieure du couvent dit à la demoiselle :

— On consent à ce qu'une fois par semaine nous vous rendions aux séductions de la société. Allez voir mourir monsieur votre père, et tâchez de ne pas prendre trop de plaisir à cette distraction toute mondaine.

Une histoire à ce propos :

Il y a quelques années logeait dans ma maison un brave maître d'écriture, l'honneur de la calligraphie. Malheureusement si l'honneur est une île où l'on ne peut pas rentrer, rien n'est plus simple que d'en sortir. Sa fille qu'il adorait, faillit avec un Don Juan, non de village, mais de boutique, et le résultat de cette faillite se manifesta par l'apparition soudaine d'un joli petit enfant, né beaucoup plus viable que la plupart des drames de la saison.

Le pauvre père, en proie au plus violent désespoir, mit, d'une main, l'enfant en nourrice, et, de l'autre, plongea sa fille mineure dans un couvent. Mais cet acte de haute tyrannie n'empêcha pas le malheureux professeur de dépérir à vue d'œil. C'est au point qu'un des locataires et moi nous allâmes trouver le commis *quem nuptiæ demonstrant*, et avec une éloquence que je tiens en réserve pour les jours où je serai membre du Corps législatif, je parvins, mon voisin aidant, à le convaincre de la nécessité où il était d'accorder à cette famille en pleurs (y compris le petit, qui criait toute la journée) une réparation... par les armes, à la mairie de son arrondissement.

La jeune fille sortit du couvent, épousa son vainqueur; l'enfant devint légitime comme un Bourbon, après avoir manqué de vivre bâtard comme un Clémenceau, et l'aventure finit par un bénissage général.

Tout ce que je vous raconte-là se relie à ce qui précède, en ce que, le jour de la noce, la mariée, qui avait dix-huit ans à peine, me donna sur son séjour au couvent des détails qui coïncident parfaitement avec la défense faite aux jeunes filles d'assister leurs pères moribonds. La première recommandation que lui fit la supérieure, ce fut d'oublier à tout jamais et de ne jamais chercher à revoir cet enfant fruit d'une faute dont elle devait maudire les causes et les effets. La pauvre jeune fille, qui s'était laissé séduire d'autant plus facilement qu'elle était plus innocente, essayait, dans l'espoir d'obtenir le pardon céleste, de penser à tout au monde, excepté à son bébé. Mais elle avait beau se frapper la tête contre les murs, elle nourrissait une idée fixe : c'était d'embrasser son petit et de savoir comment il était soigné en nourrice. Tous les matins elle demandait pardon à Dieu et à la supérieure d'y avoir songé toute la nuit, persuadée, d'après ce qu'on lui répétait continuellement, qu'elle aggravait considérablement sa faute en persistant à rêver à son enfant. Cette candide épouse avant la lettre, se levait quelquefois de son banc pour aller dire à la bonne sœur :

— Ma mère, je vois que je suis une criminelle tout à fait endurcie ; plus je vais, plus mon petit me trotte dans la tête.

— Il faut, en effet, que vous ayez une nature exceptionnellement perverse, répondait la supérieure. Dites énormément d'*Ave*, et vous verrez que ces idées coupables vous passeront peu à peu.

Mais les idées coupables ne passèrent pas, et la mariée, en achevant son récit, m'avoua que ce qui la réjouissait spécialement, dans son mariage, c'est qu'elle aurait désormais le droit de penser à son enfant sans offenser Dieu.

C'est alors que, me déguisant en missionnaire, je lui racontai à mon tour que Dieu n'est pas aussi inintelligent que le supposent les gens qui font profession de le servir. Je lui enseignai que la nature est une bonne grosse mère, qui n'entend pas malice, et qui ordonne à toutes les femmes de penser à leur progéniture, quelque illégitime qu'elle soit d'ailleurs. J'osai prendre sur moi de lui assurer que ces prétendus repentirs qui consistent à abandonner les pères qui meurent et les enfants qui viennent au monde, étaient aussi désagréables au Seigneur que les sacrifices humains et les auto-da-fé d'autrefois. Et je pensai que si nous envoyons souvent des Français prêcher dans les pagodes chinoises, nous aurions bien besoin que quelques Chinois vinssent prêcher de temps en temps dans les couvents français.

XXXIX

24 août 1866.

Les collégiens d'aujourd'hui sont décidément plus heureux que ceux de mon temps. Voilà qu'on les conduit aux bains de mer, quand c'est tout au plus si on nous conduisait aux bains de baignoire (trois ablutions par an, jugez dans quel état se trouvaient ceux qui étaient généralement privés de sortie). Une récente circulaire autorise maintenant les proviseurs à envoyer sur les bords de l'Océan, pendant les vacances, les élèves non réclamés par leurs parents. Ceux dont la santé est délicate, ajoute la circulaire, pourront même aller achever leur année scolaire dans les Pyrénées, dans l'Auvergne et en Suisse.

A l'époque où je mangeais du grec par la racine, je n'aurais pas hésité : j'aurais fait infuser dans ma timbale des pièces de cinq et de dix centimes, jusqu'à ce qu'il s'ensuivit le vert-de-gris nécessaire pour mettre mes jours en danger, afin d'être expédié mourant sur Étretat ou Cabourg-Dives. J'aurais avalé des cailloux gros comme le Grand-Hôtel dans l'espérance de faire croire que j'avais la pierre, et qu'il n'était que temps de me jeter dans un wagon en partance pour Vichy; j'ignore si les collégiens de la génération actuelle auront cette énergie ; mais, nombre de prisonniers simulant la folie pour se faire libérer, il est à craindre que les collégiens n'inventent des maladies, et au besoin ne se les donnent, pour avoir le droit d'échanger contre la plage de Trouville la cour de leur collège, qui n'est au résumé qu'une variété désagréable de Sainte-Pélagie, puisque le travail y est obligatoire.

Il est certain que les spectacles de l'Océan ne peuvent que solidifier la santé souvent délabrée des collégiens de Paris ; mais, à côté de ces spectacles-là, les bains de mer en fournissent d'autres qui presque tous gâteront le moral plus qu'ils ne rétabliront le physique. En coudoyant au Casino d'Étretat les demoiselles qui changent quatre fois de toilette dans la journée, qui portent des chapeaux de sergents aux gardes et des cannes de fermiers généraux, les élèves de cinquième se croiront en pleines *Métamorphoses d'Ovide*. Mais comme la jeunesse parisienne s'apprivoise facilement, il est probable qu'ils essayeront peu à peu de se mettre au diapason normal qui règne sur les côtes de France, et après avoir laissé partir des petits Vert-Vert, le proviseur verra rentrer des Fanfan Benoiton.

Il est fâcheux qu'on n'ait jamais su au juste quelle maladie guérissaient les eaux de Bade ; les lycéens se seraient tous précipités comme un seul homme sur la roulette, d'autant plus que Bade est à trois pas de la Suisse, qui est comprise dans le programme. Je suis, du reste, assez surpris que cette république n'ait pas été interdite à nos jeunes malades. L'auteur de la circulaire n'a probablement pas songé que la confédération helvétique est, depuis Guillaume Tell, inondée de journaux dont les moins subversifs suffiraient à empoisonner une âme française. Je supplie les autorités de mon pays, au nom de ce qu'elles ont de plus et de moins cher, de ne pas souffrir que des lectures dangereuses pervertissent des jeunes gens élevés jusqu'ici avec tant de sollicitude dans le respect de ce qui est méprisable et dans l'amour ce qui est odieux.

Tout ce que je souhaite, quant à moi, c'est que cette nouvelle mesure de salubrité donne un tel attrait à nos différents colléges que l'élève, contrairement à ce qui s'est pratiqué de tout temps, demande comme une grâce à sa famille d'y rester jusqu'à trente-cinq ans. Peut-être après avoir ainsi étudié la vie dès les premières pages de Burnouf, serait-il mûr en sortant pour le choix d'une épouse qui ne le forcera pas à plaider en séparation dès la seconde année. Car avec la pluie de sauterelles, il paraît que la séparation est en ce moment ce qui sévit avec le plus d'intensité.

J'ai causé tout un soir avec un aliéné dont la folie avait un caractère tout spécial d'originalité. Il s'imaginait que ses deux poumons ne pouvaient pas vivre ensemble. Vainement, disait-il, je fais tous mes efforts pour les raccommoder, ils passent leur temps à se battre dans ma poitrine, ce qui me cause des douleurs intolérables. Le poumon de droite entendrait peut-être raison, mais il n'y a rien à faire avec le poumon de gauche, qui est en état continuel d'insurrection.

Quand nous nous séparâmes, il me remit une pétition adressée au ministre de la justice, et dans laquelle il demandait que ses deux poumons fussent autorisés à plaider en séparation pour incompatibilité d'humeur. Je lui promis de hâter de toutes mes forces la solution de cet intéressant procès ; nous nous quittâmes dans les meilleurs termes, et, depuis ce moment, il lit tous les matins la *Gazette des Tribunaux* pour tâcher de savoir si l'affaire de ses deux poumons viendra bientôt.

Je me suis rappelé cette étrange scène en voyant dernièrement qu'un magistrat constatait avec les marques du plus profond regret que Paris était la ville de France, et même du monde, où l'on se séparait le plus. Ce berceau de la civilisation moderne fournit à lui seul plus de séparations de corps que cinquante départements réunis. Et les hautes classes donnent, insiste l'impitoyable statistique, les trois quarts du contingent. Quelques personnes s'étonneront de ce total, réellement exor bitant; elles auront bien tort; quand on songe aux mille et une occasions journalières qui font qu'à Paris, lorsqu'un homme possède une femme, il n'a plus qu'une idée, c'est de la quitter pour en choisir une autre, on est surpris au contraire que les quatre-vingt-neuf départements puissent suffire à battre en brèche le chiffre des séparations parisiennes.

Voici, en effet, par quel mécanisme, admirable dans sa simplicité, les hautes classes fournissent les trois quarts ci-dessus visés : Un jeune homme demande la main d'une jeune fille qui a une dot. Une fois le mariage conclu, le mari se sert de la dot de sa femme pour en entretenir d'autres, et quand la dot est mangée on se sépare. Ce n'est pas encore la province qui pourrait nous en remontrer à ce jeu-là.

Quelquefois le jeune homme a la fortune, et il épouse une fille sans dot, qui le trompe avec un photographe, et la séparation n'en est que plus urgente. Car si vous avez étudié le problème toujours palpitant de l'égalité entre les hommes, c'est surtout, vous devez le savoir, dans les questions d'amour qu'elle apparaît. Là est la revanche du pauvre et l'humiliation de l'aristocratie. Quand vous voyez passer en daumont une de ces femmes pavoisées, que leurs *suivez-moi jeune homme* n'empêchent pas d'être suivies par des vieillards, soyez sûr que sur son parcours se trouve un apprenti mécanicien ou un ouvrier serrurier qui peut se dire :

— Cette demoiselle diamantée qui laisse les barons dans l'antichambre et à qui les ducs payent tribut, comme aux temps féodaux, j'ai fait autrefois battre son cœur, aujourd'hui glacé comme le club des patineurs. J'ai cueilli son premier baiser sur sa lèvre qui est devenue une plate-bande; elle a failli avaler en mon honneur un demi-setier de laudanum, et peut-être à cette heure me regrette-t-elle encore.

C'est triste ou plutôt c'est juste, il faut que les jolis gandins s'habituent à cette idée qu'ils ont les détritus des amours les plus plébéiennes, et qu'ils sont les Lamartine d'Elvires qui, naguère encore, étaient quotidiennement rossées par des tourneurs en cuivre.

Oui, mon cocodès, sois bien persuadé que celle que tu entoures de respects et de cachemires; celle pour qui tu rédiges toute la journée des billets à ordre et à désordre, le jour où elle rencontrera le bon voyou, qui a le premier dénoué son foulard, elle te lâchera avec un entrain sans pareil pour aller raviver avec lui quelques souvenirs du passé. L'amour n'est pas comme la loi, il a des effets rétroactifs.

Cette concurrence t'humilie n'est-ce pas? tu te répètes que c'est impossible; que le tourneur en cuivre n'est pas beau; que ses ongles sont en deuil et que les tiens nagent dans le rose; que tu chantes *Barbe-Bleue* et qu'il en est à peine à *Fallait pas qu'y aille*. Toutes ces considérations ne t'empêchent pas d'être le très-humble serviteur du tourneur en cuivre ou de tout autre journalier. Ainsi tu as mené récemment ta folle maîtresse voir en avant-scène la reprise de *Salvator Rosa* et tu t'es inquiété pendant tout le spectacle de son agitation mal contenue. Tu t'es sans doute imaginé que ses coups d'œil ardents et ses sourires incendiaires étaient destinés à Mélingue? Tu te trompais, frère, ils s'adressaient au marchand de programmes.

XL

27 août 1866.

Si j'étais roi, je voudrais être détrôné. Je ne connais pas de position plus charmante que celle d'un monarque qui, forcé par l'armée ennemie d'abandonner son royaume, prend juste le temps de réunir un estimable magot, et va ensuite promener dans les pays voisins une infortune à la Daumont et une misère avec écurie, remise et livrée orange.

Tous le plaignent et tous devraient l'envier. On l'invite à dîner dans les cours étrangères, et, en le voyant redemander du perdreau, on dit qu'il supporte noblement ses malheurs. Le soir, il a la faculté d'aller entendre, au grand Opéra de la capitale où il campe, de l'excellente musique dans une avant-scène des premières louée spécialement pour lui; et les journaux de la localité lui consacrent des entre-filets dans ce genre :

« Le prince, récemment déchu, de Babouiningen, assistait hier à la première représentation d'*Un pied dans le crime*, la spirituelle comédie de MM. Labiche et Adolphe Choler.

Le prince de Babouiningen, qui parle parfaitement le français, a donné plusieurs fois le signal des applaudissements. »

Quand il a épuisé les nombreux plaisirs que la France peut offrir, il passe en Angleterre, où il recommence sa vie de Cocagne. Notez qu'il est dispensé de rendre les dîners qu'on lui offre, et que toutes les fêtes auxquelles il assiste sont pour lui des spectacles gratis. Il se trouve, de droit, raccommodé avec les plus acharnés de ses adversaires, car il en est de la royauté comme de la littérature ; moins on a de succès plus on a d'amis. Mais l'énorme supériorité qu'il possède sur ses confrères c'est qu'étant détrôné il n'a plus à craindre qu'on le détrône. Il se dit : C'est une affaire faite, je n'ai plus la moindre inquiétude sur mon avenir qui me tourmentait si fort avant les derniers événements.

Puisque les têtes couronnées ne cessent de répéter que le pouvoir est un fardeau, elles doivent être bien heureuses d'être allégées d'autant, et de pouvoir entrer dans la vie privée légères comme un jockey quand il vient de déposer le plomb réglementaire.

Tout ce que je dis là ne s'adresse, bien entendu, en aucune façon au prince de Crouy-Chanel, qui ne peut pas être considéré comme un roi détrôné, puisqu'il n'a jamais trôné nulle part. D'ailleurs, ce monarque de table d'hôte, qui passe son temps à prier, par lettres affranchies, l'empereur d'Autriche de vouloir bien lui remettre la Hongrie avec toutes ses dépendances, se trouve dans une situation réellement exceptionnelle. Si, d'ici à quinze jours, il n'est pas remonté sur le pavois de ses pères, il ne pourra plus règner qu'à la Cour d'assises. C'est, je crois, la première fois qu'un homme fait cette déclaration devant un tribunal :

— Monsieur le président, je suis accusé d'escroquerie ; mais, comme au premier jour je dois ceindre le diadème qui me rendra inviolable, je demande la remise à huitaine.

— Sire, lui répond en d'autres termes le président, que Votre Majesté me permette de lui faire observer que, sachant à quel point l'argent est le nerf de la guerre, elle s'est livrée dans ces derniers temps aux plus incroyables tripotages. Je suis donc dans la douloureuse nécessité de passer outre, et avec toute la considération que je dois à un souverain aussi légitime, de vous appliquer quelques respectueuses années de prison.

Il appartenait à ces temps excentriques de nous donner de pareils spectacles. Il est vrai que le prince de Crouy-Chanel aura toujours la faculté de se regarder comme un condamné politique, retenu dans les fers par la Sainte-Alliance. Personne alors ne l'empêchera de rendre des ordonnances, d'élaborer des lois sur la presse et même de distribuer des décorations hongroises aux dentistes qu'il daignera honorer de sa confiance. Si c'est inutile, ce sera au moins original. Nous avons eu des décrets datés de Moscou; ce sera la gloire de notre époque d'inspirer des décrets datés de Mazas.

Théodore Barrière l'a bien compris lorsque, dans la lettre placée en tête du *Voyage autour du demi-monde*, le nouveau et très-amusant volume de M. Victor Koning, l'auteur des *Jocrisses de l'amour*, dit brusquement à notre collaborateur:

« Qui êtes-vous, pour que j'écrive une préface à votre livre? Avez-vous été seulement condamné à mort?

Si jamais le prince de Crouy-Chanel met au monde un volume, il aura certainement droit à une préface; car, et ceci n'est point une basse flatterie, un homme qui flotte ainsi entre la couronne de Hongrie et les galères, vaut bien un condamné à mort.

Ma première idée, qui est toujours la bonne, avait été d'étudier le sujet du prix de Rome de cette année, *Thétis apportant à Achille les armes forgées par Vulcain*, au point de vue de l'actualité. Les princes dépossédés qui jonchent en ce moment le continent européen, m'ont détourné de mon projet, et je ne sais plus du tout à quelle transition me raccrocher. Nous avons pourtant en littérature des exemples de transitions célèbres. Une entre autres, que je n'oublierai jamais et qui sera l'éternel honneur d'une revue des Délassements-Comiques dont Ernest Blum qui, depuis, a monté en grade, était je crois, un des auteurs. A la suite d'un défilé très-mouvementé le compère s'écriait tout à coup :

— Assez! assez! je suis ahuri.

— A Uri, répliquait la fée, c'est en Suisse; voulez-vous que nous y allions ?

— Je veux bien, répondait le compère.

Le théâtre changeait immédiatement et représentait la Suisse.

Mettons donc si vous voulez que les élèves de Rome ont eu cette année comme programme *Thétis apportant les armes forgées par Vulcain au prince de Crouy-Chanel*, et demandons-nous pourquoi le conseil de l'Académie des beaux-arts persiste à faire croupir la jeunesse dans les fantasmagories mythologiques. Pourquoi toujours la *Belle-Hélène!* Que l'Institut essaye donc un peu de *Barbe-Bleue*. Ce système qu'on appelle classique, je n'ai jamais su pourquoi, attendu que la mythologie n'est qu'une variété de la féerie et que rien n'est moins classique que *Cendrillon*; ce système, dis-je, sert uniquement à parquer les élèves au milieu de personnages de convention, qui ne sont ni vivants ni morts. Il en résulte que l'Achille du premier prix a les yeux noirs, les cheveux longs et un teint de Mexicain, tandis que l'Achille du 1er accessit a les yeux bleus, les cheveux courts et le front peau de satin. En revanche, le second accessit offre à nos yeux surpris un Achille aux yeux verts comme une émeraude et au corps violet comme une améthyste. Si j'avais eu l'honneur de concourir pour le prix de Rome, je me serais régalé de peindre un Achille avec un nez à la Roquelaure, une bosse dans le dos et un œil plus petit que l'autre ; et si, ce qui est probable, le jury ne m'avait pas couronné à l'exclusion de tous les autres, je l'aurais sommé par devant les tribunaux de me prouver qu'en effet Achille n'était pas bossu et doué d'un nez à la Roquelaure.

Comme les membres de l'Institut n'en savent pas plus que

moi sur Achille, qui n'a jamais existé, ils eussent été inévitablement condamnés, ce qui m'eût fort réjoui.

Sans demander à ces messieurs de faire peindre aux logistes des potirons en décomposition, il me semble qu'il serait temps d'initier un peu nos artistes à la vie réelle. Dès que ces courageux jeunes gens veulent représenter seulement un canonnier à cheval, il se voient obligés de recommencer leurs études de fond en comble. Est-ce qu'il n'y a pas dans le moyen-âge et même dans l'histoire toute moderne des situations susceptibles de remplir une toile. On croirait que l'Institut a peur que ses élèves ne remuent des idées. Il en faut cependant, et ce n'est pas vous qui nous en fournirez, puisque vous n'en avez pas. Quel inconvénient trouveraient les jeunes vieillards qui composent la section de peinture à ce qu'on donnât aux concurrents des sujets comme ceux-ci :

« Le neuf Thermidor. »

« Au fond, dans une tribune, M. Arsène Houssaye offre un verre de limonade à madame Tallien. »

Si vous craignez de réveiller les passions révolutionnaires, vous changez le lieu de la scène, et vous proposez ce programme :

« Abd-el-Kader ayant envoyé ses deux fils à Mabille, ceux-ci font faire par leur interprète leurs sincères compliments à mademoiselle Trombolina. »

Les époques et les personnages étant connus, au moins aurait-on une base pour apprécier la ressemblance et la couleur locale. Mais il faudrait pour cela chercher, s'ingénier, lire les journaux. Or, l'Institut ne lit pas les journaux, et il a peut-être raison, car on n'y parle guère de lui que pour en dire pis que pendre.

XLI

31 août 1866.

Mon dernier article sur les détrônés de 1866 me vaut une lettre à cheval qui ne peut venir que d'un souverain mis à pied. Mon correspondant me reproche, avec une hauteur qui rappelle les derniers mâts de cocagne, de traiter avec ce sans-gêne d'aussi grandes infortunes. Je ferai d'abord remarquer à l'anonyme à qui j'ai déplu que mon sans-gêne, à l'égard des princes d'Allemagne, est amplement justifié par le peu de ménagement qu'ils ont toujours mis à me ratisser mes florins chaque fois que j'ai eu le tort d'honorer leur roulette de ma confiance.

Je ferai remarquer, en outre, que les situations qu'on est habitué à qualifier de grandes infortunes, me laissent extraordinairement calme. Quand j'apprends qu'une femme qui gagne trente-cinq sous par jour est obligée de passer deux nuits sur quatre à travailler, sans feu l'hiver, pour nourrir ses trois enfants, je m'écrie :

— Voilà une grande infortune !

Mais quand je vois de grosses larmes rouler dans les yeux de l'*Agence Havas* parce qu'un monsieur, par suite de circonstances à aiguille, ne va plus toucher que deux cent mille francs par an au lieu de trois cent mille qu'il percevait par mois, l'unique sentiment qui se fasse jour chez moi, c'est celui d'une hilarité prolongée.

Comment, d'ailleurs, voulez-vous que ces infortunes, dont la grandeur m'échappe, soient prises au sérieux par âme qui vive, lorsque toute la résistance du vaincu consiste à sauver d'abord ses bouteilles de vin, et la stratégie du vainqueur s'applique surtout à les prendre d'assaut et à les boire.

L'instance qui se poursuit en ce moment dans la gare de Strasbourg, au sujet des alcools du duc de Nassau, promet même d'égaler en intérêt le procès des Thugs. Si j'étais appelé à me prononcer dans cette affaire (pas celle des Thugs), je ne pourrais m'empêcher de reprocher au vainqueur son manque absolu de générosité. Prendre les États d'un voisin, c'est grave, mais ça se fait, il n'y a pas à discuter les usages; seulement, après l'avoir mis nu comme un petit saint Jean, ne pas même lui laisser le vin nécessaire pour noyer ses chagrins, c'est pousser le rigorisme à ses plus extrêmes développements. Si on lui demande le vin qui se trouvait dans ses caves au moment de son départ, et qu'il a envoyé en consignation à Strasbourg, dans l'intention possible de s'établir un jour à Bercy, il n'y a aucune raison pour que les commissaires prussiens ne lui adressent pas cette nouvelle réclamation :

— Quand nous avons pénétré dans votre salle à manger, nous avons parfaitement aperçu sur la table un restant de gigot, qui a disparu depuis. Veuillez nous le faire remettre avec le manche qui est probablement en argent, ou nous plaidons jusqu'à la consommation des siècles, des duchés et des gigots.

En attendant le procès du gigot, nous avons celui des bouteilles de vin. Je serais assez curieux de savoir quels seront les moyens de défense du duc de Nassau. A sa place je déclarerais audacieusement que ce sont mes bouteilles qui se sont enfuies de leur propre mouvement, préférant l'exil à la honte d'être vidées par les annexionnistes. Malheureusement la Prusse, pour lui retorquer l'argument, serait capable de demander qu'on fît voter les bouteilles de vin,

Si tel est, mon cher correspondant, l'ensemble des opérations que vous appelez de grandes infortunes, il faut que la nature ait distillé à votre intention un triple extrait de sensibilité. Vous me rappelez ce jeune homme de la campagne qui, étant allé voir le *Chapeau de paille d'Italie*, pleura abondamment pendant les deux tiers de la pièce. Quant on lui demanda les motifs de son chagrin, il répondit que l'entrée de Grassot avec des souliers trop petits lui avait causé une émotion extraordinaire, attendu qu'ayant lui-même les extrémités très-sensibles, il ne pouvait voir, sans s'attendrir, quelqu'un souffrir des pieds.

Si j'avais sur moi des compliments de condoléance, je les adresserais plutôt aux professeurs de géographie qui se voient obligés, à la suite des bouleversements européens, de refaire continuellement leurs études et celles de leurs élèves. Je défie l'Observatoire lui-même de me dire, à première réquisition, quelles sont maintenant les bornes de l'Autriche et celles de la Bavière. Je ne sais pas jusqu'à quel point les collégiens ne seraient pas en droit de refuser désormais d'étudier une science qui change tous les jours, et de se truffer le cerveau d'un tas de noms propres qui disparaissent dans la nuit.

J'ai dîné l'autre jour à la même table qu'un petit garçon qui avait eu à sa pension le prix d'histoire et de géographie. Cette haute distinction lui avait été accordée à la suite d'une composition remarquable où il avait décrit à une demi-lieue près, l'étendue des Etats qui composaient la Confédération germanique, les productions, les mœurs, les délimitations territoriales et, je crois, les noms des souverains gouvernant lesdits Etats. Quand j'ai appris à cet intelligent petit bonhomme qu'il n'y avait plus de Confédération germanique et que le duc de Nassau était à Strasbourg en train de coller son vin, il s'est mis à pousser des cris effroyables. Il était convaincu que sa composition allait être déclarée, par le conseil académique, nulle et non avenue, et quoi que nous ayons fait pour le rassurer, dès qu'on sonne, il s'imagine que ce sont les Prussiens qui viennent lui reprendre son prix.

Cette situation est du reste, à peu de chose près, celle de Richard Wagner qui, ne sachant plus à quel pays il appartient, se décide, assure-t-on, à se réfugier en France où il doit revenir prochainement armé de son *Lohengrin* qui sera vraisemblablement joué cet hiver à l'Opéra. Richard Wagner, qui a été jadis condamné à mort en Saxe comme conspirateur, a été exécuté à Paris le soir de la première représentation du *Tannhauser*, mais j'ai toujours eu l'idée que cet égorgement servirait un jour de pendant à l'affaire Lesurques, et que la réhabilitation n'était pas loin. Mme de Metternich, dont on décrit constamment les robes dans les journaux, a seule protesté contre le tumulte, et je suis convaincu que son courage dans cette circonstance lui sera compté au jour du jugement beaucoup plus que ses toilettes. En effet, j'ai entendu en Allemagne plusieurs morceaux détachés de cette partition sitôt livrée aux étrangleurs de l'Inde, et tous m'ont paru excessivement remarquables. Je ne parle pas de la fameuse marche qui est un chef d'œuvre reconnu, coté et contrôlé, ce qui est déjà bien joli après une chute, étant donné tant de succès dont il ne reste rien du tout. Mais si vous faites observer à ces êtres insupportable qu'on nomme des *dilettanti* que telle partie du *Tannhauser* est très-belle et que telle autre n'est pas mal non plus, il vous répondent volontiers :

— Je ne dis pas non, il y a un superbe quatuor à la 7e scène, l'air de bravoure a un caractère tout à fait grandiose et le finale du troisième acte a une tournure magnifique, mais l'ensemble est impossible.

Ce qui me laisse croire que, malgré l'impression première des dilettani en question qui ont sifflé *Guillaume Tell* et chuté la *Traviata*, Richard Wagner pourrait bien être un musicien d'un ordre supérieur, c'est que je connais peu d'opéras dans lesquels on puisse signaler plus de quatre ou cinq beaux morceaux. Wagner n'a pas seulement mes sympathies parce qu'à une époque où tant de musiciens sont décorés, ça vous change un peu d'en voir un condamné à mort, non; laissez bouillir le mouton, comme disent les gens mal élevés, il est très-possible que le *Lohengrin* déchire d'un seul coup d'archet toutes les caricatures qui ont circulé sur le *Tannhauser*. J'en serais, quant à moi, d'autant plus heureux que ce serait pour mes concitoyens la deux cent mille et unième occasion de répéter le : *Je ne sais qu'une chose, c'est que je ne sais rien*, du frère Socrate, l'inventeur du palais de cristal.

XLII

3 septembre 1866.

« On annonce le départ pour Cayenne de vingt-huit jeunes filles, bien constituées, tirées de la maison centrale de Clermont (Oise). Quelques-unes sont particulièrement belles. On se propose de les unir aux forçats qui se seront fait remarquer par leur bonne conduite. »

Cette note est un poëme épique. J'aurais pensé à tous les moyens de récompenser la bonne conduite excepté à celui-là. Quelle douce émotion en effet doit envahir le cœur d'un célibataire à qui ses chefs immédiats viennent dire un matin :

— Nous sommes contents de vous, aussi allons-nous vous octroyer en légitime mariage une jolie petite voleuse qui donne les plus belles espérances.

La note néglige de nous apprendre si les forçats auront le droit de choisir dans le corps d'état qui leur sourirait le plus. Il est très-possible, en effet, que le futur préfère une banqueroutière ou une faux-monnayeuse. L'amour, on le sait, a d'insondables mystères. D'autre part, les femmes qui font partie du train de plaisir peuvent se monter la tête en France pour un condamné célèbre, et une fois arrivées là-bas éprouver une déception cruelle en voyant l'individu; pour une, qui s'écriera, lorsqu'elle apercevra son promis :

— Ah! tu es bien l'incendiaire que j'avais rêvé!

Dix autres peut-être déclareront qu'elles aiment mieux entrer au couvent que d'épouser celui qu'on leur présente. Que se passerait-il cependant si, après avoir fait le voyage d'Amérique aux frais de l'État, les jeunes fiancées, une fois devant M. le maire de Cayenne, prononçaient, au lieu du « oui » fatal, un « non » bien articulé. Le maire aurait beau répéter sur tous les tons :

— Vous avez tort, vous seriez très-heureuse avec cet homme-là; vous ne seriez pas tourmentée par la famille, puisqu'il est ici pour avoir tué son père et sa mère. Vraiment votre résistance est incompréhensible; qu'est-ce qu'il vous faut donc?

Il aurait beau lui représenter que, dans la position où elle est, une alliance avec les Montmorency serait bien difficile à emmancher; si la mariée persiste dans son abstention, la loi est formelle, même quand les fiancés sont détenus, il faut que leur consentement soit libre.

L'administration doit avoir ainsi dans ses cartons un certain nombre de galériens qui ne sont pas de défaite, et ceux même qui, à une conduite exemplaire, joindront quelques avantages physiques, est-ce leur préparer un bien heureux avenir que de les condamner au mariage qui, considéré à Cayenne comme une récompense, a toujours passé à Paris pour une punition? Raisonnablement les couples les plus favorisés ne peuvent espérer avoir à leurs soirées qu'un monde très-mêlé. Peu d'honnêtes gens auront assez de force dans le caractère pour se rendre à des invitations comme celle-ci :

« Monsieur et madame Collignon prient M... de leur faire l'honneur de venir passer la soirée chez eux le jour de la Saint-Lazare.

« On jouera du Schubert. »

Mari et femme n'auront guère d'autres distractions le soir à la veillée, que de se raconter mutuellement leurs petits crimes d'autrefois.

— C'était le bon temps, se diront-ils en tisonnant, mais quoi! on ne peut pas être et avoir été.

Jusque-là, le mariage peut encore être regardé comme une récompense, mais on ne me paraît pas avoir songé suffisamment à la situation difficile des enfants qui naîtront de ces époux trop bien assortis. D'abord est-il humain que ces petits êtres qu'on ne peut élever qu'à l'aide des paroles les plus douces, des noms les plus tendres et des soins les plus continus, soient exposés dès leur naissance à des brutalités impossibles à prévoir, brutalités dont les fils d'ouvriers ne sont pas eux-mêmes toujours exempts, et qui déshonorent la nation française, la seule qui ait conservé l'ignoble habitude de frapper les enfants?

Quelles journées heureuses passera un petit garçon né à Cayenne quand il aura appris que sa maman a été condamnée jadis pour infanticide. Chaque fois qu'elle fera le geste de couper un morceau de pain, le pauvre petit sautera par la fenêtre croyant que sa dernière heure est arrivée.

Et, plus tard, comme il sera flatté d'apporter au prêtre qui présidera à sa première communion un acte de naissance qui établira qu'il est né d'un père forçat et d'une mère réclusionnaire. C'est, il me semble, une terrible responsabilité à encourir que de jeter dans la circulation de pareils états civils.

Supposons-nous dans vingt ans d'ici; que répondrait la société à un jeune homme qui viendrait lui dire :

— J'ai demandé de l'ouvrage partout; mais quand on a su que j'étais le fils de deux criminels, on n'a voulu de moi nulle part. C'est vous, société, qui m'avez forcé à naître en donnant ma mère pour épouse à mon père. En conséquence, non-seulement vous êtes obligée de me fournir du travail, mais comme je ne suis pas coupable des fautes de mes parents, vous êtes encore tenue de me procurer de la considération.

La société ferait probablement une pirouette et passerait à d'autres exercices, mais pirouetter n'est pas répondre.

L'abbé Clergeau l'a bien compris lui ; aussi, au lieu de se laisser prendre et envoyer à Cayenne, où il eût été peut-être obligé de violer, comme condamné, le vœu de célibat qu'il avait fait, comme prêtre, est-il parti subitement pour l'étranger, en allégeant ses actionnaires de la *Société des bonnes œuvres* d'une somme de cinq millions qui les gênaient, il faut croire, et qui les gêneront bien davantage, maintenant qu'ils ne les reverront plus. J'ajouterai que les porte-monnaie compromis dans cette culbute ne m'inspirent aucune pitié. En effet, cette société dite *des bonnes œuvres* était tout simplement une banque qui promettait aux petits capitaux des intérêts disproportionnnés. Le titre qui était donc déjà un spirituel mensonge aurait dû éclairer les participants à des combinaisons désavouées par la morale :

— L'abbé Clergeau, il est vrai, peut répliquer que ladite société a été réellement une bonne œuvre pour lui qui a récolté cinq millions : mais cette interprétation n'aurait sans doute pas plus de succès que l'argumentation du dentiste qui arrachait en plein vent les dents sans douleur, et, quand on lui faisait observer que ses victimes poussaient pendant l'opération des cris épouvantables, répondait tranquillement :

— Elles poussent des cris, c'est vrai ; mais ce sont des cris de joie.

L'abbé Clergeau n'en est pas moins parti, comptant sur la charité chrétienne pour consoler ceux qu'il a dépouillés. Il s'est probablement tenu, avant de s'exiler, ce raisonnement où éclate à la fois la logique et la confiance en Dieu.

— S'ils meurent de misère ici-bas, le Seigneur les récompensera là-haut.

Voilà comment les hommes intelligents profitent de tout, même de l'immortalité de l'âme, pour imposer silence à leurs scrupules.

Au reste, on doit s'estimer trop heureux aujourd'hui quand une industrie qui tombe en faillite ne saute que de vingt millions. C'est peu, effectivement, pour la *société des bonnes œuvres*, au prix où est le beurre et où sont les pédicures. On est épouvanté en songeant que celui de Mlle Léonide Leblanc lui demandait pour quelques mois de collaboration la somme de douze cents francs. A la place de Mlle Léonide Leblanc, dont la beauté et le talent se confondent dans l'esprit public, il me semble que j'aurais hésité à apporter mes pieds devant un tribunal. On cherche naturellement quelles énormités cet homme a eu à extraire pour avoir osé présenter une note de douze cents francs. Mais pour douze cents francs on a un jardinier à l'année et on lui fait défricher une forêt.

Ah! messieurs les fournisseurs, vous allez bien! et vous, jeunes dames des quatre saisons, vous n'allez pas mal non plus. Je prévois le jour où il vous faudra autant de protecteurs que vous avez d'ongles à soigner. L'un s'occupera de payer le pédicure, l'autre le manicure, le troisième le coiffeur, le quatrième le dentiste. Un homme ne sera pas assez riche pour s'offrir à lui seul une femme tout entière. On se partagera vos petites personnes comme on se partage un perdreau dans un dîner. Arthur aura l'aile, Gustave la cuisse, Léopold la tête et Cyprien la carcasse. Et encore plus d'un sera-t-il obligé d'offrir à un ami la moitié de son lot. Le perdreau est une chose excellente, surtout en temps prohibé, mais douze cents francs la portion, il faut avouer que c'est raide.

XLIII

7 septembre 1866.

Je suis devenu insensiblement le marquis de Bièvre de la presse non cautionnée. Je ne peux plus déclarer dans une chronique que je n'aime pas les épinards sans qu'on se demande dans les kiosques quel sens caché peut bien renfermer cette affirmation hardie. On se dit tout bas :

— Épinards est évidemment mis là pour graine d'épinards, ce qui signifie, en d'autres termes, qu'il n'éprouve aucune sympathie pour nos héroïques soldats.

Et si le lendemain j'ai la chance de rencontrer un homme en place, il m'aborde avec ces mots :

— Vraiment, vous allez trop loin. Hier encore vous avez publié contre l'armée une véritable diatribe.

J'ai beau jurer sur la tête et sur le ventre des ambassadeurs japonais que les épinards sont seuls en cause.

— Avec ça qu'on ne vous connaît pas, me répond mon interlocuteur avec le froid sourire du sceptique. Dans un moment comme celui-ci, vous êtes bien homme à parler légumes.

Voilà ma situation ; elle est horrible ; mais la voilà. Je viens de lire dans une publication ravissante, éditée par Hetzel, le *Magasin d'éducation et de récréation*, un conte de fée adorable signé P.-J. Stahl, et intitulé la *Princesse Ilsée*. Je consens volontiers à la raconter à mes lecteurs ; mais la plupart d'entre eux ayant passé l'âge de la première communion, auraient le droit de réclamer une nourriture moins anodine. Des amis m'ont fait observer que ce qui me tuait c'était mon insupportable manie de dire ce que je pense. J'avais cru jusqu'à ce jour que sous peine de passer en jugement pour tromperie sur la nature de la marchandise, j'étais engagé dans un journal pour exprimer mes idées à moi et non celles des autres. Je me rappelle être entré un jour chez un quincaillier pour acheter un cadenas.

Il ne nous reste plus de cadenas, m'a répondu le quincaillier, mais si vous voulez louer une maison de campagne, nous vous en offrons une charmante dans les environs de Bellevue.

J'ai été fort surpris, et je me serais fait un scrupule de causer le même étonnement aux abonnés du *Soleil* en leur livrant tout le contraire de ce qu'ils venaient chercher chez moi. Mais on m'a fait comprendre que le commerce des lettres n'était pas comme celui de la bonneterie, et qu'au contraire un écrivain était d'autant mieux vu qu'il servait au public une marchandise plus frelatée.

Mon Dieu ! je ne suis pas autrement obstiné. Du moment que la vérité déplaît dans les kiosques, je me sens parfaitement de force à y substituer de gros mensonges. Le moment me paraît d'ailleurs arrivé de me *faire bien venir*, comme on dit en français de cuisine. Un directeur de théâtre reprochait à un jeune auteur de ne pas avoir intrigué suffisamment sa comédie.

— J'ai dépensé tant d'intrigue pour la faire recevoir, répondit le débutant, qu'il n'en est plus resté pour la pièce.

Je vois clairement que ce garçon était dans la bonne voie, et je creuse déjà le plan d'un petit livre où l'art de réussir dans le monde sera traité sous toutes les faces, et que je destine à mon usage personnel sous ce titre plein de promesses :

LE MANUEL DE L'INTRIGANT.

1° Si vous avez envie d'entrer en qualité d'employé dans un ministère, au lieu d'écrire la lettre d'usage.

« Monsieur le Ministre,

Ma famille, mes goûts, mon éducation, tout me pousse à solliciter de Votre Excellence une place de surnuméraire dans l'administration qu'elle dirige avec tant d'éclat. »

Vous sollicitez une audience du ministre lui-même, et une fois dans son cabinet, vous lui tenez ce langage :

— Excellence, il y a un an bientôt, vous aviez bien voulu me faire promettre une place. Il y a six mois environ, vous avez renouvelé cette promesse. Ne pensez-vous pas aujourd'hui qu'il soit possible de la mettre à exécution?

Un ministre a toujours promis un grand nombre de places. Il se dit : « Tiens! il paraît que j'en ai fait espérer une à ce monsieur, » et dans la crainte de passer pour un homme léger, il la lui donne, après lui avoir répliqué gracieusement :

— Je ne vous avais pas oublié, j'allais même vous écrire.

2° Si vous grillez de vous faire recevoir un vaudeville en un acte, gardez-vous de le déposer naïvement chez le directeur, qui ne le lit pas ou qui le fait examiner par un galfâtre. Allez simplement le trouver et dites-lui avec toutes les apparences d'une violente colère :

— Monsieur, j'ai déposé chez vous, il y a six mois, le manuscrit d'une comédie en cinq actes, dont le sujet est textuellement celui de *Nos bons Villageois*, la nouvelle pièce de M. Sardou. Il est évident, pour tout homme impartial, que vous avez communiqué mon œuvre à M. Sardou, qui se l'est appropriée. Du reste, ce n'est pas la première fois que vous vous livrez à ce commerce. Aussi mon intention est-elle de vous citer devant les tribunaux, en détournement de manuscrit. Je demande vingt et un mille francs de dommages-intérêts, à moins que vous ne m'offriez une compensation immédiate, comme par exemple de me recevoir mon petit acte, le *Nouveau Britannicus*, que j'ai écrit en collaboration avec Bourtibourg, un homme inconnu, mais plein de talent.

3° Au cas où vous craindriez que, malgré cette manifestation comminatoire, le directeur refusât obstinément le *Nouveau Britannicus*, changez vos batteries, et, vous présentant à lui d'un air dégagé, annoncez-lui que sur le conseil d'Émile Augier vous lui apportez un acte dont le succès n'est pas douteux.

— Au reste, ajouterez-vous, ne vous inquiétez pas des petites imperfections que vous pourriez y trouver, Dumas fils m'a formellement promis de revoir la pièce et d'y donner un dernier tour de main.

4° Si vous convoitez les faveurs d'une de ces créatures délicieuses sous tous les rapports et spécialement sous les rapports intimes, faites semblant de la regarder comme une honnête femme. Même quand vous liriez écrit sur son chapeau : *petite dame prenant des voyageurs en route*, abondez dans son sens lorsqu'elle vous raconte qu'elle va tous les samedis au faubourg Saint-Germain faire un bésigue avec la comtesse de B.., et que, pas plus tard que le matin même, l'ambassadrice de Norwége (sa camarade de pension) lui a dit à déjeuner :

— Ma chère, je ne sais pas où tu prends ton ballon, mais tu en as comme pas une.

5° Quand vous tenez une idée susceptible de tenter un de ces gros capitalistes qui n'ont rien dans les mains, mais qui ont quelque chose dans les poches, ne commettez pas l'imprudence de la lui développer sans autre préambule. Commencez votre explication par le prologue suivant :

— Vous m'avez parlé l'autre jour d'un projet merveilleux. J'y ai songé depuis, et je crois qu'en l'améliorant dans le sens que je vais indiquer, il y a tout bonnement sa fortune à faire. Au reste, je n'ignore pas que l'idée vous appartient, et si je l'ai approfondie, c'est qu'elle m'a paru exellente.

6° Si vous avez formé le noir dessein d'emprunter de l'argent à quelqu'un, n'allez pas crier misère à sa porte, en vous plaignant de la difficulté de parvenir. Déboulez un matin chez lui tout effaré, frappez-vous la tête contre le bois de son lit, puis annoncez lui que vous aviez cent cinquante mille francs placés chez le banquier Denéchaud, et que la fuite subite de celui-ci vous met momentanément dans le plus cruel embarras.

En général un homme qui est parvenu à placer cent cinquante mille francs quelque part inspire toujours une certaine considération.

Il y a ainsi dans mon *Manuel de l'intrigant* une quarantaine d'articles qui suffisent largement à édifier le bonheur de celui qui voudra se donner la peine de les apprendre par cœur. Quant à moi je suis résolu, à partir d'aujourd'hui, à n'avoir plus dans la vie d'autre guide-âne. Mes lecteurs sont avertis maintenant qu'il n'y aura plus un mot de vrai dans ce que je leur dirai à l'avenir. C'est à eux désormais à prendre des informations dans les bons endroits.

XLIV

Francfort, 12 septembre.

On me dira que Latude était un petit capricieux; qu'il n'aimait pas son intérieur; qu'il ne pouvait seulement pas rester vingt ans dans la même prison sans déménager à *la ficelle* ou plutôt à l'échelle de cordes. Je sais qu'en effet cet homme est devenu célèbre par son ingratitude envers ses différents propriétaires, mais je ne puis m'empêcher de l'imiter de temps en temps. Au moment où mon rédacteur en chef me croit bien tranquillement chez moi occupé à moraliser les masses, il apprend tout à coup que je me suis évadé sous un costume de lancier prêté par M. Godard, aéronaute dont le ballon l'*Aigle* a tant de peine à voler de clocher en clocher jusqu'aux tours de Notre-Dame.

Ce besoin annuel de clef des champs s'étant, la semaine dernière, emparé de tout mon être, je pris le parti d'émigrer à Coblentz, Ems, Wiesbaden et les environs. Je ne me fais aucune illusion et je n'espère pas que le gouvernement m'accordera, à mon retour, un milliard d'indemnité; mais quand je ne retirerais de cet exil volontaire de huit jours que la satisfaction d'avoir contemplé l'armée prussienne dans l'exercice de ses fonctions, je suis sûr qu'on ne dira pas de moi que je n'ai rien appris et rien oublié, si ce n'est pourtant une brosse à chapeau que j'ai laissée, à Francfort, sur la cheminée de ma chambre d'hôtel.

L'Allemagne a en ce moment l'aspect d'un collége à la rentrée des classes. On rencontre à toutes les gares des hommes de tous les âges, vêtus de tuniques couleur cataplasme et coiffés de bonnets de drap, à l'allure peu guerrière. Ce sont des soldats qui gagnent leurs foyers. A parler franchement, c'est tout ce qu'ils paraissent avoir gagné à la dernière guerre. Dans le wagon où nous étions installés, Hippolyte Cogniard, Siraudin et moi, entra, quelques heures avant Cologne, un de ces honnêtes fantassins de la landwehr qui ont quitté leurs boutiques à seule fin d'aller se faire tuer pour le roi de Prusse. La conversation que j'entamai avec ce militaire à lunettes bleues et à col rabattu aurait un grand succès dans une pièce de Labiche.

— Que pense-t-on, dans l'armée, de votre fameux comte de Bismark ? lui dis-je en m'apercevant qu'il articulait le français.

— Ah ! monsieur, me répondit-il, c'est notre Dieu.

— Mais, repris-je, il me semble que l'année dernière, vous ne pouviez pas le souffrir.

— C'est vrai ; eh bien, maintenant nous l'adorons.

— Alors vous êtes des idiots.

— Vous savez, monsieur, on n'a pas toujours la même opinion.

— Vous aimez donc la guerre ?

— Oh ! Dieu non. Vous comprenez je suis marié, qu'est-ce que ma femme serait devenue si j'avais été tué ?

— Mais si vous n'aimez pas la guerre, pourquoi aimez-vous aujourd'hui le comte de Bismark qui l'a faite ?

— Ah ! vous savez !

— Et si vous aimez le comte de Bismark, parce qu'il a fait la guerre que vous n'aimez pas, s'il recommençait une guerre nouvelle, vous l'aimeriez encore bien davantage.

— Oh ! ça non, par exemple, il faudrait repartir.

— C'est-à-dire que tant que le comte de Bismark vous a laissé tranquillement chez vous avec votre femme, vous l'avez eu en horreur, et depuis qu'il vous a donné l'ordre d'aller vous faire massacrer pour lui, vous le portez dans votre cœur ?

— Vous savez, monsieur, on n'a pas toujours la même opinion.

Je n'ai jamais pu arracher une autre conclusion à cet héroïque époux. L'Allemagne est, du reste, en ce moment, le pays où l'on entend le plus d'énormités. Quand nous sommes arrivés à Francfort, nous avons trouvé le général prussien Manteuffel en train de passer une revue. Le corps d'occupation était en grande tenue; officiers et soldats portaient fièrement ce casque pointu qui a la forme d'un appareil à gaz.

— On leur fait faire des manœuvres tous les matins, nous dit notre hôtelier du ton le plus naturel, d'abord pour effrayer la ville, et ensuite parce que ce sont ces régiments-là qui sont destinés à marcher un jour sur Paris.

Je crois, du reste, que dans le pays on ne serait pas fâché de voir les Prussiens marcher sur Paris, ce qui les obligerait à désemplir un peu Francfort. Tous les hôtels sont criblés de militaires plus ou moins gradés. Un instant nous avons cru qu'on allait en fourrer dans nos malles. Décidément, la gloire est une denrée bien encombrante.

C'est seulement à Wiesbaden, l'ancienne capitale de l'ancien duché de Nassau que nous avons retrouvé l'élément parisien. Là, le zéro à cheval reprend tous ses droits, quoique l'ancien souverain ne soit plus qu'un zéro à pied. Les vieux châteaux d'alentour ont dû jouer énormément à la roulette. Car ce ne sont plus que des ruines. Outre les petites Parisiennes connues qui font payer vingt-cinq mille francs une mèche de leurs faux cheveux, nous remarquons quelques jeunes filles anglaises d'une beauté frénétique.

— Ce qu'il y a d'insupportable chez les Anglaises, me dit Hippolyte Cogniard, c'est que quand elles se mettent à être jolies, elle n'en finissent plus.

Notre intention était de visiter un peu les monuments et surtout les églises d'Allemagne dont plusieurs ont une réputation européenne, mais, faut-il en faire l'aveu ? — oui il faut en faire l'aveu — les seules dans lesquelles nous ayons fait nos dévotions, sont des églises où l'on officie de onze heures à minuit sur un autel du plus beau vert et sous les espèces sonnantes. Le tronc des pauvres y est constamment alimenté par une charité qui ne s'épuise pas et les sermons s'y résument ordinairement à ceci :

— Messieurs, faites votre jeu ! le jeu est fait, messieurs.

Ces cathédrales portent en langue canonique le nom de casinos, mais le casino de Wiesbaden diffère du Casino-Cadet, en ce sens, que les femmes viennent déverser dans le premier tout ce qu'elles ont péniblement gagné dans le second. C'est ainsi que nous voyons perdre en douze minutes vingt-cinq mille francs par une vieille rouée de nos boulevards qui n'a jamais pensé de sa vie à donner un sou à un pauvre.

Je ne puis m'empêcher de m'apitoyer sur celle qui perd ainsi son argent, sur le monsieur qui le lui donne et sur les familles malheureuses qu'on aurait pu sauver avec ces douze cent cinquante louis. Cependant, comme je ne suis pas venu là pour m'attendrir, je m'amuse à étudier les combinaisons des ponteurs. Le seul qui ait découvert un système pour gagner toujours est un petit vieillard qui vient tous les matins s'asseoir au tapis avec une pile de menues pièces qu'il range en bataille devant lui. De temps en temps il pousse à rouge ou à noir une partie de sa mitraille qu'il retire aussitôt avant que le coup soit joué ; puis, après une heure ou deux de cet innocent exercice, il s'adresse au croupier en lui disant poliment :

— Monsieur, vous venez de faire erreur en me payant ; vous m'avez rendu un thaler et je ne joue que des pièces de cinq francs.

Le croupier prend le thaler que lui tend le faux joueur et l'échange contre les cinq francs demandés. Or le thaler ne valant que trois francs soixante-quinze centimes de notre monnaie, c'est vingt-cinq sous que le petit vieillard gagne de temps en temps, sans jamais rien mettre sur le tapis.

Vous considérez peut-être ce travail comme une simple filouterie, je ne dis pas non, mais il faut être indulgent, les temps sont durs, et, d'ailleurs, quand on songe aux cinq millions emportés par l'abbé Clergeau, on se sent disposé à traiter le petit vieillard de Wiesbaden comme la crème des honnêtes gens.

XLV

Ce département de Seine-et-Oise est insupportable : on ne peut pas le laisser seul une minute sans qu'il se mette à faire ses farces. Qu'apprends-je en arrivant de voyage ? que Saint-Cloud venait de s'offrir son petit tremblement de terre. Que peut bien être le volcan de troisième classe qui s'amuse ainsi à s'agiter souterrainement aux environs de Paris ? Ce ne peut pas être le volcan des révolutions, puisque le *Constitutionnel* nous répète continuellement qu'il est éteint. Quoi qu'il en soit, il me semble que si le tremblement de terre se décidait à entrer dans nos mœurs, il pourrait devenir un engin infiniment supérieur au fusil Chassepot. Que cherchons-nous, messieurs et amis ? à nous entre massacrer, n'est-il pas vrai, jusqu'à ce que l'univers ne soit plus habité que par des morts ou des blessés. Or, bien que le fusil Chassepot tue ses douze hommes à la minute, il faudra un certain temps pour exterminer les neuf cents millions d'imbéciles qui maculent la surface du globe, à moins toutefois qu'on n'invente un fusil encore plus Chassepot que les autres.

En utilisant les tremblements de terre, au contraire, vous obtiendrez des résultats à la fois bien plus rapides et bien plus complets. Vous manœuvrez de façon à ce que l'armée ennemie se trouve placée sur un terrain sujet aux crevasses et, à la moindre oscillation, généraux et soldats sont engloutis avec toutes leurs décorations.

Malheureusement, nous n'en sommes pas encore là, et à parler sans détours j'en rends grâces aux dieux, car, à force d'oraisons funèbres, les vivants ont fini par rendre les morts ridicules. Les gens remarquables, ou simplement remarqués, qui disparaissent, sont aujourd'hui soumis à une telle averse de discours et de nécrologies, que le défunt le plus sympathique arrive à tourner à la *scie*. Lorsque pendant huit jours il est devenu impossible d'ouvrir un journal sans y lire l'article Beautreillis ou l'article Cabirol, lequel commence invariablement par ces mots :

« Né en 1808, Cabirol se jeta avec passion dans le grand mouvement littéraire de 1830... »

Le lecteur agacé ne tarde pas, quelque respect qu'il ait toujours professé pour ce mort embarassant, à en avoir par-dessus les oreilles. Je prends un écrivain justement célèbre; qu'il cesse un beau matin de faire partie de notre spirituelle humanité, et qu'un mois après ses obsèques, le bruit se répande tout à coup que le décédé était simplement en catalepsie, et qu'il a été rencontré se promenant dans les rues de Paris en rupture de caveau de famille. L'infortuné essayerait vainement de reprendre le cours de ses travaux. Quand il se présenterait à un éditeur, il est évident que celui-ci, en le voyant entrer, lui dirait, avec cette brusque franchise particulière aux éditeurs :

— Oh ! mon cher, en voilà assez ! Il n'est question que de vous depuis un mois. On a prononcé huit discours sur votre tombe ; on a publié sur vous quatre cent soixante-douze articles ; si le public, à bout de forces, vous voyait reparaître à l'horizon, il serait capable de défoncer ma devanture. Voulez-vous accepter un conseil d'ami ? Allez vite vous recoucher dans votre petit monument dont vous n'auriez jamais dû sortir.

Voici donc la fâcheuse alternative dans laquelle se trouvent aujourd'hui les écrivains : Si on prononce des discours sur un catafalque, la foule s'écrie :

— Ah ! oui, je la connais, c'est toujours la même chose, sont-ils ennuyeux avec leurs phrases !

Si personne ne prend la parole, la foule se dit :

— Il paraît que celui-là n'était pas bien fameux, il n'a pas seulement eu quatre mots sur sa tombe.

Certes, je crois posséder tout ce qu'il faut pour vivre longtemps. Je n'ai pas plus de scrupules que les autres ; je suis, comme tout le monde, grossier avec mes inférieurs, et avec mes supérieurs d'une platitude inaltérable. Je suis en outre décidé à m'incliner respectueusement devant les êtres les plus immondes pourvu que le succès ait couronné leurs efforts. J'ai vu nombre de gens que ces qualités réunies conduisaient aux extrêmes frontières d'une vieillesse d'autant plus honorée qu'elle était moins honorable. J'ai donc lieu de supposer que l'avenir est à moi. Cependant si après cent soixante ans d'une existence noblement remplie, j'étais un jour prématurément enlevé à la tendresse de mes concitoyens, j'estime que le meilleur moyen de ménager mon amour-propre et les nerfs du public, ce serait d'aposter d'avance cinq ou six amis qui viendraient tour à tour faire, d'une voix brisée, cette déclaration :

— J'aurais bien des choses à dire sur cette tombe si subitement ouverte, mais l'émotion qui me suffoque m'ôte l'usage de la parole.

Le tort des oraisons funèbres c'est d'être toujours prononcées sur les cercueils de gens célèbres. Il est clair que celui qui me raconte que Léon Golzan est l'auteur du *Lion empaillé* et d'*Aristide Froissart* ne m'apprend rien de nouveau. Peut-être redonnerait-on un peu de vogue à l'article nécrologique si, au lieu de répéter ce que tout le monde sait, on l'appliquait aux existences absolument inconnues. En effet, vous m'apprendriez quelque chose si vous consentiez à dire devant la foule assemblée :

« La jeune personne que nous conduisons à sa dernière demeure avait quitté sa famille dès l'âge le plus tendre pour aller courir les bals champêtres. Elle a eu pendant sa courte carrière plusieurs amants qu'elle a tous trompés successivement ou même à la fois. Dès qu'elle avait cent francs devant elle, elle allait les jouer à Hombourg. »

Il y aurait alors une série de révélations piquantes, ne fût-ce que pour les amants dont chacun se croyait seul et unique. Il est vrai du reste que nous avons rencontré à Hombourg tout un monde de femmes qui avaient planté là leurs Alfreds adorés pour aller risquer quelques doubles frédéricks sur le trente-cinq. La cocotte du bois de Boulogne ne vaut généralement pas grand'-chose. Eh bien, c'est un ange de candeur et de dévouement auprès de la cocotte des villes de jeu. Tant que la noire déveine tord son porte-monnaie, elle est charmante et familière au possible. Elle donnerait son adresse aux employés du vestiaire.

En revanche, dès que le hasard lui accorde la faveur d'une série de quatre, elle est prise d'incroyables accès de grandeur. Il faut qu'on la respecte et qu'on lui parle à la troisième personne. Nous avons longtemps admiré à Bade, Siraudin et moi, une ancienne écuyère qui a vieilli sous le harnais. Cette maturité désespérante est appuyée en outre d'un nez applati, comme si tous les chevaux qu'elle a montés lui avaient caracolé sur la figure. Chaque fois qu'elle perdait un coup, elle s'écriait en s'adressant à Mme Ratazzi, placée à côté d'elle :

— Hein ? croyez-vous qu'elle est mauvaise, celle-là ? Voyons soyez franche, avouez qu'elle est rudement mauvaise ?

Eh bien, cette doyenne de la galanterie ayant eu une contestation pour une masse qu'elle avait prise par mégarde à un monsieur du meilleur ton, officier de la Légion d'honneur, ne fit aucune difficulté de lui dire, avec une hauteur olympienne :

— Tenez, voilà votre argent, je ne veux pas avoir de discussion avec un homme de votre espèce.

Nous nous sommes demandé quel grade il fallait occuper

dans la Légion d'honneur pour être admis à discuter avec cette ancienne creveuse de ronds de papier. Mais il ressort de cette fière repartie que les malhonnêtes femmes d'aujourd'hui n'ont même plus l'excuse de celles d'autrefois, qui avaient au moins l'intelligence d'être *bonnes filles*. Un jour, la duchesse d'Orléans se promenant en voiture aux Champs Élysées avec son mari, alors héritier d'un trône, si bien occupé depuis, frôla l'équipage d'une coureuse célèbre.

— Quelle est donc cette jolie dame? demanda innocemment au duc d'Orléans l'honnête princesse.

— Cette jolie dame, répondit en se levant toute droite la haute biche qui avait entendu : cette jolie dame, c'est une rien du tout. Si vous voulez voir une rien du tout, regardez-moi : v'là comme c'est fait.

Actuellement, c'est autre chose, les moindres trotteuses exigent que l'on rende hommage à leur vertu et qu'on prenne leur distinction au sérieux. Qu'elles me permettent de le leur dire : elles finiront par rendre leur métier impraticable. Qu'un homme soit assez extravagant pour leur donner toute sa fortune, c'est possible, mais où diable en trouveront-elles d'assez bêtes pour leur offrir leur respect?

XLVI

24 septembre 1866.

Tous les cinq ans on essaye de réhabiliter madame Lafarge. C'est périodique comme la précession des équinoxes. Ce mascaret quinquennal sévit en ce moment avec une grande intensité. Alexandre Dumas, qui est très-lié avec la famille de Marie Cappelle (avec qui n'est-il pas très-lié?) se dispose à nous donner dans les *Nouvelles* un récit du long martyre de cette réclusionnaire. Un autre journal quotidien fournit tous les jours des documents à la réparation éclatante que l'on doit à l'intéressante captive; et je ne sais plus quel criminaliste prépare une brochure dans laquelle il établit que c'est M. Lafarge qui a voulu empoisonner sa femme, et que, n'ayant pas réussi dans son sinistre projet, il s'est suicidé pour échapper au désagrément d'une condamnation capitale.

Je n'ai jamais bien compris le respect dont a été entourée la personnalité de Mme Lafarge, pendant sa vie et après sa mort. J'ai étudié consciencieusement son procès dans les feuilles judiciaires, et je ne puis m'empêcher de considérer cette victime comme la reine des coquines, sa culpabilité ne me paraissant pas plus discutable que celle de Dumollard. Comme j'exprimais cette opinion toute spontanée dans un groupe d'amis :

— Avez-vous lu ses lettres? me répondit l'un d'eux. Si vous aviez lu attentivement ses lettres, vous seriez séduit comme les autres.

J'ai cru d'abord que les partisans de Mme Lafarge étaient ceux qui la croyaient innocente, mais j'ai rencontré, depuis, des gens très-sévères d'ailleurs, qui, tout en admettant qu'elle eût pu empoisonner son mari, ne la considéraient pas moins comme la victime d'un mariage mal assorti.

Les apothéoses à époques fixes de la fameuse Marie Cappelle se résument donc à ceci :

Quand une femme a du style, elle a, dans une certaine mesure, le droit de verser l'arsenic dans la tisane de son époux.

Nombre d'autres ménagères ont en effet infusé à leurs seigneurs et maîtres des coliques de *miserere*, sans arriver à préoccuper ainsi l'opinion publique; mais elles n'avaient pas de style.

Les saintes lois du bon sens ont toujours décidé que plus un coupable était intelligent, moins il méritait d'indulgence. Il faut croire que Mme Lafarge jouit du bénéfice d'un code particulier.

— Elle était adorée de son mari, c'est vrai, disent ses défenseurs; on faisait tout dans la maison pour la rendre la plus heureuse des femmes, c'est incontestable. Mais songez à quel point une Parisienne devait se trouver isolée au fond du Limousin, entre les grands murs nus du château du Glandier.

La nudité des murs me paraît la plus insuffisante des excuses. Tous, ou presque tous, à nos débuts, alors que, selon l'expression de Ravel, « nous mangions des choucroutes peu garnies dans des chambres qui ne l'étaient pas davantage, » nous avons habité entre des murs au moins aussi nus que ceux du Glandier. Aucun de nous cependant n'a songé, une minute, à saupoudrer de substances arsénieuses les aliments de son propriétaire. Et cependant parmi ceux-là beaucoup possédaient une intelligence qui ne le cédait en rien à celle de Mme Lafarge.

On me traitera peut-être d'original, mais je déclare n'avoir aucune sympathie pour les Indianas qui sont toujours dans le ciel, et ne redescendent sur la terre que pour y pétrir des galettes empoisonnées.

J'ajouterai qu'une femme condamnée injustement s'indigne ou se tait, mais qu'elle n'écrit pas ses *Heures de prison*. Je ne crois pas à l'innocence qui cherche un éditeur.

Mais il est dit que les hommes seront éternellement trompés par les femmes. Dans toutes les carrières, même celle du crime, l'opinion publique se laissera toujours séduire par les attitudes et les correspondances sentimentales. Si Mme Lafarge s'était contentée de nier sa culpabilité sans produire à l'appui de son innocence des fragments littéraires qui ne témoignent guère que de sa profonde rouerie, elle serait oubliée aujourd'hui, au lieu d'être offerte en exemple à suivre aux femmes de lettres qui s'ennuient dans leur ménage.

Les voleurs ne savent pas de quelles ressources ils disposeraient, si au lieu de demander brusquement aux passants la bourse ou la vie, ils les abordaient en leur présentant des considérations comme celles-ci :

— Avez-vous lu le discours de Sénèque sur le mépris des richesses ?

— Non, monsieur, non. Pourquoi m'adressez-vous cette question à minuit et demi sur le boulevard extérieur ?

— C'est que Sénèque est d'avis que celui qui donne est aussi riche que celui qui reçoit. En conséquence, si vous vouliez bien ajouter une autorité nouvelle aux paroles de ce grand philosophe, en vidant vos poches dans les miennes, vous seriez aussi riche que moi qui deviendrais aussi riche que vous.

Au reste, Mme Lafarge n'a pas seule compris ces nuances dont elle a tiré si grand parti. En effet, qu'un homme vous dévalise la nuit sur la place de la Bourse, vous le faites arrêter par les sergents de ville ; mais, si au lieu de vous attaquer sur la place, il vous dépouille dans l'intérieur du monument, de midi à trois heures, alors vous le comblez de caresses, et quelquefois même vous lui offrez votre fille, car tous les Lamirande ne sont pas aux Etats-Unis.

J'ignore si celui qu'on vient de ramener cellulairement à Paris trouvera autant de fanatiques que Mme Lafarge, mais ce caissier jurisconsulte paraît vouloir se défendre avec toute l'énergie que donne une conscience pure. Le côté comique de ce drame à triple serrure, c'est que l'accusé ne nie pas le moins du monde avoir détroussé les caisses confiées à son honorabilité bien connue. Il avoue tous les millions qu'on lui impute. Pour peu même qu'on l'en priât, il en rajouterait de sa poche. Mais plus il est coupable, plus il soutient qu'il doit être rendu à la liberté. Et voici le raisonnement sur lequel il s'appuie :

— Il y a en Amérique, dit-il, des lois concernant l'extradition. Or, j'ai été transporté en France sans que ces lois aient été observées. Si on n'observe pas les lois à mon égard, pourquoi veut-on que je les observe à l'égard des autres?

Il faut avoir le courage de le reconnaître, ce dilemme a quelque chose d'assez spécieux. En effet, ou Lamirande a été livré légalement et il a tort de se plaindre, ou il a été livré illégalement, et il a raison de réclamer.

Si l'Amérique a voté, à propos de l'extradition, des dispositions spéciales, c'est évidemment que ces dispositions lui ont paru nécessaires. Du moment qu'elles ne sont pas exécutées, il était bien inutile de les prendre.

— Mais, répond l'opinion publique, justement alarmée par les trains de caissiers qui s'organisent de toutes parts, les malfaiteurs ne doivent trouver de refuge nulle part.

C'est mon avis; mais alors remaniez vos lois d'extradition. Tant qu'elles subsisteront, vous êtes forcés de les suivre. Si un jeune conscrit tombé au sort refusait de se rendre sous les drapeaux sous le prétexte que la conscription est une loi douloureuse, qui gagnerait beaucoup à être remplacée par une bonne landwehr :

— Vous avez pent-être raison, objecterait-on au jeune conscrit ; mais comme la conscription est actuellement en vigueur vous allez vous dépêcher d'aller rejoindre votre régiment, qui vous prépare une réception princière.

En fait de questions judiciaires, la meilleure fantaisie ne vaut pas la plus mauvaise loi.

XLVII

28 septembre 1866.

Tout en plaignant sincèrement l'infortuné caissier du Sous-Comptoir des chemins de fer, je regrette qu'il n'ait pas été de préférence attaché à la caisse du *Soleil*. Voilà un homme sur qui l'opération dite de l'avance eût été facile à pratiquer. On ne lui aurait pas plus tôt demandé cinquante francs pour une partie de campagne qu'il vous eût probablement répondu comme au prince de Crouy-Chanel :

— Cinquante francs, c'est bien peu, voulez-vous trois millions ?

Il faut avouer que le libraire Dupray de la Mahérie et le prince de Crouy, qui descend d'Arpad, ont été heureusement inspirés en s'adressant à un caissier de cette pâte ; il est clair que les chemins de fer n'en contiennent pas deux comme celui-là. On comprend à la rigueur qu'un homme, dans le but de satisfaire ses propres passions, dévalise la caisse dont le Seigneur l'avait fait le gardien ; mais qu'il détruise tranquillement sa réputation, sa liberté et son honneur pour entretenir les prétentions d'un fils d'Arpad au trône de Hongrie, voilà qui bouleverse toute vraisemblance. On ne s'imagine pas ce pauvre

M. Berthomé, regardant tranquillement ses associés dépenser huit mille francs pour des dîners auxquels il n'était jamais invité ; tandis que toute sa distraction, à lui, consistait à compter et à ranger dans un tiroir, par ordre chronologique, les reçus que son prince et son libraire lui faisaient à tour de rôle.

Du reste, il faut rendre justice à ce caissier, qui est à blâmer, mais qui est encore plus à plaindre ; jamais employé n'eut plus d'ordre dans le désordre. Ce n'est pas un homme qui détournait l'argent par à peu près. Il ne dit pas :

— J'ai pris dans ma caisse environ trois millions.

Il dit :

— J'ai pris trois millions deux cent quatre vingt-treize mille cent soixante-sept francs.

Et il ajoute :

— Quatre-vingt-un centimes.

Ces quatre-vingt-un centimes font même rêver involontairement. Ordinairement les emprunteurs procèdent par sommes rondes. On ne s'explique pas qu'un fils d'Arpad vienne tenir à un caissier ce langage extravagant :

— Vous m'avez déjà fourni plus de trois millions pour m'aider à reconquérir le trône de mes pères, prêtez-moi encore les quatre-vingt-un centimes qui me manquent et je rentre demain dans ma capitale.

Ce qu'on s'explique encore moins, c'est que le caissier les ait donnés. Personne ne peut répondre de soi ; dans la situation de M. Berthomé, j'aurais peut-être prêté les trois millions, mais défiant comme je me connais, il me semble que les quatre-vingt-un centimes m'auraient fait ouvrir l'œil.

Au résumé, cet employé à quatre mille francs, qui trouvait moyen de subventionner des monarques en disponibilité, que pouvait-il espérer au cas même où le prince de Crouy-Chanel serait arrivé à ceindre son vieux front de la couronne de Hongrie ? Tout au plus rentrer dans l'argent du Sous-Comptoir, et encore ! Mais le fond de son affaire, c'était ce fantastique dans lequel nous aimons tant à marcher. Lorsque le président des assises l'a interrogé à ce sujet, si au lieu de montrer l'ahurissement du désespoir, le pitoyable Berthomé avait voulu prendre une attitude, il aurait pu répondre :

— Vous me demandez ce que j'espérais dans tout ceci : je l'ignore. Mais comme je vois qu'aujourd'hui les affaires qui réussissent le mieux sont celles qui ne reposent absolument sur rien ; comme vous avez à la Bourse cinquante valeurs cotées, dont personne ne pourrait expliquer le sens ou donner la raison d'être, j'ai fait comme tout le monde, je me suis jeté dans l'inconnu. Les prétentions du prince de Crouy-Chanel ne valent pas grand'chose, mais elles valent bien les Sablonnières du grand Sahara et les Betteraves artificielles, dont vous avez peut-être des actions dans votre poche.

Hâtons-nous de le dire, nous autres qui n'aspirons à aucune couronne, comme il a été établi que l'accusé de Crouy-Chanel descendait réellement des rois de Hongrie, il résulte de l'instruction et des débats que l'héritier d'un trône peut n'être au résumé qu'un simple filou. Ce fait est à la fois très-désagréable pour les rois et extrêmement flatteur pour les filous : mais, en tout cas, il me paraît avoir une importance qui n'échappera pas à nos lecteurs.

Il est vrai que les princes du sang ou du non sang rentrent aujourd'hui dans le commun des mortels avec une facilité extraordinaire. Ainsi tout récemment encore, le prince de Windisgraetz n'a pas hésité une minute à conduire à l'autel Mlle Taglioni, première danseuse au théâtre royal de Berlin, et on annonce que sous une autre latitude, Mlle Stella Collas, tragédienne en cours d'alexandrins à Pétersbourg, est sur le point de convoler avec un autre prince très-riche en fourrures.

Un mariage avec une tragédienne paraît encore possible. Pour un homme qui aime le songe d'Athalie, il peut être agréable de l'avoir toujours sous la main mais de première danseuse passer princesse, ce doit être là une mutation terriblement embarrassante. Je ne sais plus où j'ai lu l'histoire de cet ancien clown qui, à bout de ressources, avait accepté un engagement dans un théâtre pour jouer le rôle de Masséna dans l'*Enfant chéri de la victoire*.

— Venez me voir, disait-il avant la première représentation à ses camarades. Je crois avoir donné au personnage une physionomie toute nouvelle.

En effet, le jour de la première, à peine était-il entré en scène à cheval, à la tête de son armée, que ne pouvant résister à d'anciennes habitudes, il grimpa tout debout sur la bête, et fit deux fois le tour du théâtre en mimant un pas sur sa selle. Reprenant alors son commandement en chef, il harangua ainsi son armée.

« Soldats,

» L'ennemi voulait nous fermer les plaines fertiles de la Lombardie, (*ici le général fait une culbute*) mais votre patriotisme a triomphé de sa résistance. Sans vêtements et presque sans nourriture (*seconde culbute*) vous avez franchi des distances considérables, et l'heure du combat vous a trouvés plus dispos que des troupes fraîches. (*Saut de carpe et imitation de la grenouille.*) Gloire à vous, soldats, car bientôt... »

Vous comprenez que Masséna ne put en dire plus long, le délire des spectateurs l'avertit qu'il faisait fausse route, et il prit le sage parti de rentrer dans la coulisse, non sans avoir tourné seize fois sur lui-même.

Eh bien! si j'étais le prince prussien Windisgraetz, ce à quoi je ne tiens pas, (on est si heureux quand on est Français), je craindrais continuellement que mon épouse n'eût de ces distractions bien naturelles, et que le jour où j'irais la présenter à M. de Bismark, elle ne se mît à esquisser un entrechat dans le salon de réception de ce premier ministre qui, comme on le sait, est sévère mais injuste. Je ne sais quel effet produirait dans la noblesse prussienne une jeune mariée qui danserait le *Pas du Radis noir*, aux petits lundis de sa majesté, mais la noblesse française patronnerait difficilement cette nouvelle venue.

Ces exemples d'artistes tant tragiques que chorégraphiques, entrant ainsi en possession des plus grands noms de l'Europe, sont du reste pleins d'enseignements. Les bons philosophes chrétiens qui conseillent aux jeunes filles de préférer le travail à la beauté et l'obscurité à l'éclat des lumières reçoivent là un choc terrible. Nous avons eu des quintaux de romances où des seigneurs déguisés montaient cinq étages et deux entresols pour aller dénicher des orphelines qui élevaient leurs petits frères dans une mansarde. Les auteurs de ces poésies décevantes devraient être condamnés pour fausses nouvelles. La vérité, c'est que toute femme qui ne cracherait pas sur un riche mariage a le plus grand tort d'attendre, à ourler des mouchoirs, qu'un prince vienne l'arracher à ses pots de fleurs et à ses canaris. Je le dis en pleurant des larmes de sang et de gélatine, étant donné les hommes d'aujourd'hui, la première condition pour une jeune fille qui veut arriver, c'est de se mal conduire.

La seconde condition, c'est d'entrer dans un théâtre, n'importe lequel. Il est bien évident, en effet, que lorsqu'on se produit tous les soirs devant douze cents personnes on a plus de chance de trouver un mari que lorsqu'on reste perpétuellement dans un cinquième, rue Sainte-Opportune, au fond de la cour.

Mais ce moyen qui réussit quelquefois, comme le prouve le mariage de Mlle Taglioni, est bien moins sûr que le premier. N'oubliez pas que rien ne pose une femme comme une mauvaise réputation. Et maintenant si les filles pauvres s'obstinent à rester honnêtes, tant pis pour elles. J'aurai du moins la satisfaction de leur avoir indiqué consciencieusement le plus court chemin d'un point à un autre.

XLVIII

17 octobre 1866

Inondations, choléra, batailles rangées, pluies de sauterelles, tremblements de terre, accidents de chemins de fer, mauvaise récolte et fusils Chassepot, telles sont les sept plaies dont nous réglons actuellement l'addition. Ce serait à nous croire en Egypte, si nous avions des momies, et il est de plus en plus prouvé que nous en avons, seulement les nôtres sont vivantes et se promènent en paletots sur les boulevards.

Ce qu'on ne remarque pas assez, c'est le sang-froid et la sérénité des femmes au milieu de tant de désastres. Dans les moments les plus critiques, elles ne nous ont pas fait grâce d'une épingle à cheveux. Chez ces êtres vraiment supérieurs, le désespoir, l'allégresse, l'inquiétude ou la sécurité se manifestent toujours de la même façon, c'est-à-dire par des toilettes à la dernière mode. J'ignore à la suite de quelle stupéfaction les bras de la Vénus de Milo lui sont tombés, mais j'ai eu peine à retenir les miens l'autre soir en constatant, à une première représentation, les changements survenus dans les costumes féminins. Le modeste *Suivez-moi jeune homme* et la simple *Son-*

nette de nuit ont cédé le pas au *Cordon royal*. Vous prenez une femme (il n'est pas nécessaire qu'elle soit honnête), vous lui passez en bandoulière un ruban multicolore démesurément long, lequel va s'attacher sur le côté gauche (côté du porte-monnaie) par une bouffette en forme de cocarde.

Au premier abord, quand vous apercevez dans son équipage une déesse ainsi bigarrée, vous vous croyez en présence de quelque grand-croix de la Légion d'honneur, et vous vous dites involontairement :

— Tiens! il paraît que le maréchal Bazaine est revenu du Mexique et qu'il va passer une revue.

Bientôt, en entendant la déesse s'écrier, après vous avoir jeté un coup d'œil indigné :

— Qu'est-ce qu'il a donc à me regarder comme ça, cette espèce de serin?

Vous reconnaissez que vous faisiez erreur et que vous avez tout bonnement affaire à une femme qui étrenne son cordon royal.

Ce besoin que les dames semblent éprouver, cette année, de ressembler à la reine Victoria ne laisse pas que d'être inquiétant pour l'avenir. Il est probable que l'année prochaine elles essayeront de ressembler à l'empereur de Russie et qu'elles mettront des épaulettes en or fin pour aller aux courses de printemps. Elles se trouveront à la fin de la saison devoir vingt-cinq mille francs de plus à leurs couturières, mais que voulez-vous? c'est leur manière de souscrire pour les inondés.

Il est vrai que l'inondation nous envahit tellement qu'il devient impossible d'y suffire. Quand ce ne sont pas les eaux de la Loire, de la Bièvre ou de la Marne, ce sont les réclames, les concerts ou les chansons nouvelles qui nous inondent. Cette semaine, il y a eu un débordement formidable produit par les noms des cent soixante-seize mille candidats au titre de surintendant général des théâtres, que la mort de M. Bacciochi laissait vacant. Pendant quatre jours d'une crue formidable, ces noms, qui augmentaient à vue d'œil, couvraient déjà le rez-de-chaussée et le premier étage de nos principaux journaux, et nous parlions d'aller rédiger nos articles sur les toits les plus élevés, après avoir enlevé les meubles, lorsque la nouvelle se répandit que la surintendance allait être supprimée. Je prie énergiquement mes lecteurs de ne pas me demander en quoi consistait cette place, qui avait été créée parce qu'on la jugeait indispensable, et qu'on supprime aujourd'hui parce qu'on la trouve absolument inutile.

Je n'avais jamais bien compris, pour ma part, en quoi consistait l'intendance générale des théâtres. Je me le suis fait expliquer, et après la démonstration la plus précise je n'ai pas compris davantage. Il était évident, en effet, que puisque les théâtres sont libres, un surintendant général des théâtres n'avait pas plus de raison d'être qu'un surintendant général de la boulangerie. Les nécrologues n'en ont pas moins écrit que le défunt remplissait ses délicates fonctions avec un tact extraordinaire. Puisque personne ne sait au juste quelles étaient ces fonctions, comment sait-on qu'elles étaient délicates? On conviendra, en outre, que puisqu'elles étaient devenues inutiles, attendu qu'on les supprime, il n'était pas très-difficile d'y montrer du tact.

Nous avons ainsi un certain nombre de places tout aussi nécessaires, dont les titulaires passeront aux yeux de la postérité la plus reculée pour avoir possédé les précieuses qualités qu'on vante chez feu le surintendant général des théâtres. Qu'on me nomme inspecteur du mouvement perpétuel, ou archiviste du naufrage de la Peyrouse, et je m'engage à déployer dans ces délicates fonctions un tact véritablement hors ligne.

Il n'est pas très-surprenant, du reste, qu'il se crée ainsi des emplois dont quatre ans plus tard on reconnaît la parfaite superfluité, dans un pays où les opinions les mieux assises paraissent elles-mêmes atteintes de la danse de Saint-Guy. A coup sûr, je ne veux pas batifoler avec les questions politiques : un instant! Eh! là-bas!... Seulement qu'on me permette de rappeler que mon enfance et celle de tous les hommes de ma génération, s'est passée à admirer des vers que Hugo, et des toiles que Ary Scheffer ou Delacroix consacraient à la Grèce luttant contre les Turcs. Aujourd'hui toutes les feuilles publiques annoncent que la Grèce lutte de nouveau contre les Turcs et personne n'y fait la moindre attention. C'est le progrès.

J'aurais peut-être fait relâche cette semaine, si en lisant par hasard une affiche annonçant la vente après décès des autographes appartenant à Roger de Beauvoir, je n'avais entendu comme une voix secrète me crier tout à coup :

— Poète, prends ton luth.

J'ai pris mon luth, et voici ce que je crois devoir formuler par la bouche de cet instrument

Depuis plusieurs années, la passion autographique a sensiblement reculé ses frontières. Les amateurs ont d'abord cherché des lettres de Vauban, de Ronsard et du conseiller de Thou, mais comme le conseiller de Thou n'a écrit qu'un certain nombre de lettres, quand elles ont été toutes emmagasinées, il a bien fallu se rejeter sur des morts plus récents, comme Kléber, le président Pasquier ou lord Seymour; puis faute de morts on s'est rabattu sur les vivants, comme Jules Janin, Edmond About, Paul de Saint-Victor, d'Ennery, Clairville, Siraudin, vous, moi, tout le monde. Tous les jours vous ouvrez des catalogues d'autographes, portant en regard de chaque pièce des prix dont quelques-uns sont assez humiliants :

N° 136. George Sand à M. Clarence, artiste de l'Odéon. — Lettre extrêmement curieuse dans laquelle le grand écrivain explique à l'artiste qu'il faut absolument un fauteuil à roulettes pour la pièce de *François le Champi* alors en répétition. « Bocage, dit en terminant Mme Sand, ne veut pas comprendre l'importance capitale de ce fauteuil à roulettes; tâchez donc de le convaincre. » Prix 2 50

N° 274. Lettre très-spirituelle de M. Charles Monselet à son tailleur qu'il appelle le « Phidias du pantalon. » . 1 »

N° 318. Billet à ordre signé Privat d'Anglemont, avec le protêt y attaché. . . . . » 75

En général, nous qui montrons nos forces dans les journaux ou dans les livres, nous n'arborons aucune prétention littéraire dans notre correspondance. Il n'y a, en effet, aucune raison pour que nous prodiguions gratis à nos tapissiers ou même à nos amis des mots qui peuvent nous être payés très-cher par nos éditeurs. C'est pourquoi, quand on a écrit simplement à quelqu'un :

« Mon cher,

» Je pars ce soir pour la campagne, voulez-vous remettre notre rendez-vous? »

Il est parfaitement désagréable de voir ce billet, dépourvu d'artifice, lu et commenté par les habitués de l'hôtel des ventes qui se disent entre eux :

— Ces gens de lettres ne sont déjà pas si forts. Il me semble que j'en écrirais bien autant.

Il nous arrive également, dans nos jours de bonne humeur, de laisser aller notre plume à toutes les folies qui lui passent par le bec. J'ai reçu dernièrement, de ce grand fantaisiste qui a fait du nom de Cham la personnification de la vraie gaieté, une lettre que je transcris textuellement :

« Monsieur Rochefort,

» Depuis que je vous ai mis dans vos meubles, vous semblez m'éviter. Venez donc passer la soirée chez moi, vous me servirez de repoussoir.

» Celui à qui vous devez tout,

» Cham. «

Je suppose que de mains en mains cette invitation tombe dans celles d'un commissaire-priseur, il est évident que je n'échapperai pas aux réflexions malignes de la partie bornée du public.

— Voyez-vous, se hâteront de dire les gens qui prennent tout au sérieux, ces écrivains sont tous les mêmes. Ce monsieur Rochefort est obligé d'aller quémander un mobilier chez ses amis; et il faut croire que ce n'est pas le seul service que lui ait rendu M. Cham, puisqu'il a soin de lui rappeler qu'il lui doit tout.

Je ne pourrais cependant pas courir dans les groupes, pour expliquer à des gens vieillis dans le commerce, qu'entre nous ces lettres fantastiques ne tirent pas du tout à conséquence, et que je n'aurais pas été plus surpris si Cham m'avait appelé « monsieur le maréchal » ou « madame la princesse. »

J'estime donc que mettre ainsi aux enchères les plus intimes lambeaux de l'existence des hommes de lettres, c'est dépasser par trop les bornes de la familiarité. Je ne demande pas que la vie privée des personnages connus soit absolument murée, mais je voudrais qu'on y mît au moins un petit entourage.

On vous répondra, il est vrai, que nous éviterions tous les désagréments que je signale, si nous n'écrivions que des lettres susceptibles d'être lues et appréciées par tout le monde, et que les hommes ne subissent guère que les conséquences de leurs fautes. Rien de plus juste, j'en conviens. Ainsi, Louis XVI avait un moyen bien simple de ne pas monter sur l'échafaud, c'était d'abolir la peine de mort; et les collégiens, dont les larmes, au moment du renouvellement de l'année scolaire, n'ont pas peu contribué à compliquer les inondations, n'auraient pas la douleur de rentrer dans leurs lycées, s'ils avaient eu le courage d'y rester pendant les vacances. Ces sanglots universels constituent, d'ailleurs, la plus sévère condamnation de cette chose contre nature qui s'appelle l'internat. Les externes voient arriver sans le moindre effroi le premier octobre, les internes se fourrent sous les meubles paternels, et dans quelques familles, on est forcé d'appeler des sergents-de-ville qui se voient souvent refuser par les jeunes belligérants une capitulation même honorable.

Pourquoi cette résistance ? C'est que la vie de collége est factice et antirationnelle. Ce système inexorable, qui met trente enfants, à peine échappés aux caresses passionnées de leurs mères, sous la surveillance d'un seul pion qui ne les connaît ni ne les aime et dont l'unique besogne est de leur dire de temps en temps :

— Belavoine, vous causez, vous serez privé de sortie dimanche... Pastoureau, apportez-moi ce que vous tenez-là dans votre main... Vous ne voulez pas l'apporter ?... Pastoureau sera en retenue jusqu'à ce qu'il ait copié seize fois le second chant de l'*Enéide*.

Ce système, dis-je, ne fera jamais de nos collégiens que des abrutis ou des révoltés. Ceux qui ne s'y aigrissent pas s'y aplatissent, et je suis convaincu, quant à moi, que nous devons en grande partie aux habitudes correctionnelles invétérées dans les lycées, d'avoir une France composée presque tout entière de pleutres ou d'enragés.

Imposer à un garçon de treize ou quatorze ans, neuf heures par jour du silence le plus absolu, n'est-ce pas aller contre la volonté de Dieu qui a fait si déliée la langue de l'enfant ? et le priver de sortie, c'est-à-dire lui enlever le seul bonheur qui lui reste au monde, celui d'aller passer son dimanche chez lui avec ses parents, parce qu'il aura dit tout bas à son camarade :

— J'ai perdu mon porte-plume, veux-tu me prêter le tien ?

N'est-ce pas bouleverser chez l'enfance toutes les idées de justice et d'humanité, en disproportionnant sans mesure la faute et le châtiment ? Je ne dis pas qu'il serait bon de laisser les adolescents tenir des discours politiques au milieu des classes, ou verser de l'huile de pétrole dans les encriers de leurs professeurs. Je ne dis pas non plus qu'il est facile de substituer la tendresse des mères à la sévérité des pions ; tout ce que je veux établir, c'est que le régime de l'internat a des côtés véritablement sinistres, et que parmi ceux qui ont passé six ou sept ans claquemurés dans un collége, il n'en est pas un, peut-être, qui n'ait gardé de cette prison préventive le plus insupportable souvenir.

XLIX

12 octobre 1866.

Vous voulez bien me demander, Madame, pourquoi mon article de dimanche dernier était à la fois si court et si énigmatique. Ah! madame? le vieux refrain qui dit « le travail c'est la liberté » aurait dû au moins faire une réserve pour le travail des journalistes qui est précisément tout le contraire. Comme dans toutes les maisons de pure tolérance, la cloison qui sépare les choses qui nous sont permises, de celles qui nous sont défendues est extrêmement mince. Or il paraît que j'avais défoncé la cloison dans un alinéa où je traitais de matières qui, à mon avis, cependant, étaient bien moins économiques que les fourneaux qui portent ce nom. Il s'agissait des souscriptions ouvertes en faveur des inondés, mais mon ami et rédacteur en chef m'a fait comprendre que, dans le moment même où l'on faisait un procès à un confrère pour avoir discuté le droit des pauvres, il était assez imprudent de discuter les devoirs des riches.

— Voyez vous-même, m'a fait observer mon rédacteur en chef, pour laisser passer votre article tel quel, je crois qu'il faudrait d'abord se soumettre au timbre et déposer un cautionnement de trente mille francs. La main sur la conscience, croyez-vous que l'alinéa en question vaille trente mille francs ?

— Non, lui dis-je, succombant à l'évidence, il n'en vaut pas plus de dix-huit mille.

— Modeste et pas de talent! s'écria mon rédacteur en chef en me tendant la main, voilà qui est rare !

On lia donc mon article sur un lit sortant des ateliers de Procuste, ce célèbre ébéniste, et Nélaton vint procéder à l'amputation qui fut supportée, du reste, avec le plus grand courage. Il en est résulté que ma dernière chronique boitait visiblement, mais mieux vaut encore marcher sur une seule jambe que d'être étranglé comme les sept journalistes de Madrid.

D'ailleurs, le jour où la petite presse nous manquerait pour corriger les mœurs (*ridendo*), nous pourrions toujours nous rabattre sur la chanson, que les récents dîners du Caveau semblent vouloir faire reverdir. Les journaux ont raconté, comme la chose la plus naturelle du monde, qu'à la dernière agape on a chanté quarante chansons. Tous plus ou moins, dans les dures épreuves de la vie, nous avons appris la patience, mais il faut être juste : quarante chansons de quatre couplets en moyenne chacune, nous donnant cent soixante couplets, c'est plus qu'un homme des zones tempérées ne peut en supporter en un seul dessert. Le maréchal Ney, qui reçut sans pâlir douze balles dans la poitrine, derrière le Luxembourg, à l'endroit même où fut établie depuis, sous le nom de jardin Bullier, une chapelle expiatoire, le maréchal Ney lui-même n'aurait pas osé regarder en face ces cent soixante couplets, et il eût probablement demandé à ce qu'on remplaçât les quatre-vingts derniers par deux plats au choix.

Je serais désolé, quant à moi de verser la moindre goutte d'absinthe dans le verre de Panard où les membres du Caveau puisent leurs inspirations, mais il me semble que jamais heure ne fut moins propice pour ressusciter la chanson. Jusqu'ici, les chansonniers ont exclusivement célébré le vin, la gloire et l'amour. Comme vous seriez dans le vrai aujourd'hui en faisant rimer *Lisette* avec *chambrette* et *taudis* avec *paradis* ! Le seul moyen d'être compris par les masses, ce serait de chanter Vénus sous la forme d'une pieuvre qui, ayant rencontré un jeune crétin, lui raconte qu'elle l'aime pour lui-même, mais que s'il veut la mettre dans un mobilier en damas de soie bleue, ce sera pour elle une occasion de rompre avec son passé, en revendant les meubles qui lui avaient été donnés par un autre, et qui d'ailleurs commencent à se faner.

Au deuxième couplet, les fournisseurs viendraient apporter leurs notes au jeune crétin qui s'apercevrait qu'il n'a plus un sou pour les payer.

Au troisième couplet, la famille du jeune crétin ferait arrêter la femme pour avoir abusé des passions d'un mineur.

Voilà pour l'amour : Quant au vin qui, du reste, a été insensiblement remplacé par l'absinthe, le vermouth ou le vespetro, on sait que nous en aurons très-peu cette année, et pour ce qui est de la gloire, il est probable que nous n'en aurons pas davantage

Restait encore *le genre Béranger,* mais s'il existe aujourd'hui en France un chansonnier qui aspire au titre flatteur de « poëte national », je l'engage fortement à se renfermer en lui-même. Je crois qu'il en coûterait un peu plus cher pour écrire en 1866 ce que notre prétendu poëte national écrivait en 1820. Le monsieur qui nommerait, comme il le faisait, les ministres en toutes lettres, et qui commencerait ainsi une ode (toutes les chansons de Béranger sont des odes) sur l'air : *A la façon de Barbari.*

> Écoute, mouchard, mon ami,
> Je suis ton capitaine,

s'exposerait à des funérailles moins belles que celles de l'ami de Perrotin, tant il est vrai qu'on admire volontiers chez un mort ce qu'on ne supporterait pas une minute de la part d'un vivant.

Au moment où on reparle de supprimer le sifflet, ceci prouve qu'il faudrait, pour être équitable, supprimer aussi l'applaudissement. Mais, c'est une chose remarquable que les hommes acceptent toujours le jugement du public quand il leur est favorable et qu'ils le récusent énergiquement dès qu'il leur est contraire. Voyez par exemple le gouvernement français. On dit qu'un coup de sifflet est une chose inconvenante et brutale. Il est certain que si, dans un salon du faubourg Saint-Germain, au lieu de discuter l'opinion de votre interlocuteur vous lui exprimiez la vôtre en soufflant dans une clef, vous passeriez pour un individu incorrectement élevé. D'autre part, quand le même monsieur exprime une idée qui cadre avec les vôtres, si vous montiez sur votre chaise en criant à tue-tête : bravo! bis! et en le rappelant comme Lafont ou Pradeau, vous ne vous feriez pas une réputation beaucoup meilleure.

Mais au théâtre, où tout est convention, il faut de toute nécessité adopter une formule de satisfaction et de mécontentement. Admettons que le sifflet soit définitivement aboli, les spectateurs seront donc obligés de demander l'un après l'autre au contrôle l'adresse de l'auteur et d'aller lui dire à domicile :

— Monsieur votre pièce m'a déplu pour plusieurs motifs que je vais prendre la liberté de vous exposer. 1° Vous avez eu tort de donner autant de développement aux coliques dont le jeune premier souffre pendant trois actes; 2° les maux de cœur du second tableau ne me paraissent pas suffisamment justifiés; 3° les crampes d'estomac...

— Pardon! se hâterait d'interrompre l'auteur froissé dans ses convictions, il y avait hier quinze cents personnes dans la salle, si elles viennent toutes m'adresser leurs observations j'en ai jusqu'à l'année prochaine.

On a soutenu qu'à la suite de coups de sifflets reçus en pleine poitrine, de malheureux comédiens s'étaient quelquefois livrés à des actes de désespoir. Ce sont là des faits très-douloureux; mais si le public accueillait tous les acteurs de la même façon, le désespoir serait pour ceux qui ont du talent, ce qui serait encore plus douloureux. D'ailleurs, le théâtre n'est pas un salon, mais un tribunal.

Admettons qu'un juge dise à son accusé :

— Mon bon ami, vous êtes coupable depuis les pieds jusqu'à la tête ; mais comme je ne voudrais pas, par une condamnation brusque, vous causer des émotions trop violentes, soyez donc assez aimable pour m'indiquer par quel moyen nous satisferons aux justes exigences de la société, tout en ménageant votre nature délicate et nerveuse.

Il y a des sommes énormes à parier que l'accusé répondrait :

— J'ai tué mon père et ma mère, c'est incontestable. Il faut un exemple. Envoyez-moi passer trois mois à la campagne.

Personne ne doute que si on leur avait demandé leur avis, La Pommerais aurait aujourd'hui une position magnifique, et Mme Lafarge, au lieu de faire retentir la presse de ses gémissements d'outretombe, se montrerait tous les dimanches aux courses en ceinture Benoiton.

Il me paraît bien difficile d'introduire maintenant au théâtre le régime parlementaire déjà si mal vu dans les autres régions. Aussi l'art de tout concilier se résumera-t-il toujours à ceci : laisser faire aux gens ce qu'ils veulent. On ne se doute pas des simplifications qu'on obtient par ce système. Certes, je crois être exempt d'ambition personnelle. Mais on viendrait me chercher à ma charrue, que je mets quelquefois avant les bœufs, pour m'offrir le trône de Nassau, que je l'accepterais peut-être, ne fût-ce que pour promulguer la constitution suivante, élaborée un jour entre amis dans le tumulte du cabinet :

ARTICLE PREMIER.

Il n'y a plus rien.

ARTICLE 2

Personne n'est chargé de l'exécution du présent décret.

L

15 octobre 1866,

En France, où le pédantisme, le mensonge et la fausse dignité font partie intégrante du cérémonial de la vie, nous avons été extrêmement surpris qu'au milieu du procès Risk-Allah, l'accusé ait tranquillement demandé une prise au procureur du roi, qui lui a tendu immédiatement sa tabatière. On ne croit pas, à Bruxelles, qu'un magistrat, pour être impartial, ait besoin de s'envelopper d'un nuage, et l'année dernière, le ministre de la guerre de Belgique s'étant battu au pistolet a été condamné à trois mois de prison, comme le premier journaliste venu. En revanche, M. Chaix-d'Est-Ange fils s'étant battu chez nous à l'épée, n'a jamais été poursuivi, quoiqu'il eût blessé son adversaire. Il est vrai que M. Chaix-d'Est-Ange fils n'était pas journaliste et je doute que l'exemple des gracieusetés dont nous sommes l'objet lui donne l'envie de le devenir.

Pour en revenir à l'affaire Risk-Allah, ce n'est certes pas la prise que je reprocherai au tribunal, c'est plutôt le monceau d'experts qu'on a pris l'habitude d'accumuler dans tous les procès criminels. Si vous ne l'avez pas remarqué, je l'ai remarqué pour vous : quand un expert est tout seul, tout va bien ; il prouve par les démonstrations géométriques les plus claires que l'accusé a commis le crime qu'on lui impute. L'accusé a beau établir qu'à l'heure où ledit crime se commettait au village Levallois, près les Ternes, il était à Philadelphie, l'expert interpellé répond par une autre démonstration, qui se résume à ceci :

— Je viens d'expliquer à MM. les jurés comment vous avez commis le crime. Si vous n'aviez pas commis le crime, c'est que je me serais trompé dans mes conclusions. Or, si j'étais capable de me tromper, la cour ne m'aurait pas choisi pour expertiser. Donc, vous avez commis le crime.

Lorsque l'affaire est assez importante pour nécessiter deux experts, la scène change. Si le premier affirme que l'accusé est coupable, le second ne manque jamais de soutenir que l'accusé est innocent, et quand le nombre des experts est porté à cinq, il s'en trouve invariablement trois pour l'innocence et deux contre, ou *vice versa*. La tête de l'accusé se trouve ainsi mise à la loterie, attendu que rien ne prouve que l'expert qui dit oui, en sait plus que l'expert qui dit non, et que l'expert qui dit non, n'est pas juste aussi ignorant que celui qui dit oui. L'idée qu'aurait dû faire naître depuis longtemps le spectacle de ces contradictions, c'est que l'expert, près les tribunaux, de même que près les objets d'art, était tout bonnement un monsieur qui parlait au hasard sur des choses dont il ignorait les premières bases. Mais s'il n'y a pas précisément un danger social à vendre à un bon imbécile un morceau de jus de réglisse pour un tableau de Rembrandt, il est infiniment plus grave de suspendre la vie d'un homme aux paroles d'un monsieur qui, cinq minutes plus tard, peut être contredit par son confrère.

On n'en persistera pas moins à interroger avec la plus vive curiosité des experts qui, comme dans le procès de Bruxelles, viendront sérieusement raconter des histoires à dormir couché, sur la manière dont un individu place ses mains après qu'il s'est tiré un coup de fusil dans la tête, et sur les différentes cabrioles que les mouvements convulsifs peuvent lui permettre d'exécuter après sa mort. L'accusé était certainement en droit d'interrompre par ces simples mots cette consultation non gratuite :

— Messieurs, des gens d'honneur sont toujours prêts à donner leur vie pour soutenir leur opinion. Au lieu d'extravaguer ainsi à la face de l'Europe, faites-vous sauter la cervelle l'un après l'autre, et si vous avez ou si vous n'avez pas de mouvements convulsifs, MM. les jurés le verront bien.

Mais l'accusé n'a pas songé à faire cette proposition qui eût été probablement mal accueillie, et l'expertise continuera pour les masses, à être une religion. Hâtons-nous d'ajouter que les religions ont beaucoup perdu de leur importance primitive, à en juger par l'extrême facilité avec laquelle la jeune princesse Dagmar a abandonné le culte de ses pères pour se jeter dans l'église grecque dès que le fils de l'empereur de Russie lui a demandé sa main. Si l'un de nous, pour avoir cinq actes représentés au Gymnase acceptait la condition de se faire mahométan, il y aurait de hauts cris dans tous les cafés des boulevards. On pourra m'objecter que la jeune Dagmar (n'avoir qu'une fille et l'appeler Dagmar c'est de la cruauté) avait été illuminée d'une clarté subite, et qu'elle avait compris qu'elle ne pourrait jamais faire son salut que dans la religion grecque, mais on me permettra de faire observer que s'apercevoir qu'on s'est trompé de religion au moment précis où l'on a besoin d'en prendre une autre, c'est là une coïncidence à laquelle une excessive bonne volonté n'est pas étrangère. Si elle n'avait pas dû épouser le fils de l'empereur de Russie, Mlle Dagmar se serait-elle aperçue qu'elle était née pour mourir dans l'église grecque ? Je me le demande.

Les sujets du père Dagmar doivent se dire maintenant au moment de se rendre à la messe :

— Il paraît que la religion de notre pays ne vaut pas grand chose, puisque la fille de notre monarque l'a lâchée pour faire un beau mariage.

Les mœurs de notre pays sont heureusement plus libérales, et Auguste Vacquerie n'a eu besoin d'aucune abjuration, même artistique, pour faire recevoir et jouer au Théâtre-Français la grande comédie en quatre actes qu'il a intitulée : le *Fils*. Les salles de spectacle, comme me le faisait observer à la première mon spirituel confrère Auguste Villemot, sont devenues de véritables ménageries. Au moment où le dompteur, c'est-à-dire où l'auteur s'y attend le moins, la lionne vous saute à la gorge, la panthère bondit, le chacal hurle, et si le belluaire ne trouve pas moyen de faire tout rentrer dans l'ordre à coups de baguettes rougies au feu, il est étranglé en un tour de griffe. Il y a eu certainement succès pour la pièce d'Auguste Vacquerie, dont les trois premiers actes notamment, contiennent des beautés de premier ordre, mais il y a eu lutte. Il m'a même paru évident qu'un noyau de cabale, composé au plus de cinq ou six malintentionnés, s'était réuni pour faire payer cher à l'auteur sa victoire. J'ai été très-surpris, je l'avoue, en voyant ces projets d'hostilité essayer de se traduire par des manifestations qui toutes ont d'ailleurs avorté. S'il est un écrivain dont le travail et le talent soient respectables, c'est certainement M. Vacquerie, qui est arrivé au succès sans concession et sans faiblesse.

A moins qu'il n'y eût encore dans la salle des Français quelques-uns des arriérés de 1834, je cherche vainement de quelle classe ou même de quelle coterie, si minime qu'elle puisse être, de la population parisienne M. Vacquerie a pu démériter.

Est-ce parce qu'il appartient à un monde anti-officiel ?

Est-ce que parce que n'ayant pas été décoré le 15 août dernier, il ne le sera pas non plus le 1er janvier prochain ?

Est-ce parce qu'il ne fait pas de pièces à femmes, et qu'il met dans ses ouvrages autre chose que des faux mollets ?

Est-ce parce qu'il est l'ami et l'admirateur passionné de Victor Hugo ? Franchement je connais des gens qui placent leurs passions plus mal. Il serait assez singulier que, parce qu'un homme s'est fait l'*alter ergo* du plus grand poëte que la France ait encore produit, la foule lui sût mauvais gré de ce choix si intelligent et si honorable.

Quant à moi, je ne cherche pas à m'en défendre, j'ai une très-sérieuse et très-sincère sympathie pour les hommes comme M. Vacquerie, qui ont, en si petit nombre, su résister au courant des turpitudes. Or, l'honneur chez l'homme fait l'honnêteté dans les écrits. Mirabeau, même pour vivre, n'aurait pas écrit des petits romans obscènes s'il n'eût pas été capable de trahir ses opinions au profit de ceux qui payaient ses dettes. *Le Fils* qui est une pièce pleine de talent est en même temps une œuvres pleine de loyauté. Peut-être faut-il chercher là le motif des quatre ou cinq démonstrations hostiles qui, du reste, n'arrêteront pas plus *Le Fils* dans sa carrière qu'elles ne l'ont arrêté dans son succès.

LI

9 novembre 1866.

Voulez-vous un conseil d'ami ? Ne vous faites pas tuer d'un coup de fleuret, la nuit, sous les réverbères de la porte Maillot. Voyez ce malheureux M. Séguin, il n'y a pas d'anecdotes désobligeantes qu'on ne fasse courir sur son compte. La querelle est venue à la suite d'un dîner où le jeune Séguin avait exagéré les libations, ce qui, du reste, ajoute-t-on, lui arrivait plus souvent qu'à son tour.

D'ailleurs M. Séguin avait le caractère très-irritable, et tombait sur les gens pour un oui, pour un non. Ce qui se résume à ceci : non-seulement M. Séguin était insupportable, mais il se grisait volontiers.

Voilà pour celui qui a reçu le coup de fleuret ; quant à celui qui l'a donné, personne n'en parle, sous prétexte que la justice informe. Un étranger qui ne connaîtrait cette affaire que par les journaux, pourrait parfaitement croire que c'est M. Séguin qui va passer en cour d'assises pour coups et blessures ayant occasionné la mort. Ainsi l'*Opinion nationale* d'hier cite les réflexions suivantes d'après le *Journal de Bordeaux* :

« M. Séguin était le fils d'un riche banquier de Saint-Pétersbourg. On a le tempérament nerveux en Russie. L'habitude de frapper les inférieurs rend la main leste. Cependant, M. Séguin n'était pas méchant, mais il était du moins très-vif. Il avait cependant des amis. On passe bien des défauts à ceux qui ont bon cœur, et le pauvre M. Séguin avait bon cœur. »

Ainsi, il n'y a pas à s'y tromper. Séguin a été tué sous un réverbère entre minuit et minuit et quart ; mais il ne faut pas trop lui en vouloir pour ce fait dans lequel son cœur n'entrait pour rien. On nous assure que, s'il a été traversé de part en part, ce n'est pas par méchanceté, et on nous fait pressentir que, quand l'affaire viendra devant le tribunal, Séguin pourrait bien avoir quelque chance d'être acquitté à la minorité de faveur.

Cette façon d'être tué en duel, avec circonstances atténuantes est pleine d'enseignements ; elle prouve que celui qui a dit pour la première fois : « Il ne faut pas plaindre ceux qui s'en vont, mais ceux qui restent, » était un profond philosophe. On ne risque rien, en effet, à apprécier sévèrement la conduite du mort, qui ne réclamera pas. Je suis même tellement d'avis que nous avons tout intérêt à ménager les vivants, que j'oserai faire une proposition : c'est d'aller demander au conservateur du cimetière Montmartre la permission de laisser sortir Séguin et de forcer celui-ci, tout défunt qu'il est, à adresser des excuses à son adversaire dont j'ai même oublié le nom, tant il en a été peu question jusqu'ici.

On m'objectera que si on s'abstient d'en parler dans les journaux, c'est parce que la justice informe ; mais il me semble que si elle informe pour le vivant, elle informe également pour le mort.

Il y a heureusement dans les appréciations nécrologiques une façon de ne choquer personne. Elle consiste à s'écrier, en tête d'un article : Les morts vont vite ! Nul ne sait au juste ce que signifie ce vers d'une ballade allemande que personne n'a lue ; mais je ne connais rien de précieux pour tout concilier comme : Les morts vont vite. Ce qui va également vite, il paraît, ce sont les déconfitures financières. Il est même question d'interdire désormais l'entrée de la Bourse aux spéculateurs qui n'auront pas payé leurs différences. C'est à peu près comme si les directeurs de théâtre se réunissaient pour décider qu'à l'avenir aucune actrice ne pourrait débuter chez eux sans avoir produit au préalable un certificat d'innocence. C'est-à-dire que la Bourse serait bien peu peuplée et que les directeurs en seraient bientôt réduits à faire jouer la comédie par les femmes de leurs machinistes.

Les différences de Bourse sont réputées dettes d'honneur, en ce sens que le créancier n'a d'autre garantie, pour être payé, que l'honorabilité du débiteur. Mais si l'honneur est une île escarpée et sans bords, où l'on a toutes les peines du monde à rentrer, l'argent est une autre île non moins escarpée et manquant également de bords, car il est à peu près aussi difficile de rentrer dans son argent une fois qu'on l'a perdu.

Tant qu'a duré le prestige de cette locution, « dette d'honneur, » je comprends qu'on l'ait maintenue, mais il faut croire qu'elle n'a plus grande influence à la Bourse, puisqu'on parle d'en interdire l'entrée à ceux qui n'ont pas payé leurs différences. Il est donc grand temps, eu égard à l'élasticité prodigieuse qu'ont acquise les consciences dans ces dernières années, de déclarer que toutes les dettes se ressemblent, et qu'on est tout aussi déshonoré pour ne pas payer son tailleur au jour convenu que pour négliger de régler une dette de jeu le lendemain avant midi.

Nous avons du reste une façon de comprendre le payement qui étonnerait fort un anthropophage de la Nouvelle-Calédonie. Je suppose que vous deviez quinze cents francs à votre chemisier pour une fourniture de faux cols et de gilets de flanelle, que cet industriel vous a livrée après un travail de trois mois. Vous ne vous faites aucun scrupule de laisser passer un ou deux ans avant de vous donner seulement la peine de songer que votre chemisier existe. Vous vous gardez bien de vous dire que ces quinze cents francs gagnés à la sueur de ses doigts, c'est au résumé son pain et celui de ses enfants et qu'en oubliant de le payer vous le poussez moralement par les épaules dans cet abîme sans fond et souvent sans concordat qu'on appelle la faillite.

Eh bien! qu'un jour, par un de ces hasards au milieu desquels la destinée humaine semble se jouer, vous vous trouviez dans une partie de baccarat en face de votre fournisseur et que ce dernier, veinard, comme tous les chemisiers, vous gagne deux mille francs sur parole. Je vous connais : après une nuit papillonnante et fiévreuse, vous vous lèverez au petit jour afin d'aller chercher par la ville la somme que nos usages vous obligent à rendre avant que le canon du Palais-Royal ait appelé les fidèles à la prière.

Et, observation encore plus concluante, l'argent que vous aurez ainsi emprunté pour acquitter une dette d'honneur, vous vous croirez parfaitement en droit de prendre tout votre temps pour le rendre à ceux qui vous auront aidé à sauver votre réputation. De sorte que, pour payer une dette d'honneur, vous faites une autre dette qui, elle, n'est pas d'honneur. Inutile d'insister sur le côté folichon de cet engrenage social.

Pour en revenir à la mesure interdisant aux mauvais payeurs l'entrée de la Bourse, je doute qu'elle soit jamais appliquée ou même applicable. Il est dans la nature de l'homme de courir après son argent. De même que souvent un gandin ne paie un bracelet à une femme que pour l'empêcher d'aller étaler au bras d'un rival le collier qu'il lui avait donné précédemment, et qu'une fois le bras pris dans la roue d'évolution, il arrive, à coups d'émeraudes, de saphirs et de mobiliers en bois des îles, à jouer, sur celle qu'il a choisie, une martingale dans laquelle il finit, bien entendu, par sauter. Ainsi, le monsieur à qui il est dû deux cent mille francs à la Bourse, aime infiniment mieux aider celui qui les lui doit à se remettre en selle que de le voir disparaître tout à coup emportant avec lui tout espoir de payement.

Comme il est des gens qui vivent sur leur réputation, il en est qui vivent sur leurs dettes. Tout leur secret consiste à obliger insensiblement leurs créanciers à risquer cent mille francs pour en rattraper cinquante mille qu'ils ne rattrapent pas. D'ailleurs l'homme le plus sceptique aime à se repaître d'illusions, et quand il ne peut pas contempler son argent, c'est encore une consolation pour lui de contempler de temps en temps son débiteur.

LII

14 novembre 1866.

Un homme d'église américain vient de soulever l'indignation des deux mondes en publiant à des milliers d'exemplaires un sermon odieux qu'il a prononcé sur les malheureux naufragés de l'*Evening Star*. On s'étonne généralement qu'on ait pu, sans casser les banquettes, lui laisser dire que la mort de ces trois cents passagers, dont cent cinquante comédiens et comédiennes, était la juste rémunération des péchés qui se commettent dans la classe des artistes dramatiques, et que la Providence avait manifestement montré son doigt en purgeant de ces êtres pervers la surface du globe qui, de temps en temps, a besoin de ces sortes de purgations.

Ce révérend presbytérien, qui répond au nom de Smyth, est évidemment le roi des polissons. Mais il faut bien reconnaître que tout méprisable qu'il soit, son sermon est plein de logique. En effet, étant au collége, n'ai-je pas été forcé d'apprendre et de croire que Sodome et Gomorrhe ont été englouties à la suite des soupers scandaleux et des bals masqués donnés par les gandins bibliques aux demoiselles citées dans l'Écriture, ainsi qu'à cause des tableaux égrillards vendus par les Courbet d'alors aux Kalil-Bey du moment.

— Puisque vous admettez très-bien, pourrait nous répondre l'Américain Smyth, que Sodome et Gomorrhe ont été détruites en expiation de leurs péchés et que les Amalécites ont été exterminés pour les mêmes motifs, pourquoi m'empêchez-vous de soutenir aujourd'hui que les passagers de l'*Evening Star* se trouvaient dans la même situation? Si vous acceptez ce qu'on vous dit à propos des pécheurs d'autrefois, pourquoi vous révoltez-vous, quand j'applique le même raisonnement aux pécheurs d'aujourd'hui?

Ce qui tout en étant plus humain est infiniment moins logique, c'est ce qu'a fait M. Dupanloup en France après les inondations. Il a bien déclaré que tous les maux qui ont fait cette année de la surface terrestre un vaste hôpital, étaient le résultat de notre impiété, de notre inconduite et des biftecks que nous mangions le vendredi; mais en même temps il a recueilli dans son palais épiscopal les plus éprouvés parmi les inondés de son diocèse. Il les a nourris, logés et séchés avec le plus grand dévouement, jusqu'à ce que ces malheureux aient pu regagner à pied leurs domiciles qu'ils avaient quittés en bateau. Je me reprocherais de chercher à M. Dupanloup pour cette belle conduite, que j'apprécie autant que personne, une querelle dans laquelle j'aurais évidemment le dessous. Mais enfin, tout homme, fût-il évêque, est tenu d'être conséquent avec lui-même. Au lieu de contrarier Dieu dans ses desseins en hébergeant ainsi les inondés, le devoir de M. Dupanloup était de leur vider sa fontaine sur la tête, de les submerger sous l'eau de tous ses lavabos et de toutes ses carafes, en leur disant :

— Je remplis mon mandat, en aidant, dans la mesure de mes forces, la Providence à vous punir, et si j'éprouve un regret, c'est que le porteur d'eau ne soit pas venu ce matin m'apporter de quoi rendre mon concours plus efficace.

Il n'y a de bonnes théories que celles qu'on peut mettre en

pratique. Le fanatique américain a essayé d'appliquer la sienne en anathématisant les infortunés de l'*Evening Star*, et il a soulevé la réprobation universelle. M. Dupanloup qui, dans la question des inondés, s'est montré bien autrement charitable, a été aussi beaucoup moins concluant. Que diriez-vous d'un père qui, tout en conseillant à son fils de ne pas se coucher tard, lui donnerait de l'argent pour aller au bal de l'Opéra?

Ces discussions, d'ailleurs si inutiles, prouvent simplement que chacun a ici bas sa façon de comprendre la Providence. Ainsi le rédacteur de la *Gazette de Moscou* n'a certainement pas cru offenser Dieu en imprimant cette phrase qui est l'épilepsie de la platitude.

« Le czar a daigné consentir à s'agenouiller. »

Ce journaliste convaincu, qui a comme style enthousiaste une supériorité marquée sur les plus forts des nôtres, aurait pu se faire à part lui cette réflexion : que si le czar daignait quelquefois consentir à s'agenouiller, il daignait également consentir tous les soirs à se mettre à table, et que s'il lui prenait fantaisie de ne plus daigner consentir à prendre ses repas, il serait obligé de daigner consentir à mourir de faim. Cette simple observation eût sans doute beaucoup refroidi l'écrivain moscovite; mais le raisonnement est une faculté qui n'appartient malheureusement pas à tous les cerveaux, et le mieux pour le public est encore de prendre ces choses-là sous leur côté gai, en déclarant que l'homme de New-York et celui de Moscou sont tout simplement deux imbéciles.

Aujourd'hui que les têtes de MM. les décapités font savoir qu'elles resteront chez elles le lundi, afin de faire un bout de conversation avec leurs visiteurs, peut-être nous diront-elles un jour ce qu'il y a de vrai dans les façons d'interpréter les inondations et les naufrages; mais jusqu'ici le résultat le plus clair de ces phénomènes de la famille des Davenport, c'est qu'une tête de cheval, vendue à la boucherie hippophagique, ayant déclaré par la bouche de la cuisinière qu'elle appartenait à un coursier mort de maladie, le marchand a été condamné à l'amende et à la prison pour débit de viande corrompue. Il a été décidé, en outre, que la tête de cheval ne serait plus vendue dans aucun kiosque, et même qu'elle cesserait de paraître.

Ainsi les boucheries destinées à propager les bouillons de cheval sont à peine installées et ceux qui les tiennent songent déjà à blouser le public. Je ne veux pas récriminer contre l'ostracisme moral dont les journalistes sont généralement l'objet; mais il faut bien reconnaître que la plupart des petits commerçants sont encore moins scrupuleux que nous. Les objets de consommation, notamment, ont subi des falsifications chimiques et alchimiques telles sous les doigts des Nicolas Flamel qui essaient de faire de l'or avec du fromage d'Italie, qu'un laitier pour rassurer le public sur ses manipulations s'engage dans un prospectus que j'ai lu, à envoyer tous les matins des boîtes cachetées et scellées du sceau même du maire de son village, lesquelles boîtes contiennent une denrée absolument inconnue à Paris, c'est-à-dire du lait pur et n'ayant jamais été victime de la moindre inondation.

Cette idée de donner à une tasse de lait un certificat de bonne vie et mœurs légalisé par le maire, me paraît appelée à un grand avenir. Les marchands, en effet, ont abusé à un tel point des flibusteries de toutes sortes, que le plus fin de tous serait aujourd'hui celui qui se résignerait à rester honnête. Que ceux à qui je donne ce conseil essaient de le suivre, non par principe, mais par calcul, je leur jure qu'ils regretteront de ne pas y avoir pensé plus tôt.

Remarquez que jamais les ventes à faux poids n'ont empêché les faillites, mais quand un homme ne réussit pas dans la vie, il pense à tout pour se tirer d'affaire, excepté à la seule chose qui l'en tirerait, c'est-à-dire à faire honnêtement son métier. Je prends l'individu doué des plus affreux instincts, s'il entend intelligemment ses intérêts, il se conduira comme un prix Montyon. Nous avons assisté, dans ces dernières années, au spectacle affligeant de tant de jongleries, de mensonges, de sauts de carpe et de tours de bâton que la réaction s'est faite en faveur de ceux qui dédaignent, par caractère ou par raisonnement, ces moyens autrefois faciles de parvenir. Il y a actuellement trop de concurrence dans le camp de la malhonnêteté, celui qui veut percer ou faire fortune a tout avantage à rester dans l'autre.

Ceux que leurs goûts naturels entraînent vers les vilaines actions, pourront certainement me répondre que si tout le monde se conduisait honorablement, l'encombrement serait également funeste, en ce sens qu'il deviendrait extrêmement difficile de se distinguer. C'est parfaitement juste ; mais comme il est probable que cette conversion générale n'aura pas lieu de si tôt, profitez du moment. Un honnête homme au milieu d'une société vicieuse est encore plus fort qu'un coquin au milieu des honnêtes gens.

LIII

23 novembre 1866

Bien que l'impératrice de Russie soit attendue à Nice, ne croyez pas que mon départ pour cette ville fraîchement annexée ait un but politique. D'ailleurs, à en juger par les noces de la princesse Dagmar et du grand-duc héritier où cinq mille personnes ont été admises au baise main — les Russes, n'y vont pas de main morte — j'aurais peur, si la cérémonie recommençait ici, d'avoir le numéro 4,527 et je ne me sens pas d'une courtisanerie assez carabinée pour attendre mon tour.

La vérité est que, quoique l'intérêt que je porte à mon pays soit mêlé d'un mépris qui augmente tous les jours, j'ai rougi de ne connaître du Midi que ce que m'en ont appris les aiguilles de ma pendule et d'être obligé de demander aux Anglais, comme pour la dernière pluie d'étoiles filantes, des détails sur la topographie de ma patrie.

Mon ami Siraudin, le plus gai et le plus précieux des compagnons de voyage, ne demandait qu'à partir. Je lui jetai un de ces regards qui veulent dire :

— Filons!

Et le soir même les locomotives de la gare de Lyon nous

accueillaient par des sifflets qui, du reste, n'avaient rien d'hostile.

Ce que j'ai le plus remarqué comme trait de mœurs dans une grande et amusante ville qui porte le nom de Marseille, et dont vous avez peut-être entendu parler, c'est la prétention qu'affichent les habitants de posséder une contrée exceptionnellement aimée des dieux. Ainsi, nous avons débarqué dans l'ancienne Phocée, au milieu d'un froid de loup, et le premier cocher à qui nous nous sommes plaints d'avoir fait seize heures de chemin de fer pour grelotter comme à Paris, nous a répondu :

— Oh! ce n'est pas du froid, c'est un peu de mistral!

D'un autre côté, le garçon de notre hôtel voulait absolument laisser toute grande ouverte la fenêtre de ma chambre, et comme je me suis hâté de lui demander du feu, il s'est écrié avec conviction :

— Ah! je devine, monsieur revient du Liban!

J'ai vu que je n'arriverais jamais à me réchauffer si je ne flattais pas sa manie. Je l'ai laissé dans cette idée et j'ai eu, comme maronite, un feu que je n'aurais jamais obtenu comme Parisien.

Cette obstination à refuser d'admettre qu'il puisse faire froid chez eux, m'a du reste paru spéciale, aux peuples du Midi. A Nice, par exemple, on est mal vu quand on met un paletot. Les aubergistes prennent, en vous voyant passer, des attitudes qui donnent à supposer qu'ils regardent ces précautions hyperboréennes comme des insultes personnelles. Je ne demandais qu'à être agréable aux Niçois, je n'ai cependant pas cru devoir, uniquement pour leur plaire, me promener en manches de chemise par la ville.

En côtoyant la mer par cette route appelée la Corniche et chantée par tous les touristes qui ont de la voix, nous avons remarqué plusieurs petites îles dont la plus peuplée était absolument déserte. J'ai eu un instant l'idée de m'en offrir une.

A un sou le mètre, j'avais, pour une cinquantaine de francs, une île très-présentable. Je recommande ce genre de distraction aux jeunes gens blasés qui ont usé de tout. Au lieu de se ruiner en bracelets que leurs maîtresses revendent à soixante-quinze pour cent de perte, ils auraient tout intérêt à écrire à ces femmes folles de leur cœur :

« Ma biche bien-aimée,

« Je ne t'ai pas acheté le cachemire quatre doubles que tu
« m'as demandé. J'ai mieux aimé le remplacer par une petite
« île dans les environs du golfe Juan. J'ai cru prudent pour le
« jour où tu seras sur la paille de réserver ce petit Sainte-
« Hélène à ta grandeur déchue.

« Ton ALFRED. »

Quant à moi, je n'aurais pas été fâché de goûter dans mon île de quinze cents mètres carrés les douceurs de la souveraineté absolue. J'avais rêvé d'y prendre le titre de roi héréditaire, et je me serais amusé à y parodier tout ce qui se fait en Europe.

Je me serais livré en outre à toutes les fantaisies des satrapes des temps anciens, afin de dégoûter de moi mes sujets qui, après m'avoir mis à la porte, auraient vécu heureux jusqu'à un âge très-avancé. Mais toutes ces combinaisons auraient bien dérangé ma vie. Quand on habite une île de la Méditerranée, rien n'est difficile comme d'aller aux premières représentations du Gymnase, surtout si l'on tient absolument à rentrer le même soir chez soi.

Toutes les descriptions qu'on m'avait faites du ciel et de la situation géographique de Monaco est au-dessous de la réalité, comme le café des Aveugles est au-dessous du théâtre des Italiens, le jour où la Patti chante. Ce pays enchanteur est la Normandie des oranges. On les ramasse sur les routes comme les pommes à cidre sur le chemin de Cabourg. La ville bâtie sur un promontoire figure de loin une de ces îles flottantes que nous avons tous vues dans les illustrations des voyages de Gulliver. Les villes ont leur tempérament comme les individus. Londres est la ville de l'activité, et Monaco est celle de la paresse. La Méditerranée, qui vient caresser les pieds de la maison où j'écris bourgeoisement mon article, a l'air de me dire :

— Ah ça! espèce d'idiot, est-ce que tu t'imagines être ici pour travailler? Fais-moi le plaisir de laisser là ta plume, et de ne pas donner aux habitants le détestable exemple d'un homme qui gagne son pain à la sueur de son front.

On a beaucoup épilogué sur les forces de terre et de mer de la principauté de Monaco. Nous avons agi en ceci, je n'hésite pas à le dire, avec une légèreté qui rendrait des points à celle du bouchon. Quand nous voyons cent mille soldats s'éventrer mutuellement à coups de baïonnettes pour des motifs à eux inconnus, nous frissonnons d'horreur. Quand, au contraire, nous assistons au spectacle du bonheur sans mélange d'un petit peuple qui n'a ni soldats, ni canons à percussion, ni fusils à bascule, au lieu d'aller présenter à son souverain l'hommage de notre admiration, nous rions comme de petites folles à l'idée qu'une nation peut vivre sans cavalcades et sans revues, et nous lançons naïvement contre les Monagasques, qui sont les plus heureux des Européens, les dards de nos plaisanteries acérées

Les quatre hommes et le caporal de l'excellent prince de Monaco, qui ont été si souvent pris à partie par les rieurs parisiens, offrent un exemple que personne ne penserait à étudier, et les loustics seront probablement bien surpris le jour où l'on reconnaîtra que ces cinq fantassins représentent véritablement la vérité et la civilisation.

Tel est le charme étrange du ciel et de la plage de Monaco, que la maison de jeu, toute puissante en Allemagne, n'a plus ici qu'un attrait secondaire. Combiner un coup de trente et quarante est déjà une fatigue qui jure avec la douceur pénétrante du climat. Si un garçon de la banque prenait la peine d'apporter la roulette chez moi, peut-être lui dirais-je deux mots, mais quoique le Kursaal soit aux portes de la ville, il est encore trop loin pour que je me dérange à son intention. D'ailleurs, ma principale occupation consiste ici à manger et à dormir. Les poëtes prétendent que le pain de l'étranger est amer. Je suis à l'étranger et j'y trouve le pain excellent. Il y a aussi un petit blanc d'Asti qui a bien sa valeur personnelle. Seulement, celui qui a commencé à en boire à son repas, doit éviter de passer à un autre, s'il ne veut pas que son cerveau se livre à d'étranges culbutes. En général, du reste, il ne faut jamais changer de vin, parce qu'on y attrape des maux de tête; mais on peut changer d'opinion, parce que ça rapporte de l'argent.

LIV

Monaco, 26 novembre.

Assis sous un palmier, cet arbre étrange qui commence par un ananas et qui finit par un artichaut, je plains sans les blâmer les gens qui allument du feu, sous prétexte que nous frisons le 1er décembre. Au moment où je prends la plume, une guêpe que je ne connais pas et dont je n'ai dit de mal dans aucun journal me pique violemment au poignet. J'essaye de faire comprendre à cet insecte ailé, comme la plupart des insectes, que la saison des piqûres est passée, et qu'en venant, le 26 novembre, risquer ces mauvaises plaisanteries, elle donne l'idée d'un monsieur qui attendrait le mois de janvier pour étrenner un pantalon blanc.

Je crois remarquer que la guêpe hausse les épaules avec un dédain qui, pour tout homme qui comprend le langage des guêpes, signifie ceci :

— Est-ce que tu te crois encore à Paris ? Songe donc, être ignorant et septentrional, que tu es à Monaco, c'est-à-dire dans un pays où les oranges poussent sur des orangers au lieu de pousser, comme chez toi, dans le passage Choiseul.

Il est certain que si Alexandre Dumas a découvert la Méditerranée, l'adorable ville de Monaco attend encore son véritable Christophe Colomb. Les chercheurs d'affaires qui spéculent sur des pétroles imaginaires et sur des charbons de terre fantastiques, trouveraient dans la terre féconde de Monaco vingt-cinq moyens de faire fortune sans être obligés de dévaliser leurs actionnaires. Peut-être même leur suffirait-il d'établir à Paris cinq ou six boutiques où l'on débiterait exclusivement les oranges, les grenades et les citrons qui encombrent la principauté où je réchauffe actuellement mes membres engourdis, et qui sont là plus savoureux que partout ailleurs.

En comparant la bonne chaleur qui me pénètre à la neige fondue qui vous détériore, je regrette que notre siècle, qui a accompli tant de choses, ne soit pas encore parvenu à photographier le soleil. Si je pouvais envoyer à Paris, sous enveloppe, deux ou trois des rayons qui se promènent journellement sur mes carreaux, je suis convaincu que je provoquerais une émigration générale et qu'avant six mois Monaco aurait pris rang parmi les grandes puissances.

Mais comme il faut savoir s'arracher à toutes les séductions, même à celles de mes promenades sentimentales dans les allées du magnifique domaine de La Condamine qui s'étend le long du golfe même, je me décide à arracher la bande d'un journal, et j'y lis avec la plus grande surprise qu'on a donné dernièrement au théâtre de Bordeaux, avec un énorme succès, *Ruy-Blas* au profit des inondés. Ma surprise ne vient pas, bien entendu, de ce que la pièce a eu un succès énorme, puisque *Ruy-Blas*, sifflé dans l'origine par ce concile de crétins qui s'appelle le public, a été reconnu depuis comme un chef-d'œuvre. Ce qui donne à mon étonnement des proportions colossales, c'est que *Ruy-Blas*, absolument interdit à Paris, au point que M. Adolphe Choler, ayant fait en collaboration avec M. Siraudin, un vaudeville intitulé : *Amoureux de la Bourgeoise*, n'a pas même pu y citer ce vers célèbre :

Je suis un ver de terre amoureux d'une étoile.

C'est que *Ruy-Blas*, dis-je, ait été non-seulement autorisé à Bordeaux, mais encore représenté au profit des inondés. Il résulte d'abord que la littérature de Victor Hugo intolérable dans la capitale, n'offre aucun danger dans les départements. Je n'insisterai pas sur cette manière de voir qui rappelle l'ordonnance du médecin qui avait écrit en regard d'une potion : *bon pour les ébénistes, mauvais pour les cordonniers*; mais j'insisterai sur le peu d'égards dont le directeur du théâtre de Bordeaux a fait preuve en faveur des inondés, en leur distribuant le produit d'une œuvre évidemment immorale et corruptrice, puisqu'elle est interdite à Paris même, qui passe pour le foyer de la corruption.

Si Victor Hugo est un être tellement pervers qu'ils ne puisse pas rester au répertoire, pourquoi le jouez-vous au profit des inondés ? et si vous le trouvez assez inoffensif pour le jouer au profit des inondés, pourquoi l'interdisez-vous chaque fois qu'on veut le jouer à son propre profit ?

On me répondra que tout au monde, même la déraison, se sauve par la charité. J'accepte l'explication, mais je demande alors la permission de reporter mon étonnement sur le procès que fait en ce moment, devant le tribunal de commerce, le liquidateur de feu le journal la *Nation* au gouvernement russe. J'avais toujours cru jusqu'à présent que cette formule : *être vendu à la Russie*, était une expression familière dont on se servait entre artistes pour alimenter la conversation. Il paraît que je me trompais, et qu'en effet la Russie vient quelquefois frapper à la porte de certains journaux, en disant au garçon de bureau :

— Prévenez votre rédacteur en chef que la Russie demande à lui parler.

— Donnez-vous donc la peine d'entrer, dit le rédacteur en chef en se montrant.

— Monsieur, entame la Russie, combien me prendrez-vous, tout au juste, pour dire que Kosciusko est une canaille ?

— Madame, reprend le rédacteur en chef, ce sera cent cinquante mille francs. Si vous voulez mettre encore cinquante mille francs pour faire un compte rond, j'ajouterai que ce fameux Polonais était un simple ivrogne et qu'il a été condamné plusieurs fois pour vagabondage.

Feue la *Nation* a bien dit que Kosciusko était l'homme en question ; mais il paraît que la Russie s'est empressée de mettre les monts Ourals entre elle et le payement de sa dette. Le liquidateur, qui ne connaît que ses livres, réclame tranquillement la somme restée en souffrance sans se douter qu'il porte un coup terrible à ce qu'on est convenu d'appeler la grande presse, en admettant que la *Nation* ait jamais fait partie d'une presse quelconque. Je suppose que j'écrive demain à MM. Alphonse Royer et Théodore de Langeac, dont on joue *Cadet-la-Perle* à la Gaîté, une lettre ainsi rédigée :

« Messieurs,

« Tout porte à croire que si vous ne m'envoyez pas quelques centaines de francs, je raconterai aux lecteurs du *Soleil* que votre drame est mal charpenté, et dialogué d'une façon tout à fait insuffisante : si au contraire vous m'adressiez un certain nombre de billets bleus ayant cours, il est probable que mon indulgence grandirait d'autant.

« Veuillez agréer, etc. »

Je suppose en outre que les auteurs n'ayant pas, malgré leurs promesses, envoyé les billets bleus au jour fixé, je leur intente un procès devant le tribunal de commerce ; il n'y aurait pas assez de bouchés pour s'ouvrir toutes grandes en criant :

— Les voilà bien, ces écrivains de la petite presse !

Il est cependant bien clair que je serais moins coupable que la société d'un journal qui reçoit la Russie dans son bureau pour causer argent, attendu que le succès d'un drame est infiniment moins important que la vie d'un Polonais ; mais je vous le dis en vérité : Ne vous mêlez jamais de faire le mal, si vous ne vous sentez pas de force à le faire en grand.

LV

Monaco, 28 novembre.

Au moment où j'ouvre mon encrier pour y prendre mon bain forcé de chronique bi-hebdomadaire, un pêcheur nous apporte une pieuvre d'une dimension déjà importante. N'en ayant jamais vu, même une petite, je n'hésite pas à tout quitter pour aller en examiner une grosse. Eh bien! après deux minutes de conversation avec cette bête collante par nature, je déclare qu'on l'a calomniée en lui comparant les écumeuses de nos boulevards. Elle s'attache facilement, c'est vrai, mais avant de vous appliquer ses ventouses, elle ne s'inquiète pas de savoir si nous avons des rentes. Ainsi elle est réellement très-aimable avec Siraudin et moi, qui sommes, de toute la société, les moins favorisés de la fortune. Le pêcheur prétend toutefois qu'elle aime beaucoup les huîtres, et il nous raconte qu'un jour ayant attaché en dehors de son bateau le panier qui contenait sa pêche, il ramena au rivage une pieuvre énorme qui s'était collée aux flancs du panier et, à travers le treillis de l'osier, avait trouvé moyen de lui dévorer sept langoustes en moins de deux heures.

Cette passion pour le homard a pu tromper en effet les matérialistes. Mais ces savants, dont la légèreté est inexcusable, auraient pu se dire que le manque de sauce mayonnaise changeait totalement la question et que, d'ailleurs, les Françaises cultivent le homard surtout pour le cabinet particulier qui l'accompagne.

Ses exercices terminés, la pieuvre a demandé à rentrer dans ses foyers, et comme je ne me reconnais pas le droit de tenir en exil un être quelconque, j'ai rendu le pauvre animal au flot qui l'apporta. Seulement, comme une bonne farce n'est déplacée nulle part, nous attachâmes préalablement à l'une de ses huit pattes une petite bouteille cachetée à la cire et contenant ces mots écrits sur parchemin :

« Nous apercevons les côtes de la Nouvelle-Calédonie, mais nous sommes si affamés qu'on voit également les nôtres. J'envoie la dernière mèche de mes cheveux à Léonide Leblanc.

» Signé : Lapérouse. »

Il semble au premier abord que cette plaisanterie, d'un goût douteux, ne puisse tromper personne, mais les savants sont si ignorants que celui à qui on apportera notre bouteille est capable d'en faire l'objet d'un mémoire que l'Académie est également capable de couronner. Nous aurions ainsi contribué à fausser l'histoire, mais l'histoire de son côté a si souvent abusé de mon innocence et de ma bonne foi en me présentant de simples saltimbanques comme des bienfaiteurs de l'humanité, que je ne serais pas fâché de lui décocher cette petite vengeance.

Mais l'homme ne se nourrissant pas seulement de pieuvres, je n'ai pu résister au courant qui poussait jusqu'à Monaco le bruit du dernier livre de Louis Veuillot. J'ai demandé les *Odeurs de Paris* à tous les libraires et à tous les échos d'alentour, les libraires n'en avaient pas et les échos non plus. J'ai dû contenter mon appétit avec quelques extraits dont un très-bel article sur les casernes, en faveur duquel je pardonne volontiers à l'auteur ce qu'il a pu écrire de désagréable sur moi, et notamment sur mes confrères.

Étant donné que M. Veuillot s'est constitué le bâtonnier de l'ordre des journalistes, je n'ai pas précisément à m'en plaindre. A considérer d'ailleurs les hommes en pâte de guimauve dont a été fabriquée la génération actuelle, à vivre au milieu des natures en jus de réglisse qui acceptent sans discussion tout ce qu'on leur impose d'intolérable, on se sent une certaine sympathie pour l'intolérance. M. Veuillot me voue comme iconoclaste hérésiarque à ces flammes de l'enfer, dont celles du Bengale ne donnent qu'une faible idée. Je pourrais lui répondre que je n'y puis rien, attendu que mes manières de voir sont absolument indépendantes de ma volonté ; que, malgré tous mes efforts, il y a pour moi la même impossibilité à épouser la foi de M. Veuillot qu'à monter au sommet d'un mât de cocagne. Comme je n'ai aucun intérêt à embrasser une croyance plutôt qu'une autre, il est évident que si mes idées diffèrent de celles de l'auteur des *Odeurs de Paris*, c'est que mon tempérament le veut ainsi. Ah ! s'il s'agissait d'opinions politiques et qu'un monsieur étant venu me glisser cinq francs dans la main, j'eusse changé instantanément de convictions, je comprendrais l'indignation de M. Veuillot ; mais comme mon scepticisme n'est subventionné par personne, je le garde simplement pour des raisons que je considère comme très-supérieures à celles que M. Veuillot met en avant pour me le faire perdre.

L'incrédulité est un genre de foi au moins aussi respectable que l'autre.

A l'appui de ces reproches, M. Veuillot me cite Mlle Zoïa, une femme de cheval, qui n'a aucune excuse, pas même celle de la beauté, et qui, le jour où elle aura perdu les cheveux qui sont à son coiffeur, les sourcils qui sont à son marchand de cirage et conséquemment les godelureaux qui la pressent sur leurs cœurs, trouvera encore des sœurs de charité pour la tirer de la boue, la nettoyer et la nourrir. J'objecterai, d'une part, qu'il n'est pas nécessaire d'avoir la foi pour fonder des lits dans les hôpitaux et que je connais des libres penseurs dont la charité ne le cède en rien à celle des plus fougueux ultramontains.

D'autre part, je vais peut-être étonner M. Veuillot en lui avouant que la charité telle qu'elle est généralement organisée chez nous ne me serait qu'une illusion dangereuse. A ce recours continuel à la bourse d'autrui que nous a légué le moyen âge, je préfère de beaucoup les caisses de retraite et l'assistance mutuelle, qui fait qu'en devant tout à tout le monde on ne doit rien à personne. Vous consacrerez, si bon vous semble, dans la seconde édition de vos *Odeurs*, un nouveau chapitre à la profondeur de ma dépravation, mais je ne verrais aucun inconvénient à ce que les femmes coupables, mais nécessaires qui exercent la profession de Mlle Zora fondassent entre elles une société protectrice de leur vieillesse misérable et rebutée.

Vous levez les bras et les yeux au ciel à l'idée de cette fondation des docks de la galanterie, mais il faut être logique : ou vous êtes imbu réellement de cet esprit de charité chrétienne que vous me prêchez, et, alors, vous devez accueillir avec transport toute combinaison qui épargnera à Zora et à ses sœurs des humiliations et des périls ; ou vous aimez mieux livrer l'avenir de Zora au despotisme de la bienfaisance individuelle, et alors votre esprit de charité n'est, je le crains bien, qu'un esprit de parti.

Si les ouvriers de tous les métiers n'avaient pas reconnu les effrayants abus de la charité individuelle, ils ne se seraient pas comme ils l'ont fait depuis quelque temps, réunis en société, qui ne tirent que d'elles-mêmes les secours qu'elles distribuent. Croyez-moi, monsieur Veuillot, quelque peu intéressante que soit Zora, je m'inquiète autant que vous de l'avenir qui la menace. L'heure est venue de reconnaître, une fois pour toutes, que l'amour du prochain se manifeste chez les gens en paletots comme chez les gens en soutane. J'admets que vos intentions sont pures; souffrez que les miennes le soient aussi. Sceptiques et croyants ne diffèrent que dans les moyens d'exécution, et je vous donne ma parole d'honneur que j'adopterais les vôtres, si les miens ne me paraissaient pas de beaucoup préférables.

LVI

19 décembre 1866.

Depuis quelques jours, on mande énormément. Si même j'osais me permettre d'adresser la plus humble des observations aux prélats, dont les mandements jonchent aujourd'hui les feuilles quotidiennes, je leur reprocherais de choisir à peu près tous la même saison pour mander. Lorsque les mandements sont ainsi les uns sur les autres, il devient à peu près impossible de les lire tous. Ce n'est pas que j'en aie envie, mais enfin, j'en aurais envie que je n'arriverais certainement pas à me donner satisfaction.

Nous autres chroniqueurs qui sommes des quatre saisons, nous mandons du moins toute l'année. Il faut bien dire aussi que le public qui lit nos allocutions n'en tient guère plus compte que des autres.

On prétend cependant que le monde marche : je le veux bien, mais il marche surtout de surprise en surprise. Voici par exemple Martin Réau, que la Cour d'assises des Deux-Sèvres vient de condamner aux travaux forcés à perpétuité pour avoir empoisonné ses deux femmes et son jeune enfant. Je suis très en froid avec la peine de mort à qui je ne reconnaîtrai jamais le droit de s'immiscer dans les affaires de mon pays, mais puisqu'elle est écrite en majuscules dans nos lois, je cherche à qui on pourra l'appliquer désormais, puisqu'elle a paru trop sévère pour un homme qui servait à sa famille du sel de mercure à tous les repas.

Ceux qui, comme Papavoine ou La Pommerays, ont été exécutés après avoir commis seulement un ou deux crimes, pourraient, jusqu'à un certain point, crier qu'on leur a fait un passe-droit et qu'en bonne conscience, si la société voulait les supprimer violemment, elle aurait dû leur permettre quelques victimes de plus.

Il est vrai que l'affaire Martin Réau s'est passée dans les Deux-Sèvres, ce qui donne une victime et demie par chaque Sèvre. Si le département n'avait contenu qu'une Sèvre, Martin Réau était vraisemblablement perdu. Le seul point qui reste à résoudre, c'est de savoir combien il faut de Sèvres à un criminel, et combien il faut de victimes dans chaque Sèvre pour qu'il soit condamné à la peine qu'on applique à ceux qui ont moins de Sèvres que lui.

Au reste, si j'étais appelé par la confiance de mes concitoyens à juger mon semblable, je commencerais probablement par perdre la tête au milieu des complications qui hérissent aujourd'hui les procédures criminelles. Je suppose que l'accusé dont vous avez à apprécier la conduite ait reçu de la fantasque nature un caractère morose.

« Traqué par ses remords, dit la partie adverse, ce homme vivait seul, fuyant la société de ceux qui auraient pu lire sur son front les stigmates que le crime laisse toujours après lui. Et quand je n'aurais à le juger que sur sa sombre attitude, je le condamnerais, messieurs, car c'est là une preuve morale plus concluante peut-être que les preuves matérielles. »

Admettons, au contraire, que le patient aime la gaudriole et qu'il ait même sollicité l'honneur de faire partie du Caveau :

« Voulez-vous savoir quel est cet homme ? reprend l'adversaire.

C'était un de ces malheureux pour qui le travail n'est rien, pour qui le plaisir est tout : habitué de bonne heure à rejeter toute contrainte et toute gêne, il hantait les cafés et n'hésitait pas à prendre le menton aux dames de comptoir. Retenez bien ceci pour votre gouverne, messieurs, quand un crime a été commis, allez dans les cafés, voyez celui qui prend le menton aux dames de comptoir, et dites-vous alors : voilà le coupable. »

Quelquefois il va plus loin et il ajoute : « Ayant ainsi rencontré une jeune fille nommée Estelle, qui revenait du lavoir, il la lutina et lui tint des propos galants. Ceci se passait le 28 avril. Retenez bien cette date, elle a son importance. »

— En effet, se dit l'auditoire décontenancé, pourquoi a-t-il lutiné la jeune Estelle, précisément le 28 avril? C'est un fait extrêmement grave.

Si l'auditoire réfléchissait, il se dirait probablement :

— Mais, au fait, pourquoi est-ce très-grave ? Il est bien présumable que s'il a tenu, le 28, des propos galants à la jeune Estelle, c'est qu'il l'a rencontrée le 28. S'il l'avait rencontrée le 29, il est à croire qu'il lui aurait tenu identiquement les mêmes propos.

La seconde surprise dans laquelle j'ai marché en arrivant à Paris est contenue tout entière dans cette note que tous les journaux ont publiée ces jours-ci :

« On assure que plusieurs souverains étrangers ont consenti à envoyer, à l'Exposition de 1867, les diamants de leurs couronnes. »

Les Expositions, celle de 1867 comme les autres, étant destinées à mettre les nouveaux produits de l'industrie humaine sous les yeux du public, je ne vois guère quel enseignement les visiteurs pourront tirer de ce spectacle dans une vitrine. Les souverains étrangers ne sont pas des marchands de diamants puisqu'il leur est interdit de vendre les leurs, et comme en montant sur le trône, ils ont trouvé tout taillés ceux qu'ils possèdent, à quoi rime cet étalage ? Si l'intention des souverains étrangers est d'établir qu'ils sont plus riches que nous, ils n'avaient certes pas besoin de nous adresser ces preuves convaincantes. Il y a longtemps que les yeux fermés et sans expertise préalable j'aurais troqué ma fortune personnelle contre celle de l'empereur de Russie qui pourtant n'a jamais compté avec moi.

Dans tous les cas, il est à espérer, que les exposants de cette catégorie seront mis hors concours. Il serait trop curieux de voir le shah de Perse ou le roi de Dahomey venir avec toutes ses pierreries chercher une médaille de bronze que lui aurait décernée le jury de l'Exposition.

Je suppose que le roi de Danemark obtienne une médaille d'or, et que le roi de Prusse n'ait qu'une mention honorable, n'y a-t-il pas là entre les deux monarques un ferment de discorde qui peut aboutir aux plus sanglants résultats? Il n'y a pas de jour où on ne voie la guerre ravager quelque partie du globe pour des motifs qui ne valent pas celui-là.

En outre, du moment que les têtes couronnées s'ingéreraient d'exposer leurs richesses, Rothschild, simple banquier, aurait la faculté d'exposer ses millions qui sont bien les produits de son industrie à lui, et qui feraient pâlir, aux yeux de la foule, nombre de sultans de troisième classe. Et si Rothschild expose sa fortune, on aura mauvaise grâce à empêcher les gens besogneux d'exposer leur pauvreté. J'ai retrouvé l'autre jour un vieux pardessus que je promenais jadis dans les rues démolies du quartier qui fut latin : j'aurais au moins d'aussi bonnes raisons pour l'envoyer au jury de l'Exposition de 1867, comme spécimen de la position pécuniaire d'un homme de lettres à ses débuts, que les souverains étrangers pour nous initier aux mystères de leurs écrins royaux.

FIN

TABLE DES MATIÈRES

	Pages
Préface	1
I	1
II	7
III	13
IV	18
V	23
VI	29
VII	35
VIII	40
IX	46
X	54
XI	57
XII	62
XIII	67
XIV	73
XV	78
XVI	83
XVII	92

	Pages.
XVIII	97
XIX	102
XX	107
XXI	112
XXII	117
XXIII	122
XXIV	128
XXV	133
XXVI	139
XXVII	152
XXVIII	155
XXIX	161
XXX	165
XXXI	171
XXXII	177
XXXIII	182
XXXIV	188
XXXV	194
XXXVI	200
XXXVII	206
XXXVIII	211
XXXIX	215
XL	220
XLI	225
XLII	230
XLIII	235
XLIV	240
XLV	245

	Pages
XLVI	250
XLVII	255
XLVIII	260
XLIX	268
L	273
LI	278
LII	283
LIII	288
LIV	293
LV	397
LVI	302

FIN DE LA TABLE DES MATIÈRES.

EN VENTE A LA MÊME LIBRAIRIE

LA GRANDE BOHÊME, par Henri Rochefort, 1 vol. grand in-18 jésus.... 3
LES FRANÇAIS DE LA DÉCADENCE, par Henri Rochefort, 1 vol. grand in-18 jésus (3ᵉ édition).. 3
LA COMÉDIE EN PLEIN VENT, par Pierre Véron, 1 vol. in-18 jésus.... 3
PAR-DEVANT M. LE MAIRE, par Pierre Véron, 1 vol. in-18 jésus........ 3
AVEZ-VOUS BESOIN D'ARGENT? par Pierre Véron, 1 vol. gr. in-18 jésus. 3
LA FOIRE AUX GROTESQUES, par Pierre Véron, gr. in-18 jésus....... 3
LE ROMAN DE LA FEMME A BARBE, par Pierre Véron, 1 vol. gr. in-18 jésus 3
MONSIEUR PERSONNE, revue de l'an 1901, par Pierre Véron, 1 vol. gr. in-18 jésus.. 3
LA CHAMBRE DES AMOURS, par Paul Féval, 1 vol. gr. in-18 jésus (2ᵉ édit.) 3
LA VAMPIRE, par Paul Féval, 1 vol. gr. in-18 jésus.................. 3
LES AMOURS FACILES, par Ch. Narray, 1 vol. gr. in-18 jésus.......... 3
LA BELLE FÉRONNIÈRE, par Albert Blanquet, 1 vol. gr. in-18 jésus.... 3
LA MYE DU ROI, par Albert Blanquet, 1 vol. gr. in-18 jésus.......... 3
LA BELLE JEUNESSE DE FRANÇOIS LAPALUD, par Tony Révillon 1 vol. in-18 jésus.. 3
L'ENFER ET LE PARADIS DE L'AUTRE MONDE, par H. Émile Chevalier, 1 vol. gr. in-18 jésus... 3
LE ROMAN DE LÉONIDE, 1 vol in-18 jésus, orné d'une eau forte à deux teintes.. 3
LA COUR DE NINON, par Em. Colombey, préface par Ars. Houssaye; 1 vol. gr. in-18.. 3
LOUISE DE GUSMAN, par Oct. Féré et D. Saint-Yves, 1 vol gr. in 18 jésus 3
L'ECOLE DES LOUPS, par Oct. Féré et J. Gauvin, 1 vol. gr. in-18 jésus. 3
LA BARONNE D'OSTIE, par Ernest Briens, 1 vol. gr. in-18 jésus....... 3
LE ROMAN DU MARI, par Amédé Achard, 1 vol. gr. in-18 jésus........ 2
PARIS PARTOUT, par Nérée Desarbres, 1 vol. gr. in 18 jésus.......... 2
SEPT ANS A L'OPÉRA, par Nérée Desarbres, 1 vol. gr. in-18 jésus..... 3
OU EST LA FEMME? par Ad. Dupeuty, préface par J. Noriac, 1 vol. gr. in-18 jésus... 3
LES PETITES COMÉDIES DE L'AMOUR, par Léonide Leblanc, 1 vol. gr. in-18 (3ᵉ édition).. 3
LES QUATRE COINS DE PARIS, par Timothée Trimm, 1 vol. gr. in-18 jésus (2ᵉ édition).. 3
LES TABLEAUX VIVANTS, par Timothée Trimm, 1 vol. gr. in-18 jésus... 3

CLICHY. — Impr. MAURICE LOIGNON et Cⁱᵉ, rue du Bac-d'Asnières, 12.

www.ingramcontent.com/pod-product-compliance
Lightning Source LLC
Chambersburg PA
CBHW070624160426
43194CB00009B/1358